100 Millionen Dollar Geldmodelle

Wie man Geld verdient

ALEX HORMOZI

Was Leute über Alex Hormozi sagen

„Alex ist mein Ehemann." – Leila Hormozi

„Ich kenne viele Leute und Alex ist einer von ihnen." – Freunde von Alex

„Alex macht Dinge, die ich gesehen habe." – Alex' Vater

„Alex kann manche Dinge besser als andere." – Alex' Mutter

„Alex hat ein Buch geschrieben. Ich habe viele Bücher gelesen." – Zeitungs-Kritiker

100 Millionen Dollar Geldmodelle

Wie man Geld verdient

ALEX HORMOZI

Leitprinzipien

„Risiko entsteht, wenn man nicht weiß, was man tut." – Warren Buffett

„Wichtiger als der Wille zum Sieg ist die Bereitschaft, sich vorzubereiten." – Charlie Munger

Ein paar Worte

LEILA:

Diese Widmung schrieb ich vor sieben Jahren in meinem ersten Buch ...

Ich will meiner Partnerin danken, meiner Ride-or-Die, Leila. Du hast mich in meiner schlimmsten Zeit gefunden und seitdem hast du Seite an Seite mit mir gekämpft. Du hast gesagt, du würdest mit mir unter einer Brücke schlafen, wenn es sein müsste, und das habe ich nie vergessen. Du hast mich gestützt, als alles um mich herum zusammenbrach. Ich würde mit dir in den Krieg ziehen. Ich würde für dich sterben. Wäre die Welt ein Hurrikan, wäre es, als stünde ich mitten im Auge und würde den Sturm, der um uns herum tobt, ruhig beobachten. Es gibt niemanden, den ich lieber an meiner Seite haben möchte, um die bevorstehenden Kämpfe zu bestehen. Mit dir zusammen scheinen die Sterne zum Greifen nah. Auf ein Leben voller Unmöglichkeit.

Und sieben Jahre später hat sich nichts geändert.

TREVOR: *Wie Eisen Eisen schärft, so schärft einer den anderen. Sprüche 27:17*

Es ist echt was Besonderes, wenn der klügste Typ, den du kennst, dich als Freund sieht. Wenn Unwissenheit das einzig wahre Übel und Wissen das einzig wahre Gut ist, dann bist du, mein Bruder, eine Kraft des Guten. Die Welt ist besser mit dir. Und ich werde dafür kämpfen, dass das so bleibt. Mein Leben wäre ohne dich nicht dasselbe. Ich wäre ohne dich nicht derselbe. Ich bezweifle, dass ich dir jemals zurückzahlen kann, was du mir durch deine Anwesenheit in meinem Leben gegeben hast. Aber ich werde es versuchen. Danke, dass du mir ein Geschenk gemacht hast, das weit mehr wert ist, als ein Absatz am Anfang eines Buches jemals zurückzahlen kann. Wir werden unseren Stein zum Mauerwerk beitragen. Auf eine einmalige Freundschaft. Philia.

Inhalt

BEGINNEN SIE HIER

Die Welt bricht jeden und viele sind danach an den gebrochenen Stellen stark. — Ernest Hemingway

Wo ich in meinem ersten Fitnessstudio geschlafen habe: mein „Beton-Schlafzimmer".

Ich starrte allein im Dunkeln an die Decke. Ich hatte niemanden, zu dem ich gehen konnte. Wenn man das später erzählt, klingt es cool, aber so fühlte es sich nicht an. Ich hatte schreckliche Angst.

Ich hatte mich gegen meinen Vater gestellt. Ich hatte die Business School hingeschmissen. Ich hatte meine ganzen Ersparnisse verprasst. Alle, die mir wichtig waren, hatten mir davon abgeraten. Ich war der Idiot, der eine gute Karriere aufgegeben hatte.

Ich hatte gedacht, ich würde mich auf die Herausforderung freuen. Aber dann wurde es *schnell* ernst.

Die Kids feierten die ganze Nacht in der Parkgarage über mir. Sie rannten über die Stahlabtrennungen. Das hörte sich in meinem Betonzimmer an wie Schüsse. Und sobald ich eingeschlafen war, wurde ich von einem weiteren *Bang-Bang-Bang-Bang* wieder geweckt.

Schließlich gab ich es auf, nachts zu schlafen. Ich begnügte mich mit Mittagsschläfchen — im Abstellraum. Und dann fing ich an, mitten in der Nacht zu arbeiten. *Ich musste Geld verdienen.*

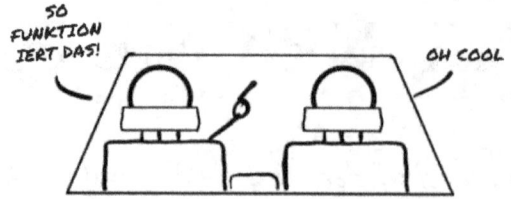

Mein Fitnessstudio lag gegenüber von einem großen Lagerraumunternehmen. Der Besitzer wurde einer meiner wenigen Mitglieder ... nur aus Bequemlichkeit. Ein paar Wochen, nachdem er Mitglied geworden war, nahm er mich nach dem Training beiseite. „Ich habe mal nachgerechnet", sagte er, „es sieht so aus, als hättest du Schwierigkeiten." Ich versuchte, meine Verlegenheit zu verbergen, aber es gelang mir nicht. „Okay, Junge. Lass uns morgen früh zusammen frühstücken." Ich zögerte und dachte an mein Bankkonto. Bevor ich antworten konnte, sagte er: „Keine Sorge, ich lade dich ein." Ich war erleichtert.

Am nächsten Morgen trafen wir uns gegen 5 Uhr morgens im örtlichen Diner.

Als die Kellnerin unseren Kaffee brachte, fragte er: „Wie viel Zeit hast du noch zu leben?"

„Hä?"

„Wie viel Geld hast du auf der hohen Kante?"

„Ungefähr fünf Riesen."

„Wie lange reicht das noch, bevor du pleite bist?"

Ich dachte kurz darüber nach. „Ungefähr einen Monat."

„Hart. Wie kommst du an Kunden?"

„Ich habe ein Sechs-Wochen-Sonderangebot für 39 Dollar auf einer Rabatt-Website."

„Wie viele Kunden hast du damit bekommen?"

„Vier."

„Sieht so aus, als hättest du ein Problem ... das du schnell lösen musst." Er ließ seine Worte wirken. Dann sah ich ein Lächeln über sein Gesicht huschen. „Ich frag dich mal was ... *Wie viel kostet ein Monat kostenloser Lagerraum?*"

Ich zuckte mit den Schultern ... „Äh, nichts?"

Er bemerkte meine Verwirrung und sagte: „Okay, lass uns eine Runde drehen. Ich erkläre dir alles in meiner Firma."

Als wir reinkamen, begrüßte uns die Frau an der Rezeption. „Guten Morgen, meine Herren!" „Guten Morgen, Judy. *Wie viel kostet ein Monat kostenloser Lagerraum?*"

„127 Dollar, Sir", antwortete sie fröhlich.

Er lächelte und drehte sich zu mir um. „Willst du wissen, wie das geht?" Ich nickte. Er führte mich durch das Büro und zu einer Reihe frisch gestrichener Lagerräume. „Also, wir werben mit einem kostenlosen ersten Monat – *und der ist auch kostenlos.* Aber was brauchst du als Erstes, wenn du einen Lagerraum bekommst?"

„Keine Ahnung."

„Genau. Niemand weiß das wirklich. Aber ich weiß es – und ich helfe den Leuten. Ich gebe dir einen Tipp ..." Er zeigte auf das Schloss an der Tür.

„Genau ... ein Schloss!"

„Ja – und nicht so ein billiges Schloss, wie es Kinder für ihre Spinde benutzen. Diese billigen Schlösser passen sowieso nicht. Außerdem kann die jeder Schläger mit einem Bolzenschneider in Sekundenschnelle aufbrechen ... aber nicht eines dieser robusten Dinger." Er klopfte auf das Schloss, um seine Worte zu unterstreichen.

„Ja, sieht ganz so aus. Wo kriegst du so ein Ding überhaupt her?"

„Komisch, dass du fragst. Ich habe einen ganzen Lagerraum voll davon. Heute bekommst du eins für nur 47 Dollar."

„Okay, okay ... ich verstehe schon. Die Leute kommen wegen dem kostenlosen Monat, aber was bringt ein Lagerraum, wenn man ihn nicht abschließen kann?"

„Genau", sagte er.

„Ich verstehe, aber wo kommen die anderen 80 Dollar her?"

„Gutes Gedächtnis. Also, was brauchst du noch?"

Ich zuckte mit den Schultern.

„Also, wenn du *Sachen* zu verstauen hast, brauchst du natürlich *Kisten* dafür! Aber keine Sorge, wir haben jede Menge Kisten in verschiedenen Formen und Größen, die zu deinen Bedürfnissen passen. Wir haben auch Klebeband, Etiketten und wasserfeste Stifte, damit du immer weißt, was in welcher Kiste ist und wo du sie hingestellt hast. Super praktisch."

„Oh, klar. Das macht Sinn."

„Was brauchst du noch?"

„Ich weiß nicht ... Hilfe beim Umzug?"

„Ja! Also, wir bieten eigentlich keinen Umzugsservice an. Aber wir arbeiten mit einer lokalen Umzugsfirma zusammen und kriegen eine Provision. Und wenn du den ganzen Umzug selbst machen willst, ist das auch okay. Wir haben Transportroller, Sackkarren, Gurte und andere nützliche Sachen ... *gegen eine Gebühr.* Warum solltest du dir auch einen Haufen Sachen kaufen, die du nur einmal benutzt? Das wäre doch Verschwendung!"

„Oh ja, daran habe ich gar nicht gedacht."

„Was brauchst du noch?"

„Äh, ich weiß wirklich nicht."

„Also, was du aufbewahrst, ist doch wertvoll, oder? Zumindest für dich ist es das irgendwie. Ich meine, wenn es nicht so wäre, würdest du es doch alles auf die Müllhalde werfen, oder? Also ... du willst doch sicher eine Versicherung für den Fall, dass etwas Schlimmes passiert. Ich biete allen Kunden bereits eine kostenlose Versicherung im Wert von 500 Dollar an. Aber wenn du eines der speziellen Schlösser hast, die nur ich anbiete, erhöhe ich den Betrag auf 100.000 Dollar, für nur 10 Dollar zusätzlich pro Monat." Er blähte sich vor Stolz auf.

„Mist. Und das macht alles zusammen 127 Dollar?"

„Ja. Aber wir sind noch nicht fertig. Weißt du, was immer passiert?"

Ich war jetzt in seinem Spiel und spielte mit. „Keine Ahnung. Was passiert?"

„Jeder hat viel mehr Sachen, als er denkt. Und alle mieten immer viel zu kleine Lagerräume! Das passiert sogar so oft, dass wir immer eine Nummer größer anbieten. Die Kunden kriegen den Platz, den sie brauchen, und wir verdienen ein bisschen mehr. So sind alle zufrieden."

„Wow. Das ist ziemlich cool. Das wusste ich alles nicht."

„Natürlich nicht. Warum solltest du das wissen?"

„Stimmt. Aber wie kann ich das nutzen, um mein Fitnessstudio zu vergrößern?"

„Yeah. Ich mache das schon so lange, wie du lebst. Und wenn du mal raus hast, wie man in einem Geschäft Geld macht, und ich meine wirklich den Bogen raus hast, dann siehst du Möglichkeiten, in jedem Geschäft Geld zu machen. Und eins ist sicher: Je länger du dabei bist, desto mehr lernst du."

„Wow, du hast diesen Laden also schon seit 23 Jahren?"

„Hier nicht. Das hier ist einer meiner neueren Standorte." „Du hast noch mehr?"

„Ich habe 27."

„Oh ... Mist." Ich fühlte mich winzig klein.

„Wie auch immer, ich muss zur Arbeit. Findest du den Weg raus?"

„Ja", lachte ich. „Ich glaube, ich schaffe es über die Straße."

2,5 Jahre später ...

Ich hatte jetzt sechs Fitnessstudios. Ich war aufgestiegen. Und ich wollte noch weiter aufsteigen. Also bezahlte ich 25.000 Dollar für eine Stunde mit einem bekannten Marketingexperten. Ich hatte noch nie mit ihm gesprochen. Aber ich kannte mich mit seinem Zeug aus wie mit meiner Westentasche. Ich hatte ein Ziel für dieses Gespräch: Er sollte mir helfen, meine Fitnessstudios zu vergrößern.

Nach einer kurzen Vorstellung legten wir los.

„... ja, und so schaffe ich es, meine Fitnessstudios am ersten Tag mit voller Kapazität zu eröffnen. Ich zahle 3.000 Dollar für die Miete und schalte ein paar Tage lang Werbung. Ich werbe Kunden in dem leeren Gebäude an. Das Geld aus diesen Anmeldungen fließt dann in weitere Werbung, Ausrüstung, Farbe, Bodenbeläge, Möbel, Beschilderung und alles andere, was der Standort benötigt. Auf diese Weise habe ich alle sechs Monate einen neuen Standort eröffnet, ohne Schulden zu machen."

„Wow – cool! Kannst du mir das etwas genauer erklären?"

Sein Geschäft brachte ihm jeden Monat eine Million Dollar ein. Diese Zahlen hatten mich umgehauen. *Und er will wissen, wie ich Werbung mache?* Ich war total stolz.

„Ich mache Werbung für eine kostenlose 6-Wochen-Challenge, bis ich etwa 20 Leads pro Tag habe", sagte ich.

„Verstanden, erzähl weiter", sagte er.

„Etwa die Hälfte der Leads kommt zu den Terminen. Von denen, die kommen, verkaufe ich der Hälfte ein 600-Dollar-Programm. Also werden etwa 25 % meiner Leads zu zahlenden Kunden. Außerdem mache ich noch 80 Dollar Gewinn pro Kunde durch den Verkauf von Zusatzprodukten. Nicht schlecht."

„Stimmt", brummte er. „Du verdienst also etwa 680 Dollar pro Kunde, bevor du überhaupt deine Türen öffnest. Ziemlich gut ... aber du hast etwas vergessen."

„Was habe ich vergessen?"

„Wie viel zahlst du pro Lead?"

„Oh ... 5 Dollar." *Wenn es jemals in meinem Leben eine ohrenbetäubende Stille gab, dann war es jetzt.*

Er stotterte ein wenig: „Du steckst also *einen* Dollar rein ... und bekommst *34 Dollar raus ... in 48 Stunden?*"

„Ja? Ist das gut?"

„Das ist unglaublich", sagte er. „Hast du noch was in der Hinterhand?"

Ich grinste von Ohr zu Ohr. „Ja! Ein paar Wochen später sage ich den Kunden, dass sie ihre 600 Dollar als Gutschrift zurückbekommen, wenn sie sich für ein Jahr anmelden. Zwei Drittel der Anmeldungen werden zu Mitgliedschaften. Am Ende habe ich also ein volles Fitnessstudio und 20.000 Dollar an monatlichen Mitgliedschaften ... für 3.000 Dollar Anzahlung. Dann wiederhole ich das Ganze."

„Moment mal, das machst du alles in dreißig Tagen?"

„Ja. Ziemlich cool, oder?"

Er rieb sich die Augen. „Du solltest keine Fitnessstudios leiten."

Oh Gott. Ich dachte, er würde mir ein Kompliment machen – aber er sagte mir, ich solle aufhören? Meine Gedanken rasten ...

„Alex", sagte er und holte mich zurück in die Realität, „du hast eine Level-10-Fähigkeit in einer Level-2-Gelegenheit."

Na ja, wenigstens findet er mich nicht total schlecht. „Okay, was soll ich tun?"

„Du solltest keine Fitnessstudios leiten. Du solltest anderen Fitnessstudio-Besitzern zeigen, wie man das macht, was du mir gerade gezeigt hast."

Ich fand es echt ätzend, das aufzugeben, was ich mir über Jahre aufgebaut hatte. Aber ... er verdiente *viel mehr Geld* als ich. Ich dachte mir, wenn ich seinen Rat ignorieren würde, könnte ich mein Geld genauso gut verbrennen. Also befolgte ich seinen Rat.

***

In den nächsten neun Monaten schloss ich mein neuestes Fitnessstudio und verkaufte meine anderen fünf. Das gab mir die Zeit, mich voll auf meine neue Firma zu konzentrieren: Gym Launch. In den nächsten zwei Jahren flog ich durchs ganze Land und brachte Fitnessstudios auf Vordermann. Nach über 30 Turnarounds wechselte ich dann zu einem Lizenzmodell. Ich flog nicht mehr persönlich hin, sondern half den Inhabern, unser bewährtes Modell umzusetzen, um ihre Fitnessstudios zu füllen und ihre Gewinne zu steigern. Es war zwar ein kleiner Markt, aber sie waren hungrig – einige buchstäblich. Aber sobald sie ihr Fitnessstudio innerhalb von 30 Tagen gefüllt hatten, erzählten sie es ihren Freunden. Gym Launch startete durch wie eine Rakete. Es war verrückt.

In den nächsten fünf Jahren bekam ich über 43 Millionen Dollar an Eigentümerausschüttungen. Dann verkaufte ich 66 % des Unternehmens für 46,2 Millionen Dollar in bar. Mit diesem Deal habe ich mit 31 Jahren die 100-Millionen-Dollar-Marke geknackt. Und um das klar zu sagen: Niemand war überraschter als ich.

Dann gründeten meine Frau und ich unser Family Office Acquisition.com, um in Unternehmen zu investieren, bei denen wir wissen, wie man sie wachsen lässt. Unser Portfolio macht zum Zeitpunkt der Erstellung dieses Buchs über 200.000.000 Dollar Jahresumsatz. Es umfasst stationäre Handelsketten, Software, Dienstleistungen und E-Commerce. Obwohl wir in vielen verschiedenen Branchen tätig sind, wachsen alle unsere Unternehmen nach denselben Prinzipien, die ich in diesem Buch vorstelle.

Was haben Sie davon?

Auf wenigen Seiten habe ich Ihnen gezeigt, wie man vom Schlafen auf dem Boden zu einem Nettovermögen von über 100.000.000 Dollar kommt. Da fragen Sie sich natürlich: Wie? Antwort: *Indem Sie mit Ihren Kunden mehr Geld verdienen, als es kostet, sie zu gewinnen.* Und genau darum geht es in diesem Buch *100 Millionen Dollar Geldmodelle*.

Seit ich im Geschäft bin, hat sich die Landschaft mehr als einmal verändert. Und sie wird sich weiter verändern. Die gute Nachricht ist, dass solide Prinzipien Ihnen helfen, Geld zu verdienen, egal was passiert. Ich habe viele Geldmodelle kennengelernt. Meine Favoriten stelle ich hier vor.

100 Millionen Dollar Geldmodelle zeigt Ihnen Angebote, die sich <u>bereits bewährt haben</u> und die Sie <u>heute</u> nutzen können. Und die Anweisungen, wie Sie sie umsetzen. Stellen Sie sich *100 Millionen Dollar Geldmodelle* wie ein Buch mit Gewinnlosen vor – Sie müssen sie nur noch einlösen.

Außerdem möchte ich eins klarstellen: *Dies sind meine privaten Notizen.* Wenn es hier steht, habe ich damit Geld verdient. Diese Kapitel enthalten meine Beobachtungen und Erfahrungen mit verschiedenen Unternehmen. Von lokalen Ketten über physische Produkte bis hin zu Dienstleistungen, Bildung, Software und so weiter. Und sie waren über die Jahre überall verstreut. *Bis jetzt.*

<u>Das ist mein Kochbuch zum Geldverdienen.</u>

Wie dieses Buch aufgebaut ist

Dieses Buch lehrt Sie *eine* unfassbar profitable Sache: **wie Sie ein 100-Millionen-Dollar-Geldmodell aufbauen.** Mit so einem Modell *verdienen Sie in den ersten 30 Tagen so viel Geld, dass die Kosten für die Gewinnung neuer Kunden nie wieder ein Problem sein werden.* Mit so vielen Kunden werden Sie gezwungen sein, an *allen anderen* Bereichen Ihres Unternehmens zu arbeiten, um einfach nur Schritt zu halten! Ein Problem, das ein anderes Buch lösen muss (Zwinker-Smiley).

<u>Buchübersicht</u>

Beginnen Sie hier: *Das haben Sie gerade geschafft.*

Abschnitt I: Was ist ein Geldmodell? *Kommt als* Nächstes …

Abschnitt II: Attraktions-Angebote

Abschnitt III: Upselling-Angebote

Abschnitt IV: Downselling-Angebote

Abschnitt V: Fortsetzungsangebote

Abschnitt VI: Erstellen Sie Ihr Geldmodell

Das war's schon. Kinderleicht. Legen wir los.

Profi-Tipp: Schnelleres und tieferes Lernen durch gleichzeitiges Lesen und Zuhören

Hier ist ein Life-Hack, den ich vor ein paar Jahren entdeckt habe. Wenn Sie ein Hörbuch hören und gleichzeitig das gedruckte Buch oder E-Book lesen, lesen Sie schneller *und* merken sich mehr. Sie speichern den Inhalt an mehreren Stellen in Ihrem Gehirn. Clever, oder? So lese ich Bücher, die es wert sind, gelesen zu werden.

Ich mache beides auch deshalb, weil ich mich nur schwer konzentrieren kann. Wenn ich beim Lesen zuhöre, hilft mir das, nicht abzuschweifen. Ich habe mir zwei Tage Zeit genommen, um das Buch laut zu lesen und es aufzunehmen. Das habe ich gemacht, damit Sie, wenn Sie ähnliche Probleme haben, das nicht mehr tun müssen.

Wenn Sie es mal ausprobieren wollen, holen Sie sich einfach die Audioversion und überzeugen Sie sich selbst. Ich habe meine Bücher so günstig wie möglich gemacht, also ist das kein Trick, um noch ein bisschen Geld zu verdienen – versprochen! Ich hoffe, Sie finden es genauso wertvoll wie ich.

Ich dachte mir, ich stelle diesen „Hack" gleich zu Beginn vor. So haben Sie die Möglichkeit, ihn auszuprobieren, wenn Sie das erste Kapitel interessant genug finden.

Profi-Tipp: Hack zum Beenden von Büchern

Ich lasse mich leicht ablenken. Deshalb brauche ich kleine Tricks, um meine Aufmerksamkeit aufrechtzuerhalten. Dieser hilft mir sehr: Kapitel beenden. Nicht mittendrin aufhören. Ein Kapitel zu beenden gibt Ihnen positive Bestätigung. Es sorgt dafür, dass Sie am Ball bleiben. Wenn Sie also auf ein schwieriges Kapitel stoßen, lesen Sie es bis zum Ende, damit Sie frisch mit dem nächsten beginnen können.

ABSCHNITT I:
WAS IST EIN GELDMODELL?

„Hormozi hat die beste Rendite für Werbung von allen Unternehmen, die unsere Werbe-Tracking-Plattform nutzen ... und zwar mit großem Abstand. Er hat die größte Differenz zwischen ausgegebenen und eingenommenen Dollars, die wir je gesehen haben. Und wir arbeiten nur mit Unternehmen zusammen, die mindestens 250.000 Dollar pro Jahr für Marketing ausgeben, also die Crème de la Crème der Vermarkter, und seine Zahlen sind im Vergleich dazu einfach unglaublich.“

– Alex Becker, CEO, Hyros.com

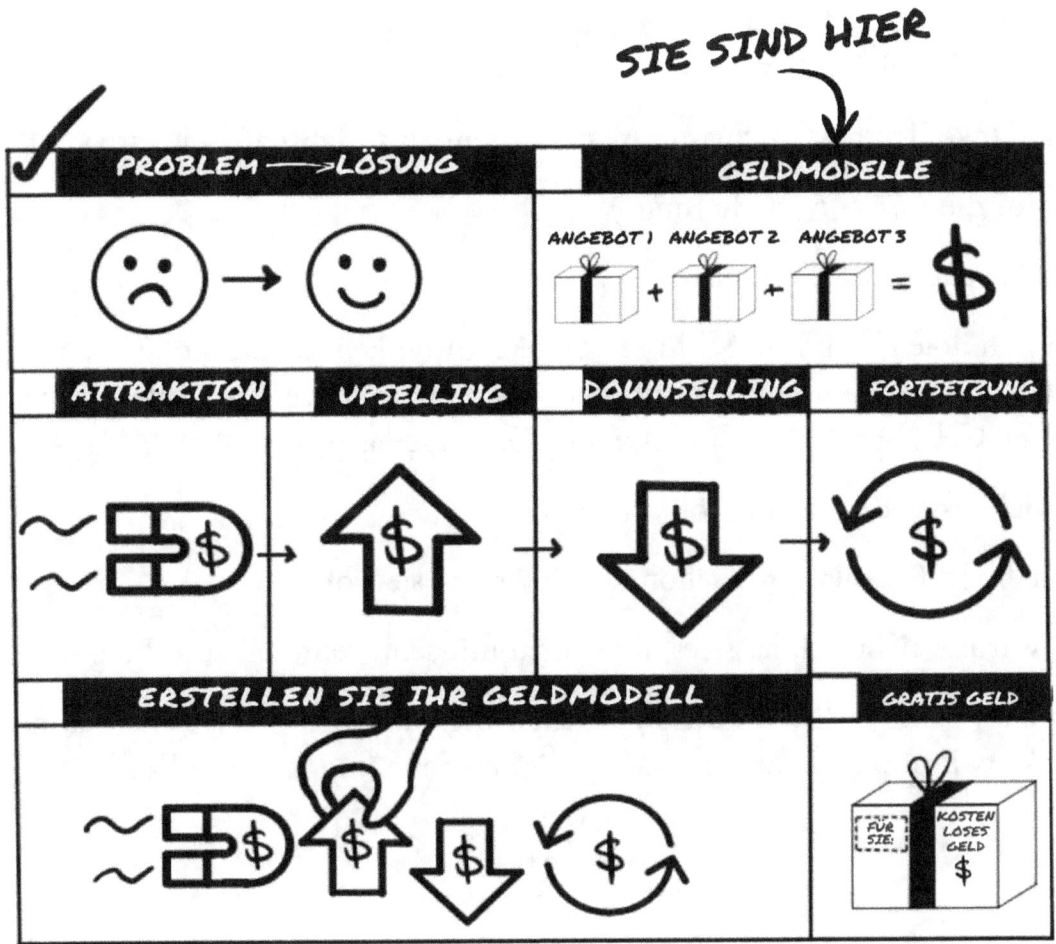

Dezember 2019

„Hallo, darf ich mal Ihren Ausweis sehen, damit ich Ihre Reservierung finden kann?“, fragte die Angestellte der Autovermietung mit einem Lächeln. Ich hatte meinen Ausweis schon bereit und schob ihn über den Tresen.

„Hm. Es sieht so aus, als hätten wir das von Ihnen reservierte Auto nicht. Wir haben jedoch ein gleichwertiges Auto … aber Sie sind ein großer Mann. Würden Sie stattdessen lieber einen geräumigeren Pick-up haben?"

„Ja, das klingt gut", sagte ich.

„Sie sind drei Tage hier." Sie legte den Kopf ein bisschen zur Seite. „Möchten Sie eine spätere Rückgabe, damit Sie das Auto jederzeit zurückbringen können, ohne sich Gedanken über Gebühren machen zu müssen?"

Ich schaute auf meinem Handy nach meinem Zeitplan. „Ja, wir haben einen Flug abends. Das klingt gut."

„Super. Einen Moment bitte … ich trage das gleich ein. Möchten Sie eine bessere Versicherung für Beulen oder Kratzer am Auto? Die deckt alle Schäden am Fahrzeug während Ihrer Zeit ab."

„Nein, danke. Ich habe nicht vor, hier Autorennen zu fahren", scherzte ich.

„Also nur die *Mindest*versicherung?"

„Ja, das ist alles, was ich brauche."

„Okay, ich hole gleich Ihre Schlüssel. Sollen wir tanken, damit Sie sich keine Gedanken ums Tanken machen müssen? Sie können das Auto mit leerem Tank zurückgeben und müssen keine Gebühr zahlen. Wir tanken für 3,75 Dollar pro Gallone."

„Wie viel kostet Benzin hier so?", fragte ich.

„Ungefähr 3,50 Dollar pro Gallone", antwortete sie fröhlich.

„Klar, warum nicht. Ich hasse es, tanken zu müssen, wenn ich zum Flug muss."

„Alles klar! Hier ist Ihre Quittung. Gehen Sie einfach um die Ecke, dann sollten Sie Ihren Truck etwa auf halber Strecke auf der linken Seite finden. Gute Fahrt!"

***

Als ich weggehen wollte, schaute ich noch mal auf die Quittung und blieb wie angewurzelt stehen. Ich konnte nur über mich selbst lachen. Ich war wegen einem Auto für 19 Dollar pro Tag gekommen und ging mit einer Rechnung über 100 Dollar pro Tag. Das ist das Fünffache! Und genau das ist die Kraft eines gut durchdachten Geldmodells. Sie wusste genau, was ich wollte (und sogar Dinge, von denen ich noch nicht mal wusste, dass ich sie wollte). Und als sie mir diese anbot, kaufte ich sie mir —mit Freude.

Ein Geldmodell hat funktioniert

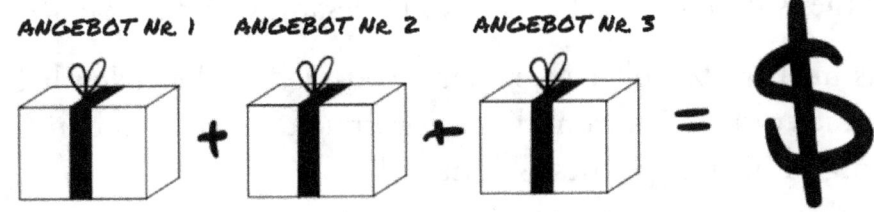

Ein Geldmodell ist eine *Abfolge von Angeboten*. Im Kern geht es darum, jede Möglichkeit zu finden, um das Problem eines Kunden zu lösen ... und dann anzubieten, es zu lösen. Aus diesem Grund haben Geldmodelle oft viele Angebote in einer bestimmten Reihenfolge. Wenn Sie das Richtige anbieten, sobald Kunden merken, dass sie es brauchen, können Sie *so viele Angebote* machen, *wie Sie wollen.*

Das ist das Geldmodell der Autovermietung in aller Kürze:

Angebot Nr. 1: Fahrzeug-Upgrade

Angebot Nr. 2: Verspätete Rückgabe

Angebot Nr. 3: Premium-Versicherung

Angebot Nr. 4: Mindestversicherung zum günstigeren Preis

Angebot Nr. 5: Vorausbezahlte Tankfüllung

Also ja, ich bezahlte mehr, *aber dafür wurden auch mehr Probleme gelöst.* Schauen wir uns mal an, welche Probleme die Angestellte dieser Autoversicherung gelöst hat:

- Sie hat mein Problem „großer Mann in kleinem Auto" gelöst, indem sie mir ein Fahrzeug mit mehr Platz *angeboten hat.*

- Sie hat mein Problem mit dem „späten Check-out" gelöst, indem sie mir die Flexibilität *anbot,* das Auto länger zu behalten.

- Sie hat mein Problem „Angst, das Auto zu beschädigen" gelöst, indem sie mir eine Versicherung zum Schutz davor *angeboten hat.*

- Sie hat mein Problem, meinen Flug zu verpassen, gelöst, indem sie mir *anbot,* das Benzin im Voraus zu bezahlen, damit ich das auf der Rückfahrt nicht machen musste.

... Und all das kostete Geld, das *ich gerne bezahlt habe.*

Die Autovermietung hatte an alles gedacht. Sie informierte mich über das Problem und *stellte mir* dann *eine Lösung dafür zur Verfügung.* Sie bot mir Lösungen für höhere Gebühren und möglichen Ärger später an, für die ich *jetzt* insgesamt weniger bezahlen musste.

So wurde aus meiner 19-Dollar-Miete eine 100-Dollar-Miete. Ich habe *schneller mehr Geld* bezahlt. Und jetzt ist klar, warum die Autovermietung allein in den USA *jeden Monat* Milliarden einbringt. Ein erfolgreiches Geldmodell.

Vorsicht: Schlechte Geldmodelle ruinieren Unternehmen.

Für viele Firmen kostet es mehr, jemanden zum Kauf eines Produkts zu bewegen, als die Firma mit diesem Produkt verdient. Mit anderen Worten: Die Unternehmen verlieren Geld, wenn sie neue Kunden gewinnen – *das ist ein großes Problem.*

Und so sieht's aus …

- Die Unternehmen geben Geld aus, um Kunden zu gewinnen.

- Am Ende des Monats stellen sie fest, dass sie mehr ausgegeben als eingenommen haben.

- Sie sparen bei der Werbung.

- Sie bekommen weniger Kunden, als sie bedienen können, weil sie sich das nicht leisten können.

- Dann streichen sie die Werbung komplett.

- Sie halten das Geschäft mit eigenem Geld, Krediten und Darlehen am Laufen und … *hoffen* auf Gewinn.

- Sie verkaufen Anteile des Unternehmens, nur um den Betrieb am Laufen zu halten.

- Sie warten Monate (oder Jahre!), bis das Geld reinkommt … wenn überhaupt.

- Sie rutschen immer tiefer in die Schulden, bis …

- Sie schließlich alles verlieren.

Aber das muss nicht so sein. Es gibt jede Menge Geld. Man muss *es sich nur holen.*

Im traditionellen Geschäft zahlen die langsam tröpfelnden, kleinen Gewinne von vielen Kunden *irgendwann* für einen *einzigen* Kunden. Dieses „Tröpfeln kleiner Gewinne" lässt dem Unternehmen das Geld ausgehen. Das heißt, das Unternehmen kann nur dann durch

Werbung viele Kunden gewinnen ... *wenn es schon viele Kunden hat!* Große Unternehmen (oder kleine Unternehmen mit Investoren) können das machen, weil sie das Geld dafür haben.

Stellen Sie sich das mal so vor: Wenn Sie 100 Dollar für Werbung ausgeben, um einen Kunden zu gewinnen, und mit diesem Kunden 500 Dollar Gewinn erzielen, ist das echt super. Sie sollten es auf jeden Fall machen. Aber was ist, wenn Sie zwei Jahre brauchen, um das Geld wieder reinzuholen? Es ist ein tolles Geschäft ... <u>wenn Sie schon viel Geld auf der Bank haben.</u> Sonst *geht Ihnen das Geld aus.* Sie haben also zwei Optionen:

Option 1: Sie warten zwei Jahre auf Ihre Bezahlung und hoffen, dass Ihnen das Geld nicht ausgeht.

Option 2: Sie lassen sich schnell bezahlen und wachsen so stark, wie Sie wollen.

Ein gutes Geldmodell ist Option 2.

Anmerkung des Autors: Machen Sie genug Gewinn, um Ihre Kosten in 30 Tagen oder weniger zu decken

Ich möchte meine Kosten für die Akquise eines Kunden innerhalb von 30 Tagen decken. Der Hauptgrund: Jedes Unternehmen kann 30 Tage lang zinsloses Geld in Form einer Kreditkarte bekommen. Wenn Sie Ihren Saldo vor Monatsende begleichen, funktioniert das wie normales Geld. Sie können also Kredit nutzen, um einen Kunden zu gewinnen, ihn zurückzahlen und dann wieder nutzen, um den nächsten Kunden zu gewinnen. Und wenn Sie den Kredit *vor* Ablauf der 30 Tage zurückzahlen können, können Sie das Ganze wiederholen. Einfach wiederholen.

Gute Geldmodelle machen Millionäre

Wenn Sie mehr Angebote machen und die Leute sie kaufen, verdienen Sie mehr Geld. Mit dem Geld können Sie dann mehr Kunden gewinnen. Wenn die Kunden schneller bezahlen, können Sie diese Kunden schneller gewinnen *und* bleiben profitabel.

Aber was wäre, wenn Sie Ihre Kunden doppelt so wertvoll machen, doppelt so viele Kunden gewinnen und diese Kunden doppelt so schnell gewinnen könnten? Dann *würde Ihr Unternehmen achtmal schneller wachsen.* Und wenn Sie *sie* verdreifachen könnten, *würde Ihr Unternehmen 27-mal schneller wachsen.* Verstehen Sie, worauf ich hinaus will? *Mit nur wenigen Änderungen* können Sie wirklich groß, wirklich profitabel und wirklich schnell werden. Und genau das werde ich Ihnen zeigen.

Als Nächstes

Geldmodelle sind eine Abfolge von Angeboten. Verschiedene Angebote lösen verschiedene Probleme. Wenn Sie also gewinnen wollen, müssen Sie herausfinden, was Sie *als Nächstes* anbieten können. Um das herauszufinden, müssen Sie *die vier Angebotstypen* verstehen ...

Die vier Arten von Angeboten, die Geldmodelle ausmachen

Hör auf, arm zu sein. – Paris Hilton
Es gibt keine Grenzen. – Lindsay Lohan, Cady Heron in „Mean Girls"

Ein Angebot zu machen ist besser, als gar nichts zu machen. Und mehrere Angebote zu machen ist besser als nur eins. Wenn Sie Angebote kombinieren, bekommen Sie ein Geldmodell. Meine Geldmodelle kombinieren vier verschiedene Arten von Angeboten.

Vier Arten von Angeboten

Es gibt vier Arten von Angeboten: Attraktions-Angebote, Upselling-Angebote, Downselling-Angebote und Fortsetzungsangebote. Alle verbessern unser Geldmodell, aber alle tun das auf *unterschiedliche Weise*. Sie funktionieren einzeln hervorragend, aber zusammen machen sie Ihr Unternehmen unaufhaltsam.

1) **Attraktions-Angebote** machen Fremde zu Kunden.

2) **Upselling-Angebote** bringen Leute dazu, mehr Geld auszugeben.

3) **Downselling-Angebote** bringen Leute dazu, Ja zu sagen, wenn sie eigentlich Nein sagen würden.

4) **Fortsetzungsangebote** sorgen dafür, dass Leute weiter kaufen.

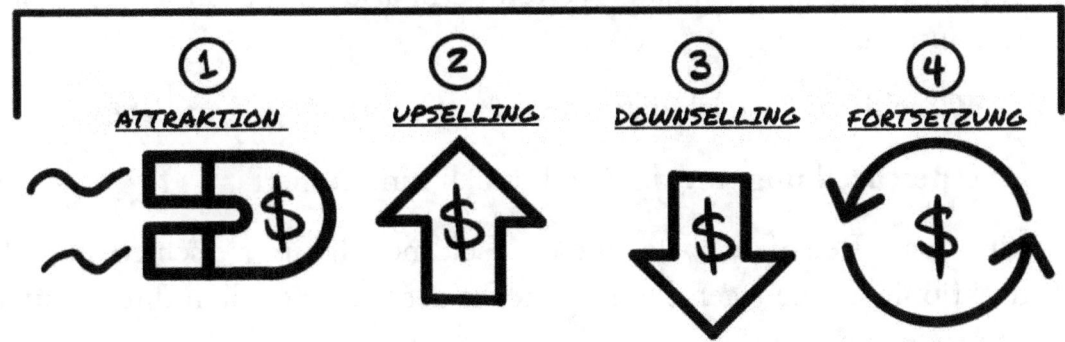

Wenn Sie sich erfolgreiche Unternehmen anschauen, werden Sie verschiedene Versionen dieser Angebote als Kernkomponenten ihrer jeweiligen Geldverdienmaschine erkennen. Sie können eines, zwei, mehrere oder alle vier Angebote zusammen nutzen. Sie können sie beliebig kombinieren. Aber wenn ich mir *meine* profitabelsten Unternehmen anschaue, habe ich alle vier genutzt. Und hier ist der Grund dafür:

Wenn Sie kein Angebot haben, um Kunden zu gewinnen, werden Sie nicht so viele bekommen. Aber nehmen wir mal an, Sie haben eins. Wenn Sie nur dieses eine Ding anzubieten haben, werden Sie nicht annähernd so viel Geld verdienen, wie Sie könnten. Wenn Sie also noch etwas anzubieten haben, zum Beispiel ein Upselling, werden Sie endlich etwas Geld machen.

Aber Sie werden trotzdem nicht so viel verdienen, wie Sie könnten, weil viele Leute immer noch „Nein" sagen werden. Also verwandeln wir diese „Neins" mit Downselling-Angeboten in „Jas". Und das funktioniert gut. Aber es wäre noch besser, wenn Sie sich dieses zusätzliche Geld *Monat für Monat* sichern könnten. Also machen Sie noch ein Fortsetzungsangebot, um das Ganze abzurunden. So mache ich das gerne.

Wie ich die Abschnitte strukturiert habe

Ich fange mit Attraktions-Angeboten an, denn wenn Sie keine Kunden bekommen, brauchen Sie zuerst so etwas. Dann schauen wir uns Upselling-Angebote an, gefolgt von Downselling-Angeboten. Zum Abschluss der vier Arten zeige ich Ihnen meine Lieblings-Fortsetzungsangebote *genau so, wie ich sie gelernt habe.*

Wie ich die einzelnen Kapitel aufgebaut habe

Jedes Kapitel hat sechs Teile:

1) **Skizzen** direkt aus meinen Notizen. Genau so, wie ich sie gezeichnet habe. Das hat mir geholfen, mich daran zu erinnern, also wird es Ihnen auch helfen, sich zu erinnern.

2) Die **Geschichte**, wie ich dieses Geldmodell kennengelernt habe.

3) Eine **Beschreibung**, wie das Geldmodell funktioniert.

4) Ein paar **Beispiele**, wie dieses Geldmodell in verschiedenen Branchen funktioniert. Überlegen Sie sich, wie Sie das Geldmodell in Ihrem Unternehmen anwenden könnten.

5) **Wichtige Hinweise** und Taktiken, die das Geldmodell zum Funktionieren bringen. Diese Tipps helfen Ihnen, das Spiel *schon beim ersten Versuch* so zu spielen, als würden Sie es bereits zum hundertsten Mal spielen.

6) Eine **Zusammenfassung**. Alle wichtigen Punkte zum Geldmodell. Außerdem gibt es dazu noch ein paar zusätzliche Gedanken, wie man das Geldmodell noch profitabler machen kann.

Wichtige Hinweise:

Okay. Bevor ich diesen Schatz an Informationen freigebe, muss ich ein paar Dinge klarstellen:

1) **Alle Unternehmen haben Geldmodelle. Das macht ein Unternehmen zu einem Unternehmen.** Tauschen Sie das Mantra der *armen Leute* „Das funktioniert bei meinem Unternehmen nicht" gegen das Mantra der *reichen Leute* „Wie kann ich das für mein Unternehmen nutzen?" aus. Sie funktionieren alle. *Seien Sie kreativ.*

2) **Manche Geldmodelle funktionieren in manchen Unternehmen besser als in anderen.** Es sind einfach verschiedene Arten, Sachen anzubieten. Wenn Sie einfach versuchen, das zu kopieren, was „die anderen" machen, werden Sie enttäuscht sein. Damit es für Ihr Unternehmen funktioniert, müssen Sie Ihr eigenes Modell entwickeln (aber keine Sorge, ich zeige Ihnen, wie das geht).

3) **Wenn ein Kunde sein Geld zurückverlangt,** *geben Sie es ihm zurück.* Vermeiden Sie Ärger. Und wenn Sie einen *Fehler* gemacht haben, *beheben Sie ihn.* Seien Sie kein Dummkopf. Behandeln Sie Ihre Kunden gut. Investieren Sie beim nächsten Mal Zeit und Ressourcen, um bessere Kunden zu gewinnen.

4) **Aggressives Verkaufen ist etwas für schwache Produkte.** Wenn jemand etwas nicht will, *ist das okay.* Versuchen Sie nicht, jemanden gegen seinen Willen zu überzeugen. Stellen Sie Angebote zur Verfügung, wenn Ihr Kunde ein zu lösendes Problem hat und dann sind Sie der Konkurrenz einen Schritt voraus. Wenn der Kunde Ihr Angebot nicht will – kein Stress. Suchen Sie sich jemand anderen, der es will. Es ist ein Spiel mit den Zahlen.

5) **Halten Sie sich an die Gesetze.** Ich habe diese Tricks in verschiedenen Situationen von verschiedenen Leuten auf verschiedenen Plattformen, zu verschiedenen Zeiten, an verschiedenen Orten und nach verschiedenen Regeln gelernt. Werbegesetze ändern sich ständig. Und sie werden tendenziell immer strenger – vor allem, wenn es um „kostenlose" Angebote geht. Fragen Sie einen Anwalt, ob ein Angebot, das Sie machen wollen, legal ist oder nicht. Dieses Buch soll als Inspiration für Geldmodelle dienen. Nutzen Sie es auch so.

6) **Seien Sie ehrlich.** Sagen Sie, wie es ist. Und wenn die Fakten nicht so toll sind, dann unternehmen Sie etwas, damit sie besser werden, oder lernen Sie, sie so zu präsentieren, dass sie besser rüberkommen. Lügen Sie nicht. Damit schaden Sie nur sich selbst auf lange Sicht. Und anders als bei Kreditkartenschulden können Sie einen schlechten Ruf nicht einfach tilgen. Wenn Sie einmal einen schlechten Ruf haben, bleibt er Ihnen ein Leben lang.

7) **Jedes Angebot kann jederzeit, in beliebiger Reihenfolge und einzeln genutzt werden.** Ein Unternehmen funktioniert, solange es Gewinn macht. Die meisten Angebote in diesem Buch könnten diese Mindestanforderung *schon alleine* erfüllen. Wenn sie in der richtigen Reihenfolge und zum richtigen Zeitpunkt eingesetzt werden, ergeben sie ein *100-Millionen-Dollar-Geldmodell*. Ich habe große Träume, und ich wette, Sie auch. Also werden wir sie alle nutzen.

Nachdem das gesagt ist, lassen Sie uns loslegen.

Als Erstes: Attraktions-Angebote

Die meisten Firmen geben zu viel aus, um Kunden zu gewinnen, und verdienen zu wenig an ihnen. *Sie verfügen über zu wenig Geld.* Aber man nutzt Geld, um mehr Kunden zu bekommen. Und ich mag mehr Kunden. Deshalb löse ich dieses Problem immer zuerst mit einem Attraktions-Angebot.

GRATIS-GESCHENK: Bonus-Tutorial zu den vier Arten von Angeboten

Wenn Sie genauer wissen wollen, wie wir verschiedene Angebote aufbauen, schauen Sie mal auf acquisition.com/training/money vorbei. Das ist kostenlos und für alle zugänglich. Ich will Ihr Vertrauen gewinnen. Und Vertrauen baut man Stein für Stein auf. Diese Schulung soll der erste Stein sein. Viel Spaß dabei. Wenn Sie nicht so gerne tippen, können Sie auch einfach den QR-Code scannen.

SCANNE MICH

ABSCHNITT II:
ATTRAKTIONS-ANGEBOTE

Wie Sie Aufmerksamkeit in Geld verwandeln.

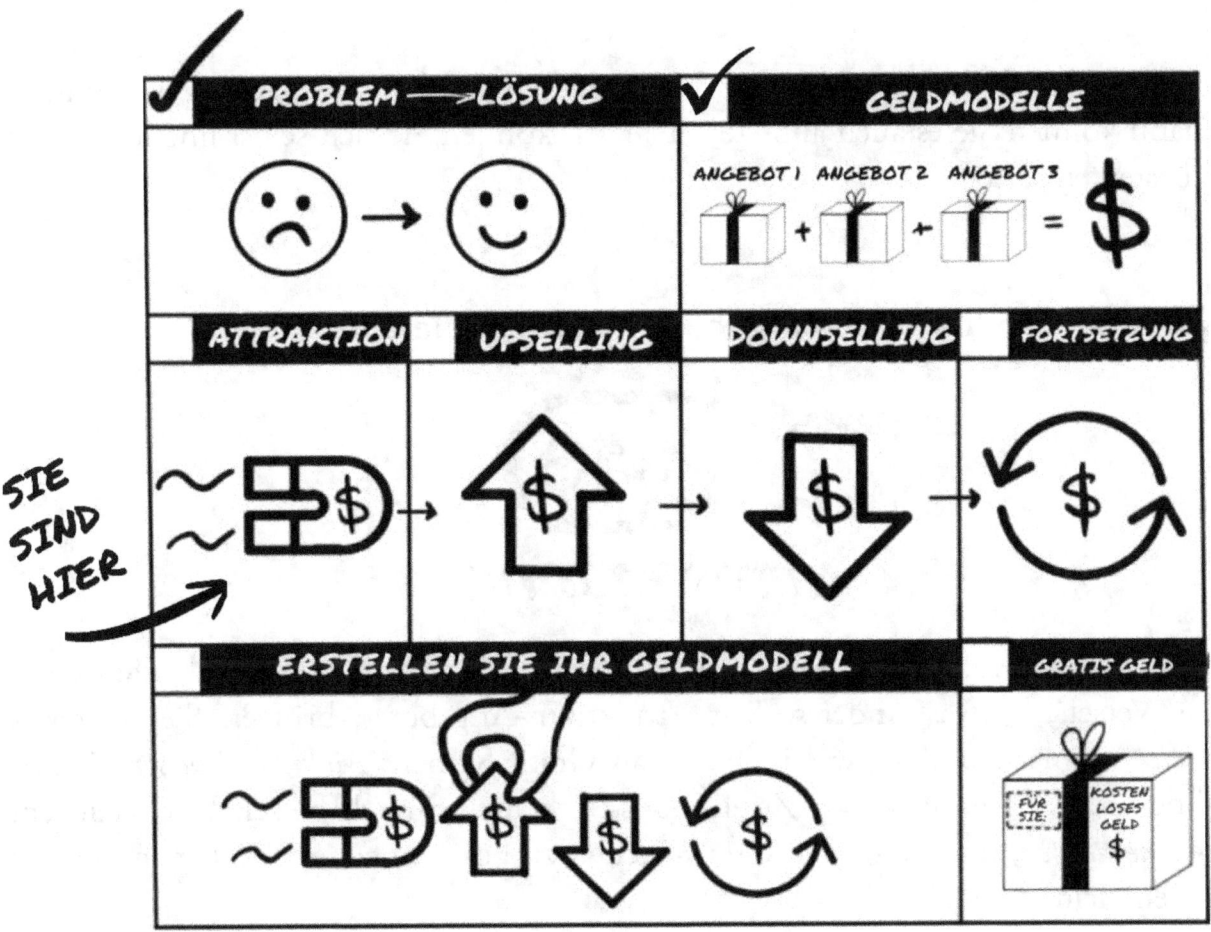

Attraktions-Angebote bringen neue Leads *und* machen sie zu Kunden. Sie verwandeln Werbung in Geld, indem sie etwas umsonst oder mit einem Rabatt anbieten. Wir machen das, weil jeder ein gutes Geschäft machen will. Bei einem guten Angebot bekommen Kunden *viel* mehr Wert, als sie bezahlen. Fremde können Ihnen den Wert nur glauben. Aber den Preis verstehen sie auf jeden Fall. Deshalb sind Rabatte für fast *jeden ein* guter Deal. Und je größer der Rabatt, desto besser das Angebot. Der größte Rabatt ist natürlich *kostenlos*.

Wenn ich also „kostenlos" sage, können Sie auch „Rabatt" oder „1 Dollar" sagen. Wenn ich „Rabatt" sage, können Sie auch „kostenlos" oder „1 Dollar" sagen und so weiter. Das ist alles ein Kontinuum, weil es immer einen Preisnachlass auf ein Produkt gibt – selbst wenn Sie 100 % Rabatt geben!

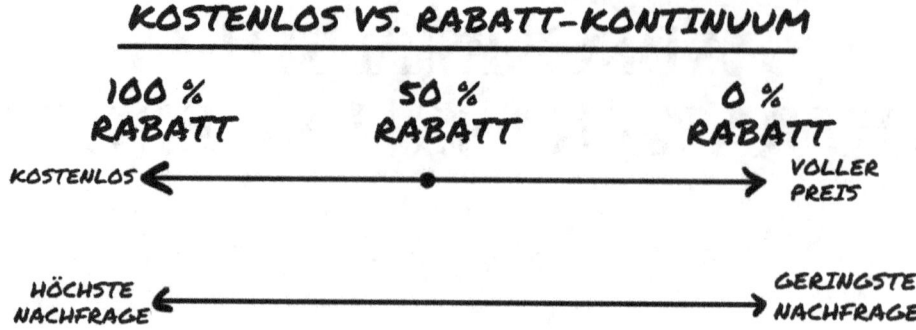

Wenn Sie sich vorstellen können, wie Sie einen Rabatt oder ein Gratisangebot nutzen können, dann können Sie es auch anbieten. Danach können Sie sich selbst überlegen, wie Sie es am besten einsetzen.

Wie kann man also mit Gratisangeboten Geld verdienen?

Stellen Sie sich das einmal so vor: Leute suchen nach einer Sache und kaufen dann *ständig* aus Versehen etwas Anderes. Mit Attraktions-Angeboten bringen Sie sie dazu, das *absichtlich* zu machen. Aber was ist besser als Gratis-Sachen? *Mehr und bessere Gratis-Sachen.* Eine Gratis-Sache ist super. Zwei Gratis-Sachen sind noch besser. Und vielleicht *müssen sie eine kaufen*, um die beiden Gratis-Sachen zu bekommen. <u>So verdienen wir mit Gratis-Sachen Geld.</u>

In diesem Abschnitt zeige ich Ihnen meine fünf Lieblingsmethoden, wie Sie mit kostenlosen Angeboten Geld verdienen können:

1) Bekommen Sie Ihr Geld zurück

2) Werbegeschenke

3) Lockangebot

4) Kaufen Sie X und erhalten Sie Y gratis

5) Jetzt weniger bezahlen oder später mehr bezahlen

Lassen Sie uns etwas Geld verdienen.

GRATIS-GESCHENK: Bonus-Tutorial zu Attraktions-Angeboten

Ich habe ein kostenloses Video für Sie erstellt, in dem ich erkläre, wie Attraktions-Angebote funktionieren. Wenn Sie es haben möchten, gehen Sie einfach auf acquisition.com/training/money. Es ist keine Anmeldung erforderlich. Viel Spaß damit. Wenn Sie nicht gerne tippen, können Sie auch den QR-Code scannen.

SCANNE MICH

Gewinnen Sie Ihr Geld zurück

Wenn Sie innerhalb von y Zeit unter Einhaltung der z
Regeln x machen, bekommen Sie es kostenlos.

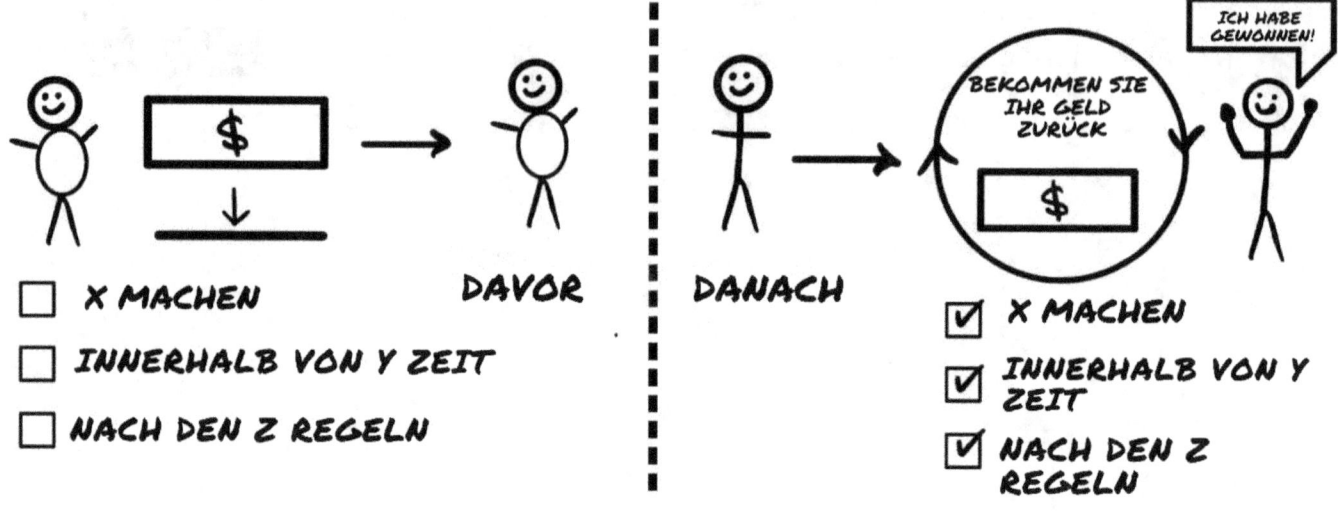

Juni 2013.

Ich war in einem Raum voller erfahrener Fitnessstudio-Besitzer und ich war der Neue. Nacheinander berichteten wir alle davon, was gut funktionierte. Da meldete sich Danny zu Wort.

„Ja ... wie ihr wisst, hatte ich Probleme mit dem Verkauf ... aber ich glaube, ich habe es jetzt raus. Da war dieser nervige Typ, der *nichts* kaufen wollte. Er wusste, dass er es brauchte, aber er meinte auch, er brauche mehr Rechenschaft. Wir haben hin und her diskutiert, und schließlich kam er auf diese Idee. Er sagte: „*Wie wäre es so: Ich gebe dir 500 Dollar. Du trainierst mich acht Wochen lang. Und wenn ich mein Ziel erreiche, bekomme ich mein Geld zurück. Aber im Gegenzug kannst du meine Ergebnisse für dein Marketing nutzen. Fair?*"

„Also ... was ist passiert?", fragte ich.

Danny antwortete: „Ich dachte mir, er würde sowieso nichts kaufen, also habe ich ihm diesen Deal verkauft."

„Okay, und was ist dann mit dem Typen passiert?"

„Er hat sein Ziel erreicht."

„Hast du ihm sein Geld zurückgegeben?"

„Das denkst du vielleicht – aber er hat das Geld letztendlich für mehr Training ausgegeben!"

„Klingt ganz fair. Und wie sieht's mit der Vermarktung seiner Ergebnisse aus?"

„Alter, die Veröffentlichung seiner Vorher-Nachher-Bilder hat uns dreizehn neue Kunden gebracht!"

„Das ist verrückt. Jetzt sind wir dabei."

„Ja, ich weiß. Ich biete das jetzt allen an. Die Ergebnisse sind viel besser und die Leute lieben das Angebot. Und durch die kostenlose Werbung, die sie für uns machen, kommen auch ihre Freunde und Familienmitglieder dazu. Ich verdiene mehr Geld als je zuvor."

***

So ein Angebot hatte ich vorher noch nie gesehen. Mit der Zeit passte ich es ein bisschen an, aber das Prinzip blieb dasselbe: *Jetzt bezahlen und die Chance haben, später das Geld zurückbekommen.* Ich habe es für Privattrainings, Gruppentrainings, private Ernährungsberatungen und Gruppenernährungsberatungen genutzt. Als ich sah, wie gut das bei meinen aktuellen Kunden funktionierte, habe ich das Angebot auch in meine Anzeigen für neue Kunden aufgenommen. Meine Kosten für die Kundenakquise sind *enorm* gesunken und die Anzahl der Leads ist explodiert!

Beschreibung

So funktioniert das Geld zurück-Angebot: *Sie* vereinbaren mit dem Kunden ein Ziel *und* erklären ihm, wie er es erreichen kann. Wenn er es schafft, bekommt er sein Geld *oder* den Betrag als Gutschrift zurück.

Dieses Angebot hat meine Fitnessstudios besser wachsen lassen als jedes andere. Es war auch das erste Grand-Slam-Angebot, das Gym Launch den Besitzern von Fitnessstudios beigebracht hat. Es ist super flexibel. Wenn Sie also mehr Geld verdienen, mehr Kunden gewinnen und ihnen bessere Ergebnisse bieten wollen, gibt es nichts Besseres.

Um „sein Geld zurückzugewinnen", hat der Kunde drei Möglichkeiten: Ergebnisse erzielen, Maßnahmen ergreifen oder beides. Damit das funktioniert, müssen die Ergebnisse und Maßnahmen *einfach* nachzuverfolgen sein.

Ergebnisse: Hier gilt: Egal, was der Kunde macht, wenn er das Ergebnis erreicht, bekommt er sein Geld zurück. Zum Beispiel: X Dollar im Monat verdienen, Y Kunden gewinnen, Z Kilo abnehmen usw. *Im Grunde genommen setzt er auf seine eigene Fähigkeit, das Ziel zu erreichen.*

<u>Maßnahmen</u>: Hier sind die Kunden dafür verantwortlich, bestimmte Aktionen *zu machen*, statt Ergebnisse *zu liefern*. Egal, was sie erreichen, wenn sie tun, was Sie sagen, gewinnen sie ihr Geld zurück. Zum Beispiel: an allen Sitzungen, Anrufen, Meetings teilnehmen, Fortschritte aufzeichnen, Fotos machen, Hausaufgaben machen usw. *Hier setzen sie auf ihre Fähigkeit, Anweisungen zu befolgen.*

<u>Maßnahmen</u> *und* <u>Ergebnisse</u>: Hier sorgen Sie dafür, dass die Kunden die Anweisungen befolgen und Ergebnisse erzielen. Wenn sie beides schaffen, gewinnen sie ihr Geld zurück. Oft haben Leute, die ein Ziel erreichen wollen, nicht genug Fähigkeiten dafür. Selbst wenn sie auf sich selbst setzen würden, würden sie scheitern. Indem Sie ihnen ein gutes Ziel setzen *und* ihnen zeigen, wie sie es erreichen können, geben Sie ihnen eine Chance. *Hier setzen sie auf ihre Fähigkeit, Anweisungen zu befolgen, und darauf, dass Ihre Anweisungen sie zum Ergebnis führen.*

Fazit: Kunden zahlen Geld. Wenn sie bestimmte Dinge tun ODER das Ergebnis erzielen ODER beides – *bekommen sie ihr Geld zurück, entweder in bar oder als Gutschrift.*

Beispiele

Angebot für Verbraucher: Kostenloser 28-Tage-Plan

Zahlen Sie X Dollar und Sie bekommen alles zurück, wenn Sie:

- ☐ An allen Beratungsgesprächen teilnehmen.
- ☐ Ihre Fortschritte einmal pro Woche in der Gruppe posten.
- ☐ Tägliche Einträge in unserer Tagebuch-App machen.
- ☐ An Ihrer Feedback-Sitzung und Ihrer Transformationssitzung teilnehmen.

    (Tipp: Anrufe und Meetings sind super Gelegenheiten, um mehr Angebote zu machen.)

Business-to-Business-Angebot: 5 Kunden in 5 Tagen – kostenlose Challenge

Zahlen Sie X Dollar und Sie bekommen alles zurück, wenn Sie:

- ☐ 100 Nachrichten pro Tag verschicken.
- ☐ Statistiken zu den gesendeten Nachrichten melden.
- ☐ An der täglichen Schulung teilnehmen.

☐ Die erledigten Hausaufgaben in der Gruppe posten.

☐ Am Beratungstelefonat am 5. Tag teilnehmen.

(Tipp: Hier können Sie mehr, bessere oder neue Produkte und Dienstleistungen anbieten.)

Angebot für physische Produkte: Fahren Sie 1.000.000 Meilen mit Ihrem Auto und holen Sie sich ein kostenloses Auto

Sie bekommen ein Auto geschenkt, wenn Sie:

☐ Ein neues Auto bei uns kaufen.

☐ Das Auto 1.000.000 Meilen fahren.

☐ Es zurückbringen.

☐ Fotos machen und sich in einer Pressemitteilung abbilden lassen.

☐ Wir rechnen Ihnen den ganzen ursprünglichen Kaufpreis für Ihr nächstes Auto an.

(Das war ein tatsächliches Angebot.)

Wichtige Hinweise

Dieses Angebot hat branchenweit über 1 Milliarde Dollar Umsatz gebracht. Es funktioniert. Ich habe damit viel Geld verdient. Sie können das auch.

„Geld zurück" funktioniert bei neuen, aktuellen *und* früheren Kunden. Ich nutze es gerne bei neuen Kunden, weil es den größtmöglichen Rabatt bietet – 100 %. Bei aktuellen Kunden finde ich es gut, weil es sie mit neuen Kunden zusammenbringt. Und ich nutze es gerne, um frühere Kunden zurückzugewinnen, weil größere Anreize sie dazu bewegen, wiederzukommen.

Es funktioniert gut bei Dingen, die Leute anfangen und dann wieder hinschmeißen. Zum Beispiel ein Unternehmen gründen, neue Fähigkeiten lernen, abnehmen, fit werden, Schönheitsprogramme, Selbstpflege, Zeitmanagement, mentale Gesundheit usw. Es hält die Motivation in der anstrengenden Anfangsphase aufrecht. Bis heute habe ich keine bessere Methode gefunden, um ein Programm für Ergebnisse aufzubauen – eine echte Win-Win-Situation.

Keine Sorge. Mit diesem Angebot können Sie Geld verdienen. Wenn Sie wirklich alles zurückgeben würden, würde dieses Angebot kein Geld bringen – *aber es bringt Geld.* Erstens werden viele Leute die Bedingungen nicht erfüllen – selbst wenn sie realistisch sind. Zweitens bleiben diejenigen, die die Bedingungen erfüllen, oft als Kunden. Aber sie bleiben nur Kunden, *wenn sie noch etwas kaufen können.* Also sollten Sie ein Upselling-Angebot parat haben, um die Gewinne zu nutzen (Abschnitt III).

Bieten Sie „Geld zurück" nur an, wenn Sie damit einverstanden sind, Geld zurückzugeben! Rückerstattungen gehören zum Geschäft dazu. Wenn Sie das Geld zurück-Angebot aber gut bewerben, bekommen Sie jede Menge zusätzliche Kunden. Und wenn Sie zufriedenen Kunden ein tolles Fortsetzungsangebot machen, *erzielen Sie einen hohen Gewinn.* Dieser übersteigt die Rückerstattungen bei weitem. Aus den Daten, die wir von Tausenden von Fitnessstudios gesammelt haben, geht hervor, dass etwa 10 % aller Kunden ihr Geld zurückverlangen. Wenn Sie damit nicht leben können, sollten Sie dieses Angebot nicht machen.

Bieten Sie lieber einen Gutschein als Bargeld an. Wenn Sie kein Geld zurückgeben wollen, können Sie stattdessen einen Gutschein anbieten. Meine Tests haben gezeigt, dass das Anbieten von Gutscheinen und Bargeldrückerstattungen die gleiche Anzahl von Kunden anzieht. Sie können also genauso gut Gutscheine/Gutschriften anbieten. Wenn Sie es aber trotzdem als „kostenlos" bewerben möchten, kombinieren Sie es mit einer bedingungslosen Zufriedenheitsgarantie. Das Hinzufügen der bedingungslosen Garantie hatte keinen wesentlichen Einfluss auf die Anzahl der Leute, die ihr Geld zurückhaben wollten. Fragen Sie am besten einen örtlichen Anwalt, ob das alles in Ihrer Gegend legal ist.

Nehmen Sie kein schmutziges Geld an. Wenn jemand nicht möchte, dass ich sein Geld bekomme, will ich es noch weniger als er. Ich habe mir das so vorgenommen: Wenn ein Kunde sein Geld zurück will – egal, ob er das Recht dazu hat oder nicht – *gebe ich es ihm.* Konzentrieren Sie sich einfach auf den nächsten Kunden.

So legen Sie Ihre Kriterien für die Rückerstattung fest. Diese Kriterien entscheiden über den Erfolg oder Misserfolg dieses Angebots. Gute Kriterien haben drei Eigenschaften:

1) **Sie sind einfach nachzuverfolgen.** Bringen Sie den Kunden bei, *was sie genau machen sollen* (sonst wird es ein Chaos). Noch besser ist es, wenn die Leute das sowieso schon machen. Beispiel: Handys zählen bereits Schritte. Textverarbeitungsprogramme zählen schon Wörter. Kameras versehen Fotos automatisch mit dem Datum.

2) **Sie bringen den Kunden Ergebnisse.** Legen Sie Kriterien fest, mit denen Ihre Kunden wahrscheinlich ihre gewünschten Ergebnisse erzielen. *Realistische* Kriterien sind genau richtig. Wenn Ihnen die Kriterien zu einfach vorkommen,

sind sie wahrscheinlich realistisch. Es kann mehrere Versuche dauern, bis es klappt, aber das gilt auch für alles andere, was es wert ist, gemacht zu werden. Beispiele: an Meetings teilnehmen, trainieren, Videos anschauen usw. Lassen Sie *alle Kunden* das tun, was auch immer die besten Kunden tun, um die besten Ergebnisse zu erzielen (und sie werden auch tolle Ergebnisse erzielen).

3) **Sie machen Werbung für Ihr Geschäft.** Machen Sie Werbung zu einem Teil Ihrer Kriterien. Zum Beispiel: lassen Sie Kunden über ihre Teilnahme posten, Kunden sollen Sie in sozialen Medien taggen, Sie weiterempfehlen oder Bewertungen und Erfahrungsberichte hinterlassen.

Wie Sie Gutschriften einlösen [WICHTIG]. Wenn Kunden ihr Geld zurückgewinnen, bieten Sie ihnen an, es über einen längeren Zeitraum oder für ein Paket einzulösen. Bieten Sie ihnen einfach an, es für etwas einzulösen, das mehr kostet als das, was sie zurückbekommen. Meiner Erfahrung nach hält das die Kunden bei Laune und bringt Ihnen mehr Geld ein. So sieht das aus:

- Sie haben ein Produkt oder eine Dienstleistung, das/die 200 Dollar pro Monat kostet.

- Ein Kunde bekommt 600 Dollar Guthaben. Vermeiden Sie es, ihm drei kostenlose Monate *im Voraus* zu geben.

- Verteilen Sie stattdessen die 600 Dollar über 12 Monate → (600 Dollar/12 Monate = 50 Dollar Rabatt pro Monat).

- Jetzt zahlt Ihr Kunde: 200 Dollar pro Monat – 50 Dollar Rabatt = 150 Dollar pro Monat

- Um es klar zu sagen: Kunden können das Guthaben nutzen, wie sie wollen. Aber ich empfehle Ihnen, das erst einmal so vorzustellen. Wenn sie gleich danach fragen, können Sie ihnen von meiner Erfahrung erzählen – Leute springen oft ab, wenn sie *nichts* bezahlen müssen. Ein Rabatt über einen längeren Zeitraum hält sie langfristig bei der Stange. Es ist also im Interesse des Kunden, etwas zu investieren.

- Ausführliche Infos zu diesem Upselling-Angebot finden Sie im Kapitel „Rollover-Upsell" (Abschnitt III).

Alle Meetings und Anrufe bieten Chancen, mehr Angebote zu machen. Machen Sie Check-in-Meetings zu einem Teil Ihrer Geld-zurück-Kriterien, wann immer Sie können. Und machen Sie die Teilnahme an allen Meetings zu einer Voraussetzung, um das Geld zurückzugewinnen. Das hilft nicht nur Ihren Kunden, ihre Ziele zu erreichen, sondern ist auch die beste Gelegenheit, um ihnen mehr zu verkaufen. Nachdem Sie sich gemeldet haben, bieten Sie ihnen also etwas an, das auf ihrem Feedback basiert. Das „Gewinnen Sie Ihr Geld zurück"-Angebot und meine Fitnessstudios hatten drei Termine:

- Ernährungsberatung → „Vorher-Bilder" → Ich mache ein Angebot für Nahrungsergänzungsmittel.

- Fortschrittscheck→ Ich mache ein Angebot für eine Mitgliedschaft.

- Feedback zur Transformation → „Nachher-Bilder" → Ich mache das Angebot für die Mitgliedschaft noch einmal.

  o Wenn Kunden die Mitgliedschaft beim letzten Meeting gekauft hatten, bot ich ihnen einen Rabatt an, wenn sie für ein Jahr im Voraus bezahlten.

Machen Sie alle zu Gewinnern. Verkaufen Sie das Programm so, als würden Ihre Kunden ihr Geld nur zurückbekommen, wenn sie die Kriterien erfüllen. Aber etwa nach der Hälfte machen Sie Ihr nächstes Angebot so, *als hätten sie schon gewonnen.* So verringern Sie die Angst der Kunden vor dem Scheitern *und* binden sie länger an Sie. Außerdem werden sie Sie dafür umso mehr lieben. Etwa so:

Ich weiß, dass du dieses kurzfristige Ziel erreichen willst, aber was ist dein langfristiges Ziel? ... Okay, das freut mich zu hören. Du verstehst, dass es nicht um dieses Programm geht, sondern um deine langfristigen Ergebnisse. Ich sage dir was: Um dir zu zeigen, wie sehr ich mir wünsche, dass du dieses langfristige Ziel erreichst, rechne ich dir dieses Programm für das nächste Programm an, egal ob du das kurzfristige Ziel erreichst oder nicht – wie klingt das?

Lassen Sie am Ende des Programms die „Verlierer" gewinnen. Wenn jemand Ihr erstes Upselling-Angebot ablehnt *und* die Herausforderung nicht besteht, können Sie der Person *trotzdem* noch etwas verkaufen. Und zwar so: <u>Tun Sie so, als hätte der Kunde gewonnen.</u> Ich sage etwas wie:

Mach dir keine Sorgen. Du hast angefangen. Das ist schon der größte Erfolg. Und auch wenn du dein kurzfristiges Ziel nicht erreicht hast, hast du unser Ziel erreicht – nämlich das, was du angefangen hast, zu Ende zu bringen. Um dir zu zeigen, dass wir langfristig mit dir zusammenarbeiten wollen, schreiben wir dir deine gesamte Anzahlung als Gutschrift für eine langfristige Zusammenarbeit gut. So bekommst du dein Geld zurück und wir können dein Ziel trotzdem erreichen. Wie klingt das?

Sie werden den missmutigen Gesichtsausdruck in ein Lächeln verwandeln und Ihre Kunden werden Sie dafür lieben. Denken Sie daran: <u>Wir gewinnen keine Kunden, um Verkäufe zu tätigen, sondern wir tätigen Verkäufe, um Kunden zu gewinnen.</u>

Das Geld zurück-Angebot ist einfach aufgebaut und ziemlich flexibel. Im Grunde genommen bieten Sie ein Produkt oder eine Dienstleistung an und geben den Kunden die

Möglichkeit, ihr Geld zurückzubekommen, wenn sie das Produkt oder die Dienstleistung tatsächlich nutzen. Wenn sie es dann so nutzen, wie Sie es vorschlagen, werden sie gute Ergebnisse erzielen und für weitere Angebote und/oder längerfristige Verpflichtungen offen sein.

Zusammenfassung

„Geld zurück" ist geradezu magisch für Unternehmen, bei denen die Kunden sich ständig ins Zeug legen müssen, um das gewünschte Ergebnis zu erhalten.

- Das Geld zurück-Angebot ist der Hammer, weil:
  - Sie eine Menge Geld im Voraus bekommen.
  - Sie mehr Kunden bekommen, die Ja sagen, weil Sie ihr Risiko senken.
  - Sie beeindruckende Ergebnisse für Ihre Kunden erzielen.
  - Sie mehr langfristige Kunden gewinnen.
  - Ihre Kunden Werbung für Ihr Angebot machen, um Ihnen noch mehr Kunden zu verschaffen.
- Einige Meetings in die Bedingungen aufzunehmen, ist eine super Möglichkeit, mit Ihren Kunden in Kontakt zu bleiben und ihnen Angebote zu machen, die genau auf ihre Bedürfnisse zugeschnitten sind.
- *Viele* denken, dass Unternehmen ihr Geld mit Leuten verdienen, die das Programm nicht schaffen. Das stimmt nicht. Das echte Geld kommt von den Leuten, die das Programm schaffen *und denen Sie noch mehr anbieten können*. Glauben Sie mir das. Je mehr Ergebnisse Sie liefern, desto mehr Geld werden Sie verdienen. Denken Sie langfristig.
- Machen Sie die Rückerstattungskriterien einfach nachvollziehbar, passen Sie sie an die Ziele der Kunden an und gestalten Sie sie so, dass sie für Ihr Unternehmen hilfreich sind.
- Nutzen Sie das Geld zurück-Angebot nur, wenn Ihre Rückerstattungsquote unter 5 % liegt. Wenn nicht, bringen Sie Ihr Produkt erst einmal in Ordnung. Sonst riskieren Sie, zu viele Rückerstattungen zu machen.

31

- Wenden Sie die Gutschrift auf ein anderes, am besten teureres Angebot an. Sie wollen doch, dass die Leute weiterhin Ihre Kunden bleiben ... also geben Sie ihnen die Chance dazu. Sie wollen doch nicht, dass die Leute aufhören, Sie zu bezahlen.

- Um mehr zu verkaufen und mehr Kunden zu behalten, machen Sie alle heimlich zu Gewinnern. So sind alle überrascht und dankbar, wenn Sie Ihr Upselling-Angebot vorstellen.

GRATIS-GESCHENK: Gewinnen Sie Ihr Geld zurück – Video-Schulung

Ich habe mit diesem Angebot echt viel Geld gemacht und habe noch mehr Details und Geschichten, die ich nicht alle in das Buch packen konnte. Wenn Sie daran interessiert sind, habe ich ein kostenloses Video für Sie erstellt, für das Sie sich nicht anmelden müssen. Um es anzusehen, gehen Sie einfach auf acquisition.com/training/money. Wenn Sie nicht tippen möchten, können Sie auch den QR-Code scannen.

SCANNE MICH

Werbegeschenke

Viele werden mitmachen ... viele werden gewinnen.

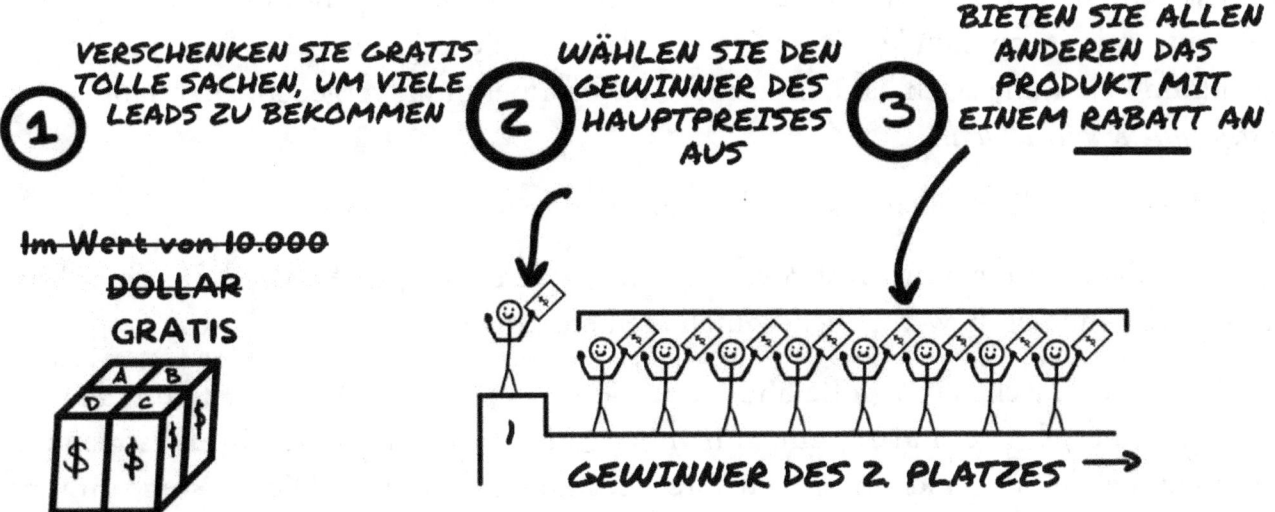

> **Haftungsausschluss**: Gewinnspiele und Werbegeschenke sind streng geregelt. Der Hauptgrund: Sie sind außerordentlich wirkungsvoll. Und wenn sie falsch durchgeführt werden, können sie zu illegalen Lotterien werden - das wollen wir nicht. Gefängnisstrafen – nein danke. Achten Sie darauf, dass Sie alle lokalen Werbegesetze einhalten. Diese Beschreibung ist in keiner Weise eine Garantie für die Rechtmäßigkeit. Ich übernehme keine Verantwortung für irgendetwas, was Sie aufgrund der Lektüre dieses Kapitels tun oder nicht tun. Puh – okay – das wäre geklärt.

August 2020.

Ich rief den Besitzer einer Firma für Fitnesszertifizierungen an, um mit ihm über die Arbeit zu quatschen. In wenigen Minuten erklärte er mir, wie sein Unternehmen Fitnessfans zertifizierte und ihnen dabei half, Kunden zu finden.

„Interessantes Geschäft", sagte ich. „Wie kommst du an Kunden?"

„Ganz einfach. Wir bieten ein Vollstipendium für unser gesamtes Programm an. Die Leute bewerben sich mit ihren Kontaktdaten und beantworten ein paar Fragen. Wir fragen zum Beispiel: „Warum sollten wir dich für das Vollstipendium auswählen?" Die beste Antwort bekommt das Stipendium. Aber wir machen noch etwas mehr ..."

„Cool, erzähl mir mehr …“, sagte ich.

„Wir vergeben Teilstipendien.“

„Was meinst du damit? Wie funktioniert das?“

„Also, wir haben oft einen klaren Gewinner für das Vollstipendium. Aber es gibt so viele Leute mit inspirierenden Geschichten, dass ich sichergehen will, dass auch sie ein Stipendium bekommen. Ich kann zwar nur ein Vollstipendium vergeben, aber *dafür so viele Teilstipendien, wie ich will.*“

Und dann wurde mir klar, was das bedeutete.

„Ooohhh … Also bewerben sich viele Leute für den „Hauptpreis“ und nur einer kriegt ihn. Aber die anderen Bewerber bekommen kleinere Preise?“

„Genau. Ich mache eine große Show um die Person, die das Vollstipendium gewinnt, aber dann rufe ich alle anderen an, um ihnen mitzuteilen, dass sie ein Teilstipendium bekommen haben. Wenn ich mit ihnen spreche, sind sie begeistert. Die meisten von ihnen melden sich sofort für unser Programm an.“

„Sie wissen also nicht, wie viel dein Angebot tatsächlich kostet, wenn sie den Anruf entgegennehmen?“

„Nein.“

„Aber sie wissen, *wie wertvoll* ein Vollstipendium ist, und wenn du ihnen den reduzierten Preis deines Programms mit dem Teilstipendium präsentierst, ist das immer noch eine enorme Ersparnis.“

„Genau.“

„Du bekommst also nicht nur jede Menge interessierte Leads, sondern auch mehr Kunden dank deines „Überraschungsrabatts“? Genial.“

„Es funktioniert *echt super*. Wir müssen sogar eine Obergrenze setzen, damit wir alle neuen Anmeldungen bedienen können. Glaub es oder nicht, wir bringen den Trainern, die wir zertifizieren, genau dieselbe Spielweise bei. Das funktioniert genauso gut, um Fitnesskunden zu gewinnen – manchmal sogar noch besser.“

„Ich liebe es.“

***

Er präsentierte das als Bildungsangebot und Fitnessangebot. Aber es ist so viel mehr. Ich zeige Ihnen, wie Sie das in *jedem* Geschäft nutzen können. Kostenlose Werbegeschenke bringen viele Leute, die sich für *Ihr teuerstes Produkt interessieren.* Was könnte besser sein?

Beschreibung

Mit Werbegeschenk-Angeboten können Sie einen coolen Preis versprechen, wenn Leute ihre Kontaktdaten und das, was Sie sonst noch von ihnen wollen, angeben. Nachdem Sie einen Gewinner ausgewählt haben, bekommen alle anderen den Gewinn zu einem reduzierten Preis. Werbegeschenke werden auch als „Stipendien", „Gewinnspiele" oder „Verlosungen" bezeichnet. Sie alle bedeuten „mitmachen und gewinnen". Um ein Gewinnspiel anzubieten, müssen Sie:

- Einen Hauptpreis festlegen.

- Ihr Sonderangebot festlegen.

- Nach den Kontaktdaten und anderen Teilnahmeberechtigungen fragen.

- Festlegen, was die Teilnehmer machen müssen, um sich für den Hauptpreis zu qualifizieren.

- Eine Frist für das Werbegeschenk-Angebot setzen, um die Spannung zu steigern.

- Mitteilen, wer den Hauptpreis gewonnen hat, und sich bei allen anderen melden.

   Schauen wir uns das Ganze mal genauer an.

Legen Sie einen Hauptpreis/Hauptgewinn fest. Der Hauptpreis sollte *das* sein, *das Sie allen verkaufen wollen.* Geben Sie dem Hauptpreis einen Geldwert, damit die Leute wissen, was sie dafür bekommen. Wenn Sie zum Beispiel etwas im Wert von 5.000 Dollar für 2.000 Dollar verkaufen, dann machen Sie den Wert von 5.000 Dollar zur Hauptattraktion!

Legen Sie Ihr Sonderangebot/Werbeangebot fest. Ihr Sonderangebot ersetzt die „Teilstipendien" in der Geschichte. Sie erstellen es, indem Sie Ihr Hauptangebot mit einem Rabatt oder einem Bonus aufpeppen oder indem Sie den Hauptpreis ein bisschen abändern, um den Preis senken zu können (wobei der Hauptpreis als Preisanker dient). Je größer der Rabatt, desto besser das Angebot. Also, je höher der Wert Ihres Hauptpreises, desto besser!

Denken Sie daran, die Leute haben sich für das Gewinnspiel angemeldet, weil sie den Hauptpreis interessant fanden. Sie bekommen qualifizierte Leads, weil Sie ihnen etwas anbieten, für das sie sich sowieso *interessieren,* und das auch noch mit einem Rabatt.

Nennen Sie Ihr Sonderangebot – das, was Sie allen anderen verkaufen – so, wie Sie wollen: Stipendium, Geschenkkarte, Rabatt, Gutschrift, Gutschein usw.

Fragen Sie nach Kontaktdaten. Als Gegenleistung für die Gewinnchance fragen Sie die Teilnehmer, ob Sie sie für weitere Promotions auf dem von Ihnen bevorzugten Kommunikationsweg kontaktieren dürfen. Außerdem prüfe ich, ob sie *teilnahmeberechtigt sind*, und bitte sie dann, *die entsprechenden qualifizierenden Handlungen* zu unternehmen.

Teilnahmeberechtigung. Ich frage, ob die Kunden zu meinen Produkten passen. Zum Beispiel: *„Haben Sie eine Tierarztpraxis?"* Oder eher charakterbezogene/bedarfsorientierte Fragen wie *„Warum solltest du ausgewählt werden?"*

Qualifizierende Handlungen. Weitere Aktionen, die Leute machen, um sich für den Gewinn zu qualifizieren. Ich nutze diese auch, um sie dazu zu bringen, mein Gewinnspiel mehr zu bewerben oder ihr Interesse zu zeigen. Beispiele: an einem Anruf oder einer Veranstaltung teilnehmen, einen Beitrag schreiben, einer Gruppe beitreten usw.

Setzen Sie eine Frist für Ihr Gewinnspiel fest, um die Dringlichkeit zu erhöhen. Legen Sie ein Datum für die Verlosung des Hauptpreises fest. Machen Sie Ihr Gewinnspiel **spannender**, indem Sie es nur für eine begrenzte Zeit anbieten. Ich finde drei bis sieben Tage ab dem Tag, an dem ich mit der Werbung beginne, ideal. Sobald sich Leute für Ihr Gewinnspiel anmelden, sollten Sie sie auf dem Laufenden halten. Teilen Sie ihnen zuerst mit, wie viel Zeit sie noch haben, bis Sie den Gewinner bekannt geben. Das können Sie per E-Mail, Direktnachrichten, SMS, Social-Media-Beiträgen usw. tun. Schreiben Sie so viele, wie es sinnvoll ist. Einmal pro Tag auf allen Plattformen ist gut. Zeigen Sie allen die Benefits des Hauptpreises, machen Sie den Leuten klar, wie aufgeregt sie sein sollten, und *verweisen Sie alle auf Social Proof.* Halten Sie die Spannung aufrecht!

Profi-Tipp: Flüstern – teasern – schreien

Sobald die Leute am kostenlosen Gewinnspiel teilnehmen, kann es hilfreich sein, den Countdown als eine kleine Produkteinführung zu betrachten. Schauen Sie also in das Kapitel „Affiliates und Partner" von *100 Millionen Dollar Leads*, um mehr über Produkteinführungen zu erfahren.

Sagen Sie allen Bescheid, wer den Hauptpreis gewonnen hat, und fangen Sie an, alle anderen zu kontaktieren. Machen Sie den Gewinner öffentlich bekannt und schicken Sie dann allen anderen, die sich für Ihr Hauptangebot qualifiziert haben, eine private Nachricht.

Das Tolle daran ist, dass *alle anderen sich für Ihr Werbeangebot qualifizieren*. Geben Sie ihnen per SMS, E-Mail oder Direktnachricht Bescheid. Bitten Sie sie in der Nachricht, einen Termin für ein Gespräch zu vereinbaren, weil sie sich für etwas Anderes qualifiziert haben. Wenn Sie einen Grund brauchen, sagen Sie einfach, dass Sie ihre Antworten/Geschichten so interessant fanden, dass Sie ihnen einfach im Gegenzug etwas schenken mussten. Stellen Sie sich Ihr Sonderangebot wie eine „Teilnahme-Trophäe" vor.

Um sicherzugehen, dass die Teilnehmer das Angebot auch nutzen, legen Sie noch eine Frist fest. Lassen Sie Ihr Angebot (Stipendium, Geschenkkarte, Rabatt, Guthaben, Gutscheine usw.) nach sieben Tagen ablaufen. Der zweite Countdown funktioniert wie der erste: Heben Sie die Benefits hervor, verweisen Sie auf Social Proof und zeigen Sie noch mehr coole Sachen zu Ihrem Angebot. Bieten Sie den Leuten die Möglichkeit, einen Termin zu vereinbaren, um das Angebot zu nutzen.

Erklären Sie den Preis-Leistungs-Vorteil *anhand des Rabatts.* Meine Faustregel: Der Rabatt auf Ihr Kernangebot sollte 10 bis 30 % Ihrer Bruttomarge betragen. Nehmen wir an, wir bewerben einen Hauptpreis im Wert von 5.000 Dollar mit einem Verkaufspreis von 2.000 Dollar. Alle anderen bekommen ihn für 1.800 Dollar (10 % Rabatt auf den Verkaufspreis). Wenn wir den Leuten sagen, dass sie sich *für etwas* qualifiziert haben, erklären wir ihnen, dass sie bei einem Preis von 1.800 Dollar einen Wert von 5000 Dollar erhalten. Vergleicht man den Wert der Sache mit dem Preis, bedeutet ein Rabatt von 10 % eine Differenz von 64 % zwischen Preis und Leistung!

Fazit: Denken Sie daran – jeder, der am Gewinnspiel teilgenommen hat, hat Interesse an Ihrem Produkt gezeigt. Und wenn jemand Interesse an einem Produkt zeigt, das Sie anbieten, dann *bieten Sie es ihm an.*

Beispiele für kostenlose Werbegeschenke

Angebot eines Zahnarztes – Ein perfektes Lächeln – gratis

Hauptpreis: Ein kostenloses Set unsichtbarer Zahnspangen – im Wert von 6.000 Dollar

Sonderangebot: 2.000 Dollar Gutschein für Zahnspangen

Angebot für physische Produkte – Ein Jahr lang kostenloses Bio-Hundefutter

Hauptpreis: Ein Jahr lang kostenloses Bio-Hundefutter – im Wert von 1.000 Dollar

Sonderangebot: 300 Dollar Geschenkkarte für Hundefutter, *nur in Verbindung mit einem Jahresabonnement*

Dienstleistungsangebot – Kostenloses Ultimate-Programm

Hauptpreis: Kostenloses 1-Jahres-Paket – Verkaufspreis 5.000 Dollar

Sonderangebot: 2.000 Dollar Gutschein, einlösbar für einen 1-Jahres-Servicevertrag

Beratungsangebot – Kostenloses 16-Wochen-Turnaround

Hauptpreis: 16-Wochen-Turnaround – Verkaufspreis 12.000 Dollar

Sonderangebot: Teilstipendium in Höhe von 6.000 Dollar

Wichtige Hinweise:

Fragen Sie einen Anwalt, wie Sie Ihr Gewinnspiel am besten aufbauen. Ich bin kein Anwalt, aber für mich ist das ganz klar, weil ich so arbeite: Jemand muss den Hauptpreis gewinnen. Stellen Sie den Hauptpreis und die Teilnahmebedingungen in den Regeln klar heraus. Teilen Sie mit, dass mehr als eine Person einen Preis gewinnen kann. Fragen Sie Ihren Anwalt, was sonst noch wichtig ist.

Kriterien, um mehr Leute dazu zu bringen, Ihr Hauptangebot zu kaufen. Mehr Leute werden Ihr Hauptangebot annehmen, wenn Sie ihnen zeigen können, welchen *spezifischen* Wert es für sie hat. Ich stelle Fragen wie diese, um Infos zu sammeln: Warum sollten wir dich auswählen? Warum dieses Programm? Warum gerade jetzt? Warum ist das für dich wichtig? Was ist dein Ziel? Und so weiter.

Je mehr Arbeit man sich für die Teilnahme machen muss, desto weniger Leute werden mitmachen, aber desto besser sind die, die dabei sind – *also finden Sie Ihren Sweet Spot.*

Wenn Ihr Gewinnspiel nicht funktioniert, war Ihr Hauptpreis nicht groß genug.

Eines der Unternehmen in meinem Portfolio veranstaltete ein Gewinnspiel. Das Interesse war echt gering. Der Hauptpreis? Tickets für eine Veranstaltung des Unternehmens. Nicht gerade spannend. Ich sagte dem Inhaber, dass Hauptpreise nur funktionieren, wenn sie auch wirklich großartig sind. Er versuchte es erneut mit einem 50.000-Dollar-Paket an Geräten eines bekannten Branchenlieferanten *und* ihrem Kernprodukt für ein Jahr. Und diesmal war der Erfolg überwältigend (Überraschung).

Wenn Sie etwas Cooles zu verschenken haben *und* es richtig bewerben, kommen die Leute von selbst. Und „Werbegeschenk" sagt eigentlich schon alles. Wenn also niemand anbeißt, sollten Sie etwas Besseres verschenken. Oder zumindest etwas, das besser *zu Ihrer Zielgruppe* passt.

Verschenken Sie zwei Preise für doppelt so viele Leads. Einen Preis zu verschenken ist cool. Aber wenn Sie <u>zwei</u> tolle Preise verschenken, können Sie doppelt so viele Leads (oder sogar noch mehr) bekommen. So geht das: Sagen Sie allen, dass sie ebenfalls einen Preis gewinnen, wenn jemand, den sie empfehlen, den Hauptpreis gewinnt. So können sie unendlich oft am Gewinnspiel „teilnehmen", indem sie ihre Freunde empfehlen. Das bringt mehr Leute dazu, andere zu werben (und zusammenzuarbeiten). Außerdem hat das noch einen versteckten Vorteil: Die Werber sind am Erfolg ihrer Empfehlungen interessiert. Das sorgt für hohe Qualität. Hier ist ein Beispiel, das ich für Skool.com gemacht habe, eine Plattform, die ich mitbetreibe und auf der Leute Communities aufbauen und monetarisieren können.

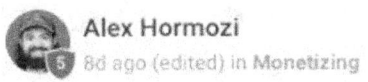

Alex Hormozi
8d ago (edited) in Monetizing   Watch (27)   ...

Empfehle einen Gewinner und du gewinnst auch

Viele von euch laden Freunde ein, mit euch zusammen bei den Spielen mitzumachen. Und genau darum geht es ja: Das Geschäft soll Spaß machen. Um das noch mehr zu fördern, haben wir einen neuen Anreiz eingeführt. → Wenn jemand, den du empfohlen hast, unter die Top 10 kommt, BIST DU AUCH DABEI. Das heißt, wenn sie gewinnen, gewinnst du auch.
Außerdem – zur Erinnerung: **Für jeden, den du für Skool wirbst, bekommst du eine lebenslange Provision von 40 %.**

Irgendwann wird jeder zu Skool kommen. Und jeder kann nur einmal geworben werden. Da ihr alle früh dabei seid, habt ihr eine größere Chance, Leute zu werben. Ich würde euch also empfehlen, sie zu werben, bevor es jemand anderes tut (oder sie von selbst kommen).

Stell dir vor, du hättest all deine Freunde zu Facebook eingeladen, bevor alle dort waren. So in etwa, nur cooler, weil du ihnen tatsächlich dabei hilfst, zu lernen und zu wachsen (und dabei auch noch eine Provision bekommst).

Um jemanden zu werben, teile deinen Empfehlungslink hier.
(https://www.skool.com/games/affiliates)

PS: Du hast eine höhere Gewinnchance bei den Spielen, wenn die Personen, die du empfiehlst, bereits ein Publikum haben, das ihrer Gruppe einen sofortigen Schub geben kann.

Knappheit, Knappheit, Knappheit. Begrenzen Sie Ihr Gewinnspiel hinsichtlich Zeit, Anzahl der Teilnahmen oder beidem. Sie können Gewinnspiele für einen bestimmten Zeitraum (z. B. sieben Tage), eine bestimmte Anzahl von Teilnahmen

(z. B. 5.000 Teilnahmen) oder beides durchführen. Ich mag beides. Ich passe die Anzahl der Personen, die ich am Gewinnspiel teilnehmen lasse, an die Anzahl der Personen an, mit denen ich innerhalb von sieben Tagen Zeit und Ressourcen habe, in Kontakt zu treten. Mehr wäre Verschwendung.

Dringlichkeit, Dringlichkeit, Dringlichkeit. Ich setze an drei Stellen Dringlichkeit ein: bei der Teilnahme, bei der Einlösung und bei der Nutzung. Machen Sie in den Anzeigen klar, wie lange die Leute Zeit haben, um teilzunehmen. Sobald Sie die Gewinner bekannt geben, sagen Sie diesen, wie lange sie Zeit haben, um ihren Gewinn einzulösen. Wenn sie das tun, vereinbaren Sie einen Termin für einen Anruf am selben oder am nächsten Tag (wenn möglich). Sobald Sie den Leuten mitteilen, was sie gewonnen haben, sagen Sie ihnen, wie lange sie Zeit haben, um ihren Gewinn zu nutzen. Ich bevorzuge Stundenangaben, habe aber auch schon bis zu fünf Tage gewährt. Kurz gesagt: *Legen Sie immer Fristen fest.*

Halten Sie Downselling-Angebote bereit. Manche Leute werden Ihr Sonderangebot trotz Rabatt oder Bonus nicht kaufen wollen oder können. Und das ist okay. Ich mache das so: Teilen Sie ihnen gleich zu Beginn des Gesprächs mit, dass sie für zwei Preise qualifiziert sind. Und dass Sie ihnen dabei helfen werden, die für sie beste Option zu finden. Dann präsentieren Sie zuerst Ihr Sonderangebot, also den Rabatt auf jenes Angebot, das auch dem Hauptgewinn zugrunde liegt. Wenn sie es annehmen, super. Wenn nicht, bieten Sie ihnen denselben prozentualen Rabatt auf ein anderes Produkt an, das für sie interessant sein könnte.

Wenn Sie ein Geschäftsmodell mit regelmäßigen Einnahmen haben. Geben Sie den Leuten den Rabatt für den längsten Zeitraum, den sie akzeptieren. Richten Sie dann ein monatliches Abonnement ein, damit die Rechnung nach Ablauf des Rabattzeitraums automatisch zum normalen Preis bezahlt wird.

Zusammenfassung

- Im Grunde veranlassen Gewinnspiele und Werbegeschenke Ihr Publikum, sich zu bewerben, um etwas Wertvolles von Ihnen kostenlos zu bekommen. Viele werden mitmachen – einer gewinnt. Die Anderen bekommen Rabatte auf Ihr Hauptangebot.

- Wählen Sie einen Hauptpreis, den die Leute haben wollen.

- Verteilen Sie zwei Gewinne, wenn Sie mehr Leute zum Weiterempfehlen haben wollen. Sagen Sie ihnen, dass sie ebenfalls einen Preis gewinnen, wenn jemand, den sie weiterempfehlen, gewinnt.

- Bieten Sie allen Teilnehmern, die sich qualifizieren, die Chance auf den Hauptpreis.

- Sie können von jedem Lead wertvolle Infos bekommen, weil Sie die Datenerhebung in den Teilnahmeprozess einbauen können. Sammeln Sie Infos darüber, wie Ihr Angebot den Leads einen Mehrwert bietet. Das ist wichtig, wenn Sie ihnen später Angebote machen.

- Machen Sie sieben Tage oder solange Werbung für Ihr Werbegeschenk, bis Sie mehr Teilnehmer haben, als Sie in sieben Tagen anrufen können – je nachdem, was zuerst passiert.

- Vereinbaren Sie Termine mit allen anderen neben dem Hauptgewinner, damit die Teilnehmer Ihr Werbeangebot in Anspruch nehmen können. Verwenden Sie dafür einen „Grund", der Ihnen passend erscheint.

- Wenn Sie ein Ablaufdatum für die Inanspruchnahme des Preises festlegen, ist die Wahrscheinlichkeit höher, dass die Leute ihn auch wirklich einlösen.

- Wenn jemand Ihr Hauptangebot ablehnt, bieten Sie ein anderes Produkt oder eine andere Dienstleistung mit Rabatt an. Vielleicht passt es besser zum Interessenten.

GRATIS-GESCHENK: Bonus-Schulung zu Werbegeschenken

Werbegeschenke und Gewinnspiele zählen zu den besten Attraktions-Angeboten. Sie sind so gut, dass sie sogar reguliert werden müssen. Ich meine, wer will nicht etwas haben, für das er nichts zahlen muss, oder? Daher habe ich eine kostenlose Video-Schulung erstellt, die sich ausführlich mit dem Thema beschäftigt. Wenn Sie das genauso spannend finden wie ich, schauen Sie es sich doch einmal unter acquisition.com/training/money an. Wie immer können Sie auch den QR-Code scannen, wenn Sie nicht gern tippen. Viel Spaß!

SCANNE MICH

Lockangebot

Welches Angebot bringt Ihnen Ihrer Meinung nach die besten Ergebnisse?

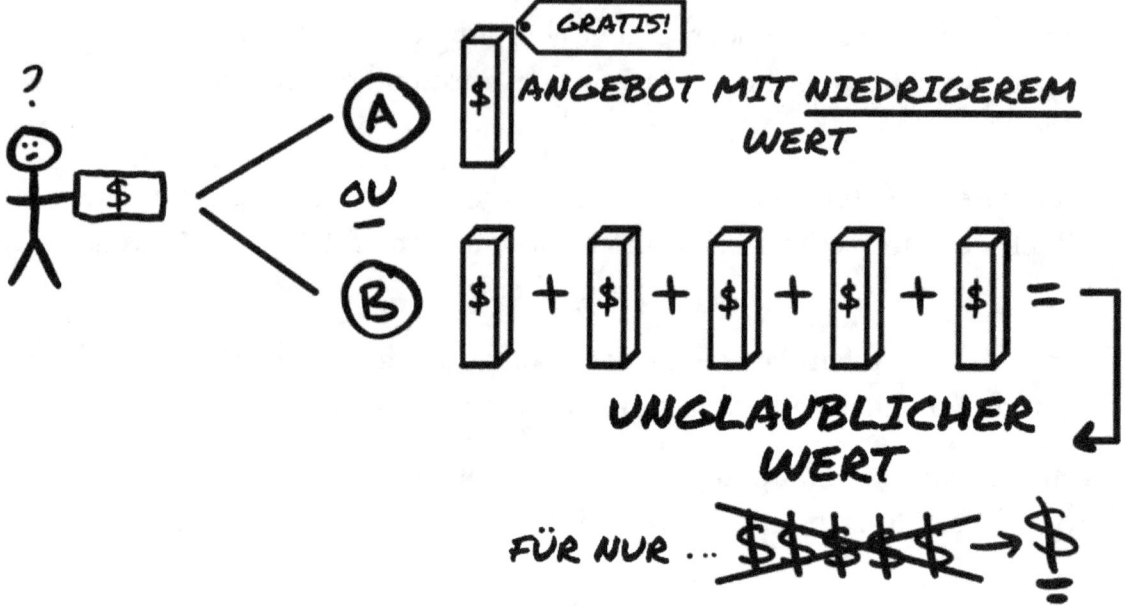

Juni 2014

John, ein weiterer früher Mentor, ging vorzeitig in Rente. Er verbrachte seinen Ruhestand damit, seine Töchter großzuziehen, Golf zu spielen und in seinem Haus am See zu entspannen. Er war ein Mann, der gelebt hatte.

Ab und zu lud er mich in sein Haus am See ein. Auf den langen Autofahrten brachte er mir Sachen über das Leben und das Geschäft bei, die ich heute noch nutze. Zum Beispiel den Unterschied zwischen Preis und Wert. Die Vor- und Nachteile von günstigen Angeboten. Geschäftsmodelle mit vielen Kunden und niedrigen Preisen. Die Unterschiede zwischen Fortsetzungskäufen/Abonnements und einmaligen Käufen. Und die Kunst, die Dinge im Geschäft und im Leben *einfach* zu halten.

John war wirklich ein cooler Typ. Oft wünschte ich mir, wir könnten einfach ewig so weiterfahren, damit ich alles in mich aufsaugen könnte. Für ihn war das Folgende nur eine weitere Geschichte, um sich die Zeit zu vertreiben. Aber für mich war es eine Lektion, die ich nie vergessen werde:

Der 5-Tage-VIP-Sonnenstudio-Pass für 5 Dollar.

„Weißt du, das Coole am 5-Tage-Pass ist, dass alle denken, sie könnten in fünf Tagen braun werden. Und das können sie auch. Aber nie so braun, wie sie gerne wären. Und wenn sie versuchen, den Prozess zu beschleunigen, bekommen Sie einen Sonnenbrand.

Wenn also jemand mit einem Pass zu uns kommt, fragen wir ihn, wie braun er werden möchte. Sobald er sagt, dass er ein paar Nuancen dunkler werden möchte, halten wir ihm unsere „Truthahn-Rede".

„Was meinst du mit Truthahn-Rede?", fragte ich.

John lächelte und fuhr fort: „Nehmen wir mal an, ein Thanksgiving-Truthahn braucht drei Stunden zum Garen. Wir wissen alle, was passiert, wenn man die Temperatur verdoppelt, um ihn in der Hälfte der Zeit zu garen – er verbrennt! Es dauert mindestens fünf bis zehn Durchgänge, bis ein Kunde die gewünschte Farbe hat, *ohne Sonnenbrand zu bekommen.* Und da zwischen den Durchgängen etwas Zeit vergehen muss, dauert es immer mehr als fünf Tage. Sobald die Kunden das kapieren, sagen wir:

„Wir schreiben dir deinen VIP-Pass einfach auf deinen ersten Monat gut. Warum so viele Tageskarten für 25 Dollar kaufen, wenn Mitglieder für nur 19,99 Dollar unbegrenzten Zugang haben?"

Sie erkennen sofort den Vorteil und werden Mitglied. So einfach ist das."

Fünf Jahre später …

„Hey Chef, wir haben ein Problem."

Oh Mann … „Was ist los?", fragte ich.

„Unsere Fitness-Leads sind viel zu teuer geworden. Diejenigen, die echte Verkaufstalente sind, schaffen es noch, aber die meisten von ihnen arbeiten kaum kostendeckend."

„Mist, jetzt ist es also doch passiert", sagte ich. Ich drückte meine Hände gegen meine Stirn. Ich wusste, dass das kommen würde. Und ehrlich gesagt hatte ich mich davor gefürchtet.

Wochenlang hatte ich versucht, unserem vorherigen Angebot einen neuen Dreh zu geben. Eine neue oder interessante Wendung hätte uns Zeit verschafft, aber unsere bisherigen Versuche waren gescheitert. *Mist.*

„Hast du noch ein Ass im Ärmel?", fragte er.

Ich zerbrach mir den Kopf und erinnerte mich dann an den 5-Dollar-VIP-Sonnenstudio-Pass. *Das könnte funktionieren.* „Warum bieten wir nicht etwas Supergünstiges an, um die Leads zu bekommen, und machen ihnen dann, wenn sie kommen, ein verrücktes Angebot, das zwar mehr kostet, aber 100-mal besser ist? Sie können immer noch das günstige Angebot nehmen, aber wir erklären ihnen einfach, dass sie mit zusätzlicher Betreuung, Ernährung usw. viel bessere Ergebnisse erzielen werden."

„Ja, so etwas kann ich machen."

Ein paar Wochen später ...

„Alex, ich glaube, wir haben es geschafft."

„Super! Erzähl mir alles darüber."

„Also – wir bieten zwei Optionen an. Die erste Option ist kostenlos. Ich gebe eine Sitzung pro Woche. Die zweite Option ist eine „Ultimate"-Version für 399 Dollar. Sie beinhaltet unbegrenzte Sitzungen, Einzelcoaching, mehr personalisierte Inhalte und eine Garantie, dass die Kunden Ergebnisse erzielen oder das Programm kostenlos wiederholen können ..."

„Oh Mann ... diese Garantie ist *echt stark*. Wie hoch ist die Akzeptanzrate?"

„Etwa acht von zehn Leuten entscheiden sich für die 399-Dollar-Option. Wir sind super erfolgreich."

„Großartig – lass uns das ausbauen!"

***

John war ein super Verkäufer und geduldiger Lehrer. Seine Idee, *Kunden jetzt das zu geben, was sie wollen, damit man ihnen später das geben kann, was sie brauchen,* hat meine Art, Geschäfte zu machen, sehr stark geprägt. Er hat auch das Angebot inspiriert, das mein Fitnessstudio gerettet hat. Aber das Wertvollste, was ich von ihm gelernt habe, war: „Du musst besser als die Kunden wissen, was ihnen Ergebnisse bringt. Das macht unser Premium-Angebot zur klaren Lösung." Und unser Premium-Angebot zur klaren Lösung zu machen, ist genau das, worum es bei Lockangeboten geht.

Beschreibung

Mit Lockangeboten bewerben Sie etwas, das kostenlos oder reduziert ist. Wenn Interessenten dann mehr wissen wollen, zeigen Sie ihnen *zusätzlich* ein besseres Angebot. Das bessere Angebot hat mehr Funktionen, Vorteile, Boni, Garantien und so weiter. Wenn Sie Ihre Lockangebote und besseren Angebote nebeneinanderstellen, sehen die Interessenten, wie viel mehr das bessere Angebot wert ist. Ich mag Lockangebote, weil sie insgesamt mehr Kunden bringen. Entweder nehmen diese dann die Lockversion oder die Premium-Version. Wenn sie die Premium-Version nehmen, super. Wenn sie die Lockversion nehmen, auch super. So haben Sie Zeit, sie zu upgraden, anstatt sie zu verlieren. Aber so oder so können Sie mit allen Geschäfte abschließen. Das macht es günstig und profitabel, neue Kunden zu gewinnen. Und *jedes* Unternehmen kann es nutzen.

So machen Sie ein Lockangebot:

1) Machen Sie Werbung für eine günstigere, kleinere oder einfachere Version Ihres Premium-Angebots als Lockangebot.

2) Wenn Interessenten darauf eingehen, bieten Sie beide Optionen an, aber heben Sie das Premium-Angebot hervor.

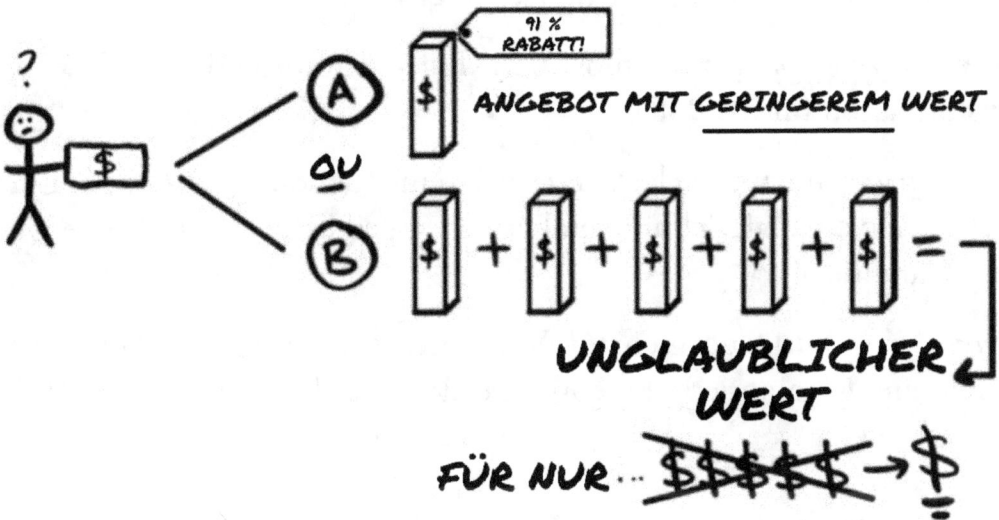

Beispiele

Limonadenstand-Angebot (physische Produkte)

Attraktions-Angebot: „Eine Woche Limonade gratis" **ODER** „Eine Woche Limonade für 1 Dollar".

Lockangebot: „Du bekommst dieses Wasser + Zitronenpulver + Maissirup" Oder …

Premium-Angebot: „Bio, total natürlich, vegan, glutenfrei, importierte italienische Zitronen, kalt verarbeitet und direkt zu dir nach Hause geliefert. Du musst nie wieder Zeit damit verschwenden, in den Laden zu gehen. Du wirst dich fühlen wie ein Labradorwelpe, der den ganzen Tag Schmetterlingen hinterherjagt. Es gibt auch andere Geschmacksrichtungen, zum Beispiel unsere spritzige Rosenwasser-Limonade."

Floating-Tank-Center (Dienstleistung)

Attraktions-Angebot: „6 Wochen Stressabbau gratis" **ODER** „6 Wochen Stressabbau für 6 Dollar".

Lockangebot: Ein Floating pro Monat mit Stressabbau-Übungen zum Selbermachen für zu Hause.

Premium-Angebot: Sechs Wochen lang zweimal pro Woche Floating, 1:1-Beratung, Tagebuch, Schlafroutine. Zufriedenheit garantiert.

Fitnessstudio-Angebot (lokales Unternehmen)

Attraktions-Angebot: „Kostenlose 21-Tage-Transformation" **ODER** „21-Tage-Transformation für 21 Dollar".

Lockangebot: Einmal täglich Workouts in einer Skool.com-Gruppe. Ein allgemeiner Ernährungsplan. Aufzeichnungen können angesehen werden. Keine Unterstützung. Keine Garantie.

Premium-Angebot: Unbegrenzte Workouts, ein personalisierter Ernährungsplan, 1:1-Betreuung, garantierte Ergebnisse (oder du bekommst weitere 21 Tage gratis).

Wichtige Hinweise

So erstellen Sie Ihr Lockangebot. Bieten Sie weniger Teile, ältere Modelle oder weniger personalisierte Versionen Ihres Premium-Angebots an. Nehmen Sie auch alle Garantien raus. Ihr Lockangebot soll nur Leute dazu bringen, sich zu melden. Mehr nicht.

Bewerben Sie die Benefits, nicht die Features. Wir wollen Interessenten das Traumergebnis verkaufen. Wir bewerben eine *Verwandlung* in 21 Tagen, nicht Workouts und Ernährungspläne. Interessenten erhalten konkrete Produktdetails in der Verkaufspräsentation, *nicht* in der Werbung! Sowohl mit Privatjets als auch mit Ruderbooten erreichen Sie eine exotische Insel, aber die Premium-Option ist sicherlich angenehmer.

Sie können Rabatte auf vier Arten bewerben. Nehmen wir einmal an, Sie haben ein Jahresabonnement, das 100 Dollar pro Monat kostet. Wenn Sie möchten, dass die Leute nur 900 Dollar für das ganze Jahr zahlen, könnten Sie Folgendes sagen:

1) Prozentualer Rabatt: 25 % Rabatt

2) Absoluter Betrag: 300 Dollar Rabatt

3) Kostenloser Anteil: 3 Monate kostenlos

4) Das Gesamtpaket: Ein Jahr für 900 Dollar (1.200 Dollar)

Das bedeutet alles dasselbe. Es lohnt sich, zu testen, welche Variante in Ihrem Markt besser funktioniert.

Machen Sie den Kontrast richtig groß. Der Wert der Premium-Option kommt von den großen Unterschieden zur Lock-Option. Also gestalten Sie die Lock-Option so einfach wie möglich. Dann machen Sie die Premium-Option so cool wie möglich. Je größer der Kontrast, *desto besser das Angebot* und desto mehr Leute werden zuschlagen.

Rabattangebote haben höhere Erscheinungsraten als kostenlose Angebote. Meiner Erfahrung nach bekommen Sie mehr Leads, wenn Sie ein Gratisangebot machen. Bei Rabattangeboten bekommen Sie zwar weniger Leads, aber ein höherer Prozentsatz davon kommt auch tatsächlich vorbei. Wenn Sie also niedrige Erscheinungsraten bei Terminen haben, probieren Sie es mal mit einem Rabattangebot. Das ist besonders wichtig für Unternehmen, bei denen es teuer ist, wenn jemand zu Terminen nicht erscheint (z. B. Ärzte, Anwälte, Zahnärzte usw.).

Wenn möglich, zeigen Sie zuerst das Premium-Angebot. Im Idealfall nehmen Kunden das Premium-Angebot sofort an. Das Lockangebot heben Sie sich für später auf. Wenn Interessenten direkt nach dem Lockangebot fragen …

Holen Sie sich die Erlaubnis, ihnen das Produkt zu verkaufen. Wenn Interessenten nach Ihrem Lockangebot fragen – denn dann sind Sie gesetzlich verpflichtet, es ihnen vorzustellen – oder wenn Sie es lieber zuerst vorstellen. Hier ist meine Vorgehensweise:

Stellen Sie ihnen eine einfache Frage: *„Bist du hier, um etwas umsonst zu bekommen oder um dauerhafte Ergebnisse zu erzielen?"*

Und sobald sie „Ergebnisse" sagen, was die meisten tun werden, gehen Sie direkt zu Ihrem Premium-Angebot über.

Wenn Leute „Gratisartikel" sagen, zeigen Sie ihnen das Lockangebot und vergleichen Sie es dann sofort mit Ihrem Premium-Angebot. Erst nachdem Sie beide Angebote vorgestellt haben, fragen Sie sie: *„Was glaubst du, bringt dich schneller ans Ziel?"* oder *„Was würdest du lieber haben: XXX weniger wertvoller Vorteil oder YYY wertvollerer Vorteil 1, 2, 3…?"* An diesem Punkt müssen sie sich für das Premium-Angebot entscheiden. Dann können Sie mit dem Verkauf fortfahren, da Sie und der Kunde sich einig sind, dass es das Beste für ihn ist.

Zeigen Sie echte Begeisterung, **wenn Sie Ihr Premium-Angebot vorstellen.** Zeigen Sie, dass es besser ist als das Lockangebot, weil es das ist. Und erklären Sie dann, warum es deshalb besser zum Kunden passt. Ihre Begeisterung motiviert die Leute, die Optionen zu wählen, die ihnen den größten Nutzen bringen.

Aus der Sicht des Verkäufers sollten Sie mit dem potenziellen Kunden so reden, als ob Sie schon wissen, dass er Ihr Angebot annehmen wird. Viele Verkäufer nennen das „angenommener Abschluss". Man nimmt dabei folgende Position ein: *Jeder macht das. Das ist nur eine Formalität. Gib mir bitte deinen Ausweis und deine Kreditkarte, damit du deinen Vorteil nutzen kannst.* Keine Übertreibungen. Seien Sie einfach freundlich. Sie sind fast schon gelangweilt davon, wie regelmäßig die Leute kaufen.

Überraschungsbonus (optional). Um noch einen Schritt weiter zu gehen, können Sie jemanden, der sich für das Lockangebot entscheidet, mit ein paar kostenlosen oder sehr günstigen Features aus Ihrem Premium-Angebot überraschen. Sagen Sie einfach etwas wie: „Hey, ich lege dir das noch dazu, obwohl es eigentlich Teil unseres Premium-Angebots ist, weil ich möchte, dass du großartige Ergebnisse erzielst." Das schafft Wohlwollen, übertrifft die Erwartungen und erhöht die Wahrscheinlichkeit, dass der Interessent später Ihre Upselling-Angebote annimmt. Denken Sie dran: Diese Leute sind immer noch Leads!

Zusammenfassung

- Lockangebote sind Angebote, bei denen Sie etwas umsonst oder mit Rabatt anbieten. Wenn dann Interessenten mehr wissen wollen, stellen Sie ihnen ein besseres Angebot vor.

- Machen Sie das Premium-Angebot *viel* wertvoller als das Lockangebot, indem Sie mehr Funktionen, Vorteile, Boni und Garantien hinzufügen.

- Reduzieren Sie Ihr Lockangebot so weit wie möglich.

- Wenn Interessenten nach Ihrem Lockangebot fragen, präsentieren Sie Ihr Premiumangebot direkt daneben.

- Fragen Sie *„Bist du wegen der Gratis-Sachen hier oder wegen dauerhafter Ergebnisse?"*, um die Erlaubnis zu bekommen, zuerst das Premium-Angebot anzubieten.

- Sie können immer noch Geld mit Leads verdienen, die sich für das Lockangebot entscheiden. Sie werden lernen, wie Sie Ihr Lock-Produkt am besten liefern *und* die darauf aufbauenden Upsells maximieren.

- Rechnen Sie damit, schnell Geld zu verdienen. Wenn das nicht der Fall ist, vergrößern Sie den Unterschied zwischen den Angeboten.

GRATIS-GESCHENK [keine Anmeldung nötig]: Schulung zu Lockangeboten

Lockangebote gehören zu den flexibelsten Attraktions-Angeboten. Man muss nur besser als die Kunden wissen, was sie brauchen. Außerdem ist es einfach, Leuten beizubringen, wie man Lockangebote verkauft. Ich habe sie in verschiedenen Branchen eingesetzt. Wenn Sie sich näher mit diesem Thema beschäftigen möchten, habe ich ein ausführliches Video für Sie erstellt. Sie finden es unter acquisition.com/training/money. Wie immer können Sie auch den QR-Code scannen, wenn Sie nicht tippen möchten.

SCANNE MICH

Kaufen Sie X und Sie bekommen Y gratis

Kauf einen Welpen und du bekommst zwei Welpen gratis!

Innenstadt von Nashville 2020.

Die Bars und Läden in diesem beliebten Touristenort kamen und gingen, aber ein Laden war und blieb immer da: *Boot Factory*. Die Leuchtreklame stach aus dem Durcheinander auf der Straße hervor wie ein heißes Messer durch Butter sticht. Ein Cowboystiefel, größer als mein Auto, wies mir den Weg zur Tür. Es war klar, was ich tun sollte. Und natürlich tat ich das auch. Als ich näher kam, konnte ich das Angebot erkennen:

KAUF 1 PAAR UND DU BEKOMMST 2 PAARE GRATIS

Es war schon ein Jahrzehnt her, seit ich das letzte Mal in Nashville war. Aber ich erinnerte mich noch genau an das Schild und das Angebot „Kauf eins und du bekommst zwei gratis". Als Jugendlicher auf Kneipentour fand ich das Angebot dumm. „Wie können die so viel verschenken und trotzdem noch im Geschäft bleiben?" Aber jetzt, wo ich selbst schon einige Angebote gemacht habe, konnte ich das besser verstehen.

Ich ging direkt zur Herrenabteilung und schnappte mir ein Paar Stiefel. Interessant – der Preis war zweimal reduziert worden – auf einen „Endpreis" von 600 Dollar für das Paar. Aber das waren doch ganz normale Stiefel? Der junge Mann, der ich damals war, hätte darüber gespottet. Aber der Geschäftsmann in mir erkannte, dass mir etwas entgangen war. Der Laden war seit meinem letzten Besuch viel größer geworden, also hatte das Angebot offensichtlich funktioniert. Da ging mir ein Licht auf.

Sie verlangten für ein Paar Stiefel den dreifachen Preis, weil *es zwei weitere Paare dazu gab*. Anstatt also zu sagen „Kommt zur *Boot Factory* und kauft Stiefel zu einem fairen Preis", hatten sie es geschafft, ein Gratisangebot zu kreieren! Selbst in den wenigen Minuten, in denen ich mir den Laden ansah, strömten Junggesellinnen herein, um sich passende Stiefel zu kaufen. Und da die *Boot Factory* mitten in einer Straße voller Cowboy-Bars lag, passierte so etwas ziemlich oft. Das war *genial*.

Beschreibung

Bei „Kaufen Sie X und Sie bekommen Y gratis"-Angeboten erhalten Kunden beim Kauf eines Artikels andere Sachen gratis dazu. Je mehr Gratisartikel sie bekommen und je höher deren Wert ist, desto besser funktioniert das Angebot. Gratisangebote ziehen *viel* mehr Aufmerksamkeit auf sich als Rabattangebote. Aber wenn Sie nur eine Sache zu verkaufen haben und diese verschenken, *gehen Sie leer aus*. In solchen Situationen neigen Unternehmen dazu, auf Rabatte zu setzen. Sie führen „Sonderverkäufe" durch, bei denen sie Feiertage, Jahreszeitenwechsel oder andere Anlässe als Grund nehmen, um *vorübergehend* die Preise zu senken und mehr Kunden anzulocken.

Aber wenn Sie mehr als ein Produkt auf einmal verkaufen, können Sie Rabattangebote in noch attraktivere *Gratisangebote* verwandeln. Haben Sie mehr als einen Artikel, können Sie den Rabatt so hoch ansetzen, dass er den Preis für weitere Artikel abdeckt. Ich könnte zum Beispiel drei T-Shirts für 10 Dollar pro Stück für insgesamt 30 Dollar verkaufen *oder* ein T-Shirt für 30 Dollar verkaufen und zwei gratis dazu geben. Der Preis ist derselbe, aber *man bekommt viel mehr gratis!*

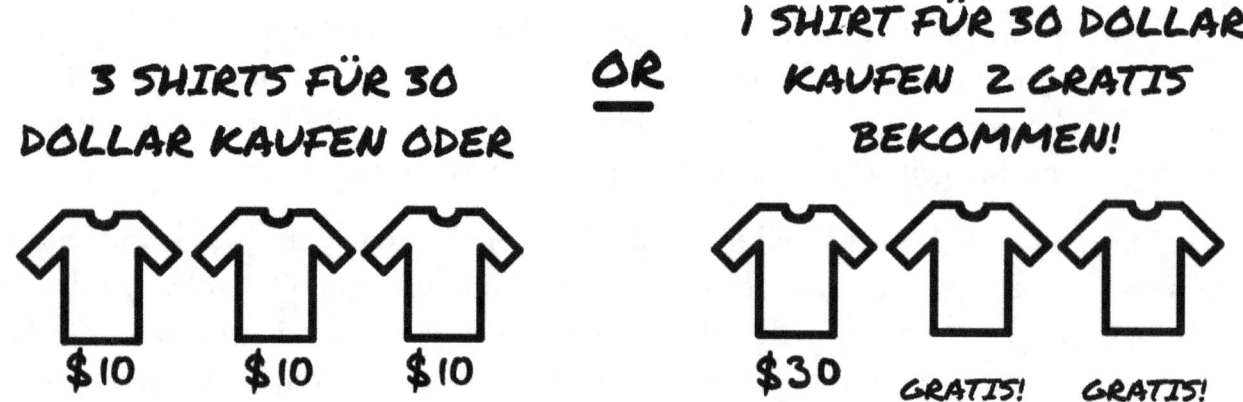

Und wenn ich einen Rabatt anbieten will (statt *nur* den Preis anders zu präsentieren), könnte ich das so machen: Ich könnte drei T-Shirts für je 6,67 Dollar verkaufen, also insgesamt 20 Dollar (33 % Rabatt), *oder* ich könnte den gleichen Rabatt beibehalten und ein T-Shirt für 20 Dollar verkaufen und zwei gratis dazu geben. <u>Der Preis ist derselbe, aber *man bekommt wieder viel mehr gratis!*</u>

Boot Factory hat sich für die erste Option entschieden. Das Geschäft verdreifachte den Preis für ein Paar Stiefel und erhöhte den Wert ... durch mehr Stiefel. Und ein teures Paar Stiefel mit zwei Gratispaaren bringt *Boot Factory* mehr Kunden als der Verkauf eines Paares zu einem fairen Preis. Wenn man etwas *gratis* dazu gibt, zieht das noch mehr Kunden an.

Beispiele

Kauf 1 und du bekommst 2 gratis – Angebot für physische Produkte: (Das Angebot von *Boot Factory*)

- Ein Paar Stiefel: 200 Dollar

- Angebot „Kauf X und du bekommst Y gratis": Kauf ein Paar für 600 Dollar und du bekommst zwei Paar gratis

- Endergebnis: Die Kunden kaufen immer noch drei Paar Stiefel für je 200 Dollar, also insgesamt 600 Dollar.

3 Versionen: 18 Monate Service, auch bekannt als „3 Paar Stiefel"

- Gut: *„Bezahlen Sie für 12 Monate und Sie bekommen 6 Monate gratis"* – 1.800 Dollar

- Besser: *„Bezahlen Sie für 9 Monate und Sie bekommen 9 Monate gratis"* – 1.800 Dollar

- Am besten: *„Bezahlen Sie für 6 Monate und Sie bekommen 12 Monate gratis"* – 1.800 Dollar

Jeder zahlt den gleichen Preis für die gleiche Leistung. Aber die dritte Option ist die beste. (Tipp: Sie hat die meisten Gratis-Extras!)

Wichtige Hinweise

„X kaufen, Y gratis dazu bekommen" bringt die Leute dazu, mehr zu kaufen, *und* bietet ihnen einen Mehrwert. Früher dauerte es bei einigen meiner Dienstleistungsunternehmen ein ganzes Jahr, bis sie Geld einbrachten. Aber das Angebot „Bezahlen Sie für 6 Monate und Sie bekommen 6 Monate gratis dazu" zog *viel* mehr Kunden an als das ursprüngliche Monatsangebot. Und das Beste daran: Die Kunden zahlten im Voraus!

Erhöhen Sie die Preise, bevor Sie Sachen verschenken, um Ihre Gewinne zu sichern. Wenn Sie das nutzen, um Kunden anzulocken, wird es funktionieren. Und da es funktioniert, müssen Sie Geld verdienen. Also, erhöhen Sie die Preise *dauerhaft,* um den Rabatt auszugleichen. Lügen Sie nicht. Erhöhen Sie Ihre Preise wirklich. Da es das ist, wofür alle neuen Kunden zu Ihnen kommen, macht es Sinn, die Preise zumindest für eine Saison zu ändern. Außerdem könnte es durchaus passieren, dass viele Leute Ihre doppelten Preise à la carte akzeptieren und Ihre einschränkenden Überzeugungen in Bezug auf die Preisgestaltung zerschlagen. Gern geschehen.

X kaufen, Y gratis dazu bekommen – das funktioniert besser, wenn Sie mehr Gratisartikel als kostenpflichtige Artikel haben.

Schauen Sie sich das zweite Beispiel an. „Zehn kaufen, zwei gratis" ist nicht so stark wie „Zwei kaufen, zehn gratis". Das scheint klar zu sein, aber aus irgendeinem Grund machen die Leute das nicht. Damit es besser klappt, sollten Sie mehr Gratisartikel als zu bezahlende Artikel bieten. Probieren Sie einfach verschiedene Preise aus, bis es für Sie Sinn macht. „Eins kaufen, zwei gratis" statt „Zwei kaufen, eins gratis".

Die Gratisartikel können sich von den bezahlten Artikeln unterscheiden.

Wenn Leute zum ersten Mal solche Angebote machen, gleichen sie die kostenlosen und kostenpflichtigen Artikel aneinander an. Aber Sie können alles beliebig kombinieren. Achten Sie nur darauf, dass der Wert der *verschiedenen* kostenlosen Artikel das Angebot immer noch attraktiv macht. Beispiel: Nehmen wir an, Socken haben einen Wert von 10 Dollar. Wenn die Kunden ein Shirt für 10 Dollar kaufen, aber Socken im Wert von 20 Dollar gratis dazu bekommen, scheint das vielleicht ein besseres Angebot zu sein.

Mehr kostenlose, günstigere Artikel können besser funktionieren als weniger kostenlose, teurere Artikel.

Schauen wir uns noch mal das T-Shirt-Beispiel an. Angenommen, ich könnte nur ein T-Shirt verschenken, aber für den gleichen Preis könnte ich drei Paar Socken verschenken. Ich würde wahrscheinlich „1 T-Shirt kaufen, 1 T-Shirt gratis" gegen „1 T-Shirt kaufen, 3 Paar Socken gratis" testen. Socken kosten weniger als ein T-Shirt, aber die Leute sehen trotzdem „Eins kaufen, drei gratis bekommen". Manchmal funktionieren *mehr* günstigere Dinge besser als *weniger* teure Dinge.

Anstatt 33 % Rabatt anzubieten, testen Sie doch mal „Eins kaufen, zwei gratis" aus.

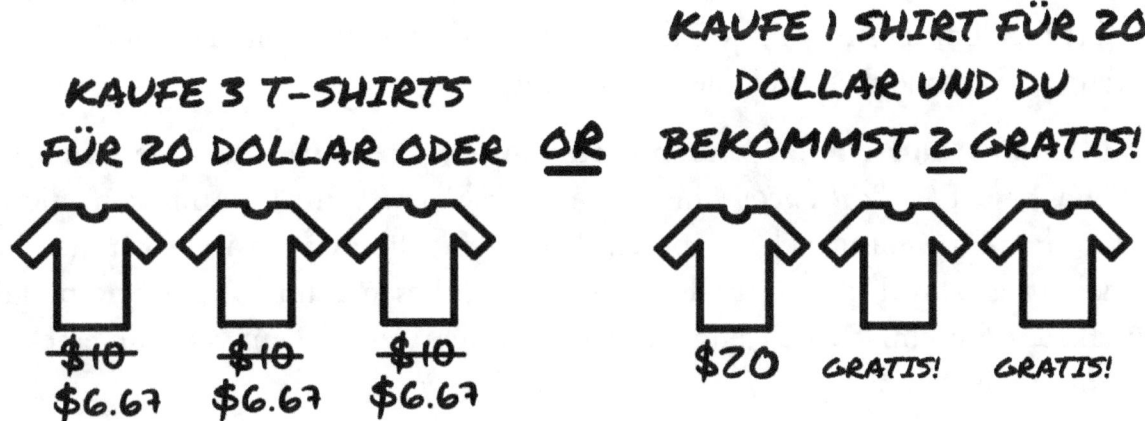

Auch wenn es so gemacht werden kann, dass es dasselbe bringt, weckt „*Gratis*" mehr Interesse als ein Rabatt. Mehr Leute wissen, wie wertvoll „*Gratis*" ist, als wie viel ein T-Shirt wert ist. Anstatt zum Beispiel T-Shirts für 10 Dollar zu 6,67 Dollar (33 % Rabatt) zu verkaufen, könnten Sie mehr Interesse wecken (und mehr Geld verdienen), wenn Sie „Kauf ein T-Shirt für 20 Dollar und du bekommst zwei gratis dazu" anbietest. Probieren Sie es mal aus.

Machen Sie keine Angebote, wenn Sie nicht mit Geld umgehen können. Angebote wie „Kaufen Sie X und Sie bekommen Y gratis" bringen zwar viel Geld rein, aber Sie müssen auch liefern können. Wenn Sie also in einem Monat die Zahlungen für ein ganzes Jahr bekommen, *müssen Sie auch* das ganze Jahr lang *liefern können*. Planen Sie genug Geld ein, um Ihre Kunden während der gesamten Laufzeit des Vertrags zu bedienen. Seien Sie kein Trottel und kaufen Sie sich kein Haus mit dem Geld, das für die Belieferung/Bedienung Ihrer Kunden gedacht ist. Der Verkauf von Waren, die Sie nicht liefern können, verstößt gegen das Gesetz und *ruiniert* Ihren Ruf. Halten Sie Ihre Versprechen ein.

Machen Sie dieses Angebot Ihren Bestandskunden für schnelles Geld. Wenn Sie bereits ein wiederkehrendes Geschäft haben und schnell Geld brauchen, können Sie dieses Angebot Ihren Bestandskunden machen. Viele werden gerne „zehn kaufen und zwei gratis bekommen", selbst zum aktuellen Preis. Beschränken Sie das Angebot einfach auf 10 % Ihrer Kunden. Das bringt Ihnen schnell sofortiges Geld *und* hält den wiederkehrenden Cashflow gesund.

Keine Sorge. Prepaid-Kunden (Kunden, die im Voraus bezahlt haben) kaufen weiterhin Sachen. Also verkaufen Sie ihnen weiterhin Ihre Produkte oder Dienstleistungen. Viele Leute wollen Kunden, die im Voraus bezahlen, keine weiteren Angebote machen. Das ist ein Fehler. Aus Erfahrung kann ich sagen, dass genau diese Kunden am meisten Geld ausgeben. Bieten Sie ihnen andere Angebote zum Kauf an — und sie werden zuschlagen. Schließlich haben sie vielleicht schon vor Monaten im Voraus bezahlt. Ihre Geldbörsen sind mit neuem Geld „aufgefrischt" worden, das nur darauf wartet, in Ihre Tasche zu wandern. Stehen Sie ihnen nicht im Weg!

Wenn Kunden nur einmal kaufen, dann sorgen Sie dafür, dass sie einen großen Einkauf machen. Die *Boot Factory* in meiner Geschichte bediente Touristen, die in den lokalen Cowboy-Bars gut aussehen wollten. Das heißt, die meisten ihrer Kunden kauften nur einmal etwas. Aus diesem Grund ist es sinnvoll, diesen Kauf so groß wie möglich zu machen. Bieten Sie einfach den entsprechenden Mehrwert. Wenn Sie nur eine Chance haben, dann nutzen Sie sie!

Zusammenfassung

- Bei „Kaufen Sie X und Sie bekommen Y gratis"-Angeboten bekommen Kunden beim Kauf eines Artikels (einen) weitere(n) Artikel gratis dazu.

- „Kaufen Sie X und Sie bekommen Y gratis" funktioniert bei Sachen, von denen man gerne mehr hat oder die man länger nutzen will.

- Das einfache „Kaufen Sie X und Sie bekommen Y gratis"-Angebot verändert die Preisgestaltung. „Kaufen Sie X und Sie bekommen Y gratis" kostet genauso viel wie der Kauf von 3 Produkten, aber die Kunden sehen das Gratisangebot als wertvoller an. (Beispiel: 18 Monate Service)

- Versuchen Sie immer, mehr kostenlose Dinge anzubieten als kostenpflichtige.

- Sie können verschiedene kostenlose Dinge mit Ihren kostenpflichtigen Produkten kombinieren.

- Bei manchen „Kaufen Sie X und Sie bekommen Y gratis"-Angeboten wird der Preis reduziert – wenn man mehr Sachen kauft, kostet jede einzelne weniger, als wenn man die gleiche Anzahl einzeln kauft.

- „Kaufen Sie X und Sie bekommen Y gratis" kann die Verweildauer der Kunden verlängern. Wenn normale Kunden drei Monate bleiben, bleiben sie mit „Kaufen Sie 2 und Sie bekommen 2 gratis" vier Monate (oder wie auch immer Sie es festlegen). Das gibt Ihnen mehr Möglichkeiten, weitere Angebote zu machen und einen Mehrwert zu bieten.

- Wenn Sie „Kaufen Sie X und Sie bekommen Y gratis" nutzen, um schnell viel Geld zu verdienen, sollten Sie darauf achten, dass Sie das Geld gut verwalten und Ihre Versprechen einhalten.

- Wenn Sie schnell Geld brauchen, können Sie dieses Angebot Ihren Bestandskunden machen. Legen Sie einfach eine Obergrenze fest, damit Sie weiterhin Cashflow haben.

- Verkaufen Sie weiterhin an Kunden, die für längere Zeit im Voraus bezahlen, denn diese Kunden kaufen am ehesten wieder bei Ihnen!

GRATIS-GESCHENK: Kaufen Sie X und Sie bekommen Y gratis – Videokurs

Kaufen Sie X und Sie bekommen Y gratis – holen Sie sich viel Geld und viele Kunden. Sie müssen nur ein bisschen rechnen können. Ich habe ein kostenloses Video für Sie gemacht, in dem ich Ihnen ein paar weitere kreative Möglichkeiten zeige, wie Sie das nutzen können. Sie können sich das Video kostenlos unter acquisition.com/training/money ansehen. Wenn Sie nicht so gern tippen, scannen Sie einfach den QR-Code.

SCANNE MICH

Jetzt weniger bezahlen oder später mehr bezahlen

Zeit ist Geld. – Benjamin Franklin

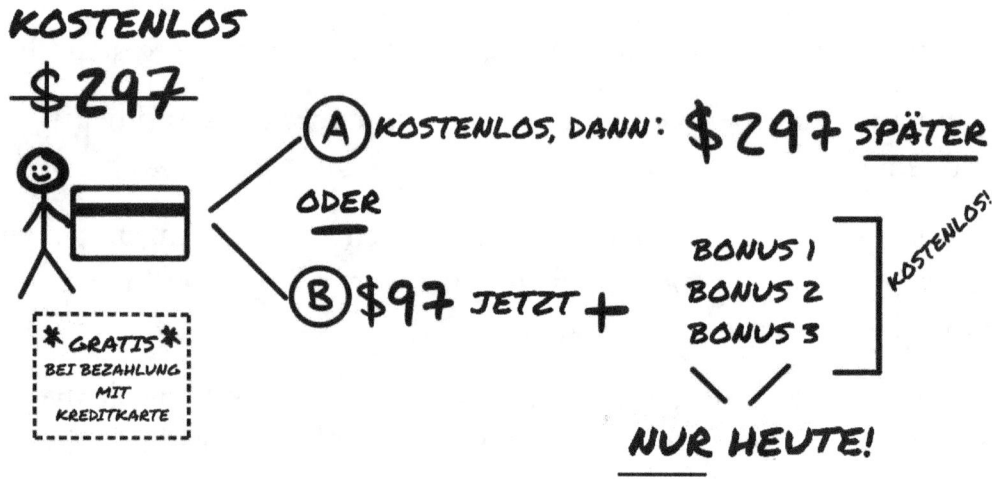

Juni 2016

Eine Überschrift hatte mich neugierig gemacht: *„Verdoppeln Sie Ihre Lesegeschwindigkeit in 3 Stunden – oder Sie zahlen nichts."* Ich öffnete den Text und überflog ihn. Darin bot der schnellste Leser der Welt ein kostenloses Training an, mit dem man seine Lesegeschwindigkeit in drei Stunden verdoppeln konnte. Also meldete ich mich an. Warum auch nicht?

Auf der Anmeldeseite stand: „Sie können Ihre Kreditkarte für 0 Dollar hinterlegen und erhalten morgen eine Rechnung über 297 Dollar. Und wenn Sie nicht doppelt so schnell lesen können, schicken Sie uns einfach vorher eine E-Mail und wir stornieren die Zahlung. Aber Sie müssen dabei sein, um das Angebot nutzen zu können. *Oder:* Sie können jetzt einfach 97 Dollar bezahlen und bekommen als Gratis-Bonus die Aufzeichnungen, die sonst nirgendwo zu kaufen sind."

Ich entschied mich für die erste Option. Ich wollte erst sehen, ob sich meine Lesegeschwindigkeit verdoppelte, bevor ich irgendetwas bezahlen würde. Ich erwartete während des gesamten Trainings, dass der Anbieter mir weitere Produkte verkaufen würde. Aber tatsächlich lieferte er einfach nur einen Mehrwert. Nach zwei Stunden hatte sich meine Lesegeschwindigkeit mit seiner Methode verdoppelt. *Beeindruckend.* Das Training hielt, was es versprochen hatte. Er hatte sich seine 297 Dollar verdient.

Danach erzählte er mir, wie ich mit seinem achtwöchigen Trainingsprogramm noch schneller lesen lernen könnte. Ich war mit meinen Ergebnissen zufrieden, also lehnte ich das Zusatzangebot ab. Er hat mir eine Fähigkeit beigebracht, die ich bis heute nutze. Aber der wahre Wert lag darin, dass ich ein ganz neues Attraktions-Angebot kennengelernt habe.

Beschreibung

Bei „Jetzt weniger bezahlen oder später mehr bezahlen" geben Sie den Kunden die Wahl, entweder später den vollen Preis ODER jetzt einen reduzierten Preis zu bezahlen. Das funktioniert so gut, weil wir *jegliches* Risiko für den Kunden aus dem Angebot entfernen. Er zahlt später *und* nur, wenn ihm das Produkt gefällt. So werden die Vorteile einer Zahlungsaufschiebung und einer Zufriedenheitsgarantie kombiniert. *Jeder kann das verkaufen.* Fast jeder wird zustimmen, später zu bezahlen, wenn er zufrieden ist. Aber sobald Interessenten sich bereit erklären, später zu bezahlen, können Sie sie mit hohen Rabatten und wertvollen Boni dazu bringen, *jetzt* zu bezahlen.

Mit der Option *„Später bezahlen"* können Sie mit „kostenlos" werben, weil die Leute selbst entscheiden können, ob sie bezahlen wollen oder nicht. Das bringt Ihnen viele Leads. Aber dieses kostenlose Angebot hat noch einen Vorteil: *Wir speichern die Kreditkartendaten der Kunden.* Wenn sie diese Option wählen und das Produkt nicht mögen, können sie jederzeit stornieren, bevor die Zahlung erfolgt.

Wenn Kunden die Option *„Später bezahlen"* wählen, schicken wir ihnen ein Angebot, *sofort zu bezahlen.* Bei *sofortiger* Zahlung gibt es 20–50 % Rabatt und noch mehr Boni. Und da wir ihre Kreditkartendaten schon haben, ist die Zahlung für sie ganz einfach.

Egal, ob sie sich für *eine sofortige Zahlung* oder *eine spätere Zahlung* entscheiden, Sie bekommen Kunden und wahrscheinlich auch einen gewissen Gewinn. Aber um dieses Angebot voll auszuschöpfen, brauchen Sie noch etwas Anderes, das Sie ihnen verkaufen können. Halten Sie also etwas *Besseres, Neueres* bereit, das Sie zum richtigen Zeitpunkt anbieten können. Keine Sorge, im nächsten Abschnitt gehen wir näher auf Upselling-Angebote ein.

Beispiele

Finden Sie Ihr erstes Immobiliengeschäft – kostenloser 3-tägiger Workshop

Später bezahlen: 0 Dollar für einen 3-tägigen Workshop. Am Ende werden 500 Dollar fällig, es sei denn, Sie sagen ab.

Jetzt bezahlen: 299 Dollar für einen 3-tägigen Workshop plus Aufzeichnungen, ein persönliches Gespräch mit einem zertifizierten Experten für notleidende Immobilien sowie gedruckte Materialien (die beim Workshop ausgehändigt werden).

Upselling: 30.000 Dollar für die Begleitung bei allen weiteren Schritten zum Abschluss Ihres ersten Geschäfts innerhalb von sechs Monaten *plus*: rechtliche Vorlagen, Berater zur Prüfung der Investition, Checkliste für die Besichtigung usw.

Lokale Dienstleistung: Heckenschneiden kostenlos

Später bezahlen: 0 Dollar für Rasenmähen und Heckenschneiden, danach 599 Dollar.

Jetzt bezahlen: 369 Dollar für Rasenmähen, Heckenschneiden und Rasenbehandlung.

Upselling: 199 Dollar pro Monat für Rasenpflege.

Der Vertreter kommt zum Kunden nach Hause, erstellt einen Kostenvoranschlag, bietet beide Optionen an und verkauft nach getaner Arbeit noch etwas dazu.

Physische Produkte: 14-tägige Testphase für Kleidung

Später bezahlen*: Jetzt 0 Dollar. Hol dir das Angebot. Dann werden dir in 14 Tagen 149 Dollar in Rechnung gestellt.

Jetzt bezahlen: 97 Dollar für das Kleidungsstück und ein passendes Accessoire.

Upselling: Zum Kleidungsstück gibt es ein Angebot für ein monatliches Abonnement für weitere Kleidungsstücke dieser Art.

Kunden müssen das Produkt in neuwertigem Zustand vor der Rechnungsstellung zurücksenden, um die Garantie in Anspruch nehmen zu können.

Wichtige Hinweise

Versprechen Sie ein klares Ja- oder Nein-Ergebnis. Erstens: Machen Sie Ihr Versprechen mit einem klaren Ja- oder Nein-Ergebnis. Zweitens: Stellen Sie sicher, dass Sie es in der versprochenen Zeit einhalten können. Wenn Sie das nicht können, werden Ihre Kunden verlangen, dass ihnen keine Rechnung gestellt wird. Das ist klar. Wenn Sie zum Beispiel versprechen, jemandes Schulterschmerzen zu lindern, lassen Sie ihn seine Schmerzen vor Ihrer Behandlung auf einer Skala von 1 bis 10 bewerten und bitten Sie ihn, sie nach der Behandlung erneut zu bewerten. Wenn die Schmerzen nachgelassen haben, waren Sie erfolgreich und können dem Kunden noch etwas verkaufen. Halten Sie das Versprechen einfach, klar und messbar. So vermeiden Sie unnötige Stornierungen.

Geben Sie eine <u>bedingte</u> Zufriedenheitsgarantie. *Kunden* können die Rechnung nur stornieren, wenn sie die Bedingungen erfüllen. Ich musste zum Beispiel zum Lesetraining erscheinen, um die Gebühr stornieren zu können. Schließlich können Leute nicht sagen, dass Ihr Produkt oder Ihre Dienstleistung schlecht ist, wenn sie sie nie ausprobiert haben. Achten Sie also darauf, die notwendigen Bedingungen festzulegen. Denken Sie an: Teilnahme, Erscheinen zu einem Termin, Einreichen von Daten usw. Legen Sie die Kriterien so fest, dass die Leute den größtmöglichen Nutzen aus dem Produkt ziehen können. Win-Win.

Boni für Ihre „Jetzt bezahlen"-Option. Ich finde es nervig, wenn Leute Inhalte wiederholen und sie dann als neu verkaufen. Deshalb wollte ich nicht so sein. In meinem Buch *100 Millionen Dollar Angebote* habe ich den Boni ein ganzes Kapitel gewidmet. Sie können sich das Buch holen oder sich das Schulungsvideo kostenlos auf meiner Website ansehen: <u>acquisition.com/training/offers</u>.

Optimieren Sie Ihre „Jetzt bezahlen"- und „Später bezahlen"-Angebote. Wenn zu viele Leute die „Später bezahlen"-Option wählen, machen Sie die „Jetzt bezahlen"-Option günstiger, bieten Sie bessere Boni an oder tun Sie beides. Wenn zu viele Leute die „Jetzt bezahlen"-Option wählen, machen Sie das Gegenteil.

Wenn mehr als 10 % der Leute, die „später bezahlen" wollen, ihre Zahlung stornieren. Sie haben zu viel versprochen, die Garantiebedingungen sind zu niedrig oder der Preis ist zu hoch. <u>Hinweis</u>: Egal, wie gut Sie liefern, *manche* Leute werden ihre Zahlung stornieren. Das ist okay. Rechnen Sie das einfach in Ihre Kosten ein und machen Sie weiter.

Das funktioniert auch bei Unternehmen mit wiederkehrenden Einnahmen. Sie geben den Kunden einfach die Option, entweder 30 Tage später einen höheren Preis zu zahlen *oder* heute weniger zu zahlen und den niedrigeren Preis für immer zu behalten. Und legen Sie noch ein paar Extras drauf.

Wenn Sie Events/Workshops/Präsentationen veranstalten, geben Sie frühzeitig einen Hinweis auf Ihr nächstes Angebot.

Hätte der Lese-Guru bloß gesagt: *„Alle wollen wissen, wann mein nächster Lesekurs beginnt, weil er immer so schnell ausgebucht ist. Ich komme am Ende darauf zurück. Aber bitte passt gut auf. Ich möchte mein Versprechen einhalten, eure Lesegeschwindigkeit zu verdoppeln."* Indem er frühzeitig auf sein nächstes Angebot hingewiesen hätte, hätte er mehr davon verkauft. Lassen Sie mich das erklären:

Früher habe ich *viele* Ernährungsberatungen gemacht. Die Leute unterbrachen mich ständig, um mich nach Nahrungsergänzungsmitteln zu fragen. Das ging mir auf den Geist. Also sagte ich eines Tages etwas genervt: *„Alle wollen wissen, welche Nahrungsergänzungsmittel sie kaufen sollen. Wir kommen noch dazu – versprochen. Aber bitte achtet auf den Abschnitt über die Ernährung – der ist wichtiger."* Aus Versehen deutete ich damit an, dass alle Nahrungsergänzungsmittel kauften, *ohne diese anzubieten.* Und alle nickten, was zeigte, dass sie tatsächlich mehr Produkte wollten. All diese Faktoren führten dazu, dass mehr Leute kauften, als sie endlich danach fragten. Ein glücklicher Fehler, den ich unbedingt wiederholen wollte.

Zusammenfassung

- Mit „Jetzt weniger bezahlen oder später mehr bezahlen"-Angeboten können Leute wählen, ob sie später den vollen Preis zahlen wollen ODER einen reduzierten Preis zahlen *und* zusätzliche Extras bekommen möchten … *wenn sie jetzt zahlen.*

- Die Option *„Später bezahlen"* beinhaltet einen Zahlungsaufschub mit einer bedingten Garantie.

    o Legen Sie klare Kriterien für die Inanspruchnahme der Garantie fest und machen Sie es einfach, diese zu überprüfen.

    o Wenn möglich, sollten die Kriterien darauf abgestimmt sein, was den Kunden den größten Nutzen aus dem Produkt bringt.

- Die Option *„Jetzt bezahlen"* bietet einen Rabatt von 20 bis 50 % und Extras, *wenn die Kunden jetzt bezahlen.*

    o Bieten Sie Ihren Kunden die Option „Jetzt bezahlen" an, nachdem sie die Option „Später bezahlen" akzeptiert haben.

- o Wenn sie sich für „Jetzt bezahlen" entscheiden, erhalten sie den Rabatt und die Boni anstelle der Garantie.

- Machen Sie Ihr Versprechen leicht nachvollziehbar, schwer zu widerlegen und mit einem klaren Ja/Nein-Ergebnis.

- Wenn Sie mehr als 10 % Stornierungen haben, haben Sie zu viel versprochen, die Garantiebedingungen sind zu niedrig oder der Preis ist zu hoch.

  - o Achten Sie auch besonders auf diejenigen, die vor Ablauf der Stornierungsfrist behaupten, dass sie nicht das bekommen haben, was ihnen versprochen wurde.

GRATIS-GESCHENK: Jetzt weniger bezahlen, später mehr bezahlen – Schulung [keine Anmeldung erforderlich]

Das ist eins der kreativsten Angebote, die ich je gesehen oder genutzt habe. Es funktioniert super mit digitalen Produkten und kurzfristigen Dienstleistungen. Diese Angebote können enorm effektiv sein und außerdem für ein gutes Gefühl sorgen. Außerdem ist es super einfach, sie Verkäufern beizubringen. Wenn Sie mehr darüber erfahren möchten, habe ich eine ausführliche Schulung für Sie kostenlos unter acquisition.com/training/money vorbereitet. Scannen Sie den QR-Code für einen schnellen Zugriff.

SCANNE MICH

Kostenloses Goodwill-Angebot

Wer sagt, dass man Glück nicht kaufen kann, hat noch nicht genug verschenkt.

„Ich bin seit 2018 querschnittsgelähmt und lebte von Sozialhilfe, bis ich auf deine Inhalte und dein Buch gestoßen bin … In den folgenden 12 Monaten habe ich als Freiberufler 50.000 Dollar verdient." – Danny W.

Ich habe eine Frage an Sie …

<u>Würden Sie jemandem helfen, den Sie nicht kennen, wenn es Sie nichts kostet, Sie aber keine Anerkennung dafür bekommen?</u>

Die meisten Leute beurteilen ein Buch tatsächlich nach seinem Einband. Deshalb bitte ich Sie im Namen eines kämpfenden Unternehmers, den Sie noch nie getroffen haben: **Helfen Sie diesem Unternehmer, indem Sie eine Rezension zu diesem Buch verfassen. Ihre Rezension hilft …**

… einem weiteren kleinen Geschäft wie dem von Bill, für seine Gemeinde zu sorgen. In Bills eigenen Worten: *„Anfang 2022 eröffnete ich eine Pizzeria, kurz nachdem ich auf „100 Millionen Dollar Angebote" gestoßen war. Der Verkauf lief anfangs nur langsam, aber wir haben es geschafft! Nachdem ich „100 Millionen Dollar Leads" gelesen hatte, setzten wir viele Sachen um, zum Beispiel, dass Kunden ein Jahr lang kostenlose Pizza gewinnen können, wenn sie an die örtliche Tafel spenden. Ich habe schon längst aufgehört zu zählen, wie viele neue Kunden wir durch diese Aktionen für die Gemeinde gewonnen haben. Das beweist eindeutig, dass diese Maßnahmen für jede Art von Unternehmen funktionieren. Vielen Dank!"*

**... noch einem Unternehmer wie Thomas, seine Familie zu unterstützen. In Thomas'
eigenen Worten:** *„Nach zehn Jahren wurde ich aus meinem 9-to-5-Job entlassen. Aber dann
habe ich dein Buch entdeckt und ein Reiseleiterunternehmen in Colorado gegründet. Zwei Jahre
später haben wir schon fünf Mitarbeiter! Ich habe das Gelernte direkt umgesetzt und mir meinen
Traum erfüllt. Jetzt sind meine Kinder und meine Frau glücklicher denn je.“*

**... weiteren Angestellten wie den Mitarbeitern von Miguel, eine sinnvollere Arbeit
zu haben. In Miguels eigenen Worten:** *„Ich habe das Buch geschenkt bekommen und
beschlossen, es an meine sechs Mitarbeiter weiterzugeben. Seitdem hat sich unser Unternehmen
total verändert und wächst jeden Monat weiter. Ich habe es auch meinen unabhängigen Trainern
gegeben. Vielen Dank.“*

**Ihre Bewertung hilft ... einem weiteren Unternehmer wie Simon, sein Leben zu
verändern. In Simons eigenen Worten:** *„Ich bin nur ein ganz normaler Typ aus Deutschland
und konnte keinen einzigen Kunden gewinnen. Dann habe ich „100 Millionen Dollar Leads“
gekauft. Nachdem ich das Kapitel „Kaltakquise“ gelesen hatte, begann ich mit der „100er-Regel“.
Ich erwartete, dass ich vielleicht 1-2 Kunden gewinnen würde ... Aber dann ... habe ich in 7
Tagen 8 Termine vereinbart ... 4 davon abgeschlossen und meine ersten 500 Euro von einem der
Kunden verdient. Jetzt sind 3 Monate vergangen und meine Karriere könnte nicht besser laufen.
Ihr Buch war das einzige Buch, das ich brauchte. Ich empfehle es jedem!!“*

**... noch einem Unternehmer wie Alex, aus der Klemme zu kommen. In Alex'
eigenen Worten:** *„Als ich mit meiner Freundin zusammenzog, hatte ich weniger als 1.000
Dollar im Monat. Ich habe „100 Millionen Dollar Leads“ gekauft und wir haben ALLES
ausprobiert. Drei Wochen später hatten wir einen Kunden für über 2.000 Dollar im Monat.
Dann noch drei weitere! Ich schulde dir VIEL mehr, als diese Bücher gekostet haben.“*

**Ihre Bewertung hilft ... einem weiteren Unternehmer wie Mohan, sein Land zu
verlassen und seine Schulden loszuwerden. In Mohans eigenen Worten:** *„Als indischer
Immigrant, der sich in Irland durchkämpft, verdiente ich so wenig Geld, dass ich gestorben wäre,
bevor ich meine Schulden hätte abbezahlen können. Ich gab nebenbei Unterricht, wo ich konnte.
Dann las ich „100 Millionen Dollar Angebote“ und kündigte 11 Tage später meinen Job. Ich
machte weiterhin die gleiche Arbeit, aber jetzt hatte ich gelernt, wie man Angebote macht. Die
Kunden waren bereit, zu zahlen. Manchmal sogar 1.500 Euro, wenn ich einen Bonus drauflegte.
Jetzt verdiene ich genug zum Leben. Und habe endlich das gefunden, was ich gerne mache. Ich
bin jetzt nach Deutschland gezogen und meine Schulden sind fast abbezahlt. Danke, Alex.“*

Wenn Sie sich sagen, dass Sie es später machen werden, dann tun Sie es doch bitte jetzt. Es dauert weniger als 60 Sekunden, um das Leben von jemandem für immer zu verändern.

Wenn Sie Audible nutzen, klicken Sie auf die drei Punkte oben rechts auf Ihrem Gerät, dann auf „Bewerten & Rezension schreiben" und hinterlassen Sie ein paar Sätze zum Buch mit einer Sternebewertung.

Wenn Sie auf dem Kindle oder einem E-Reader lesen, scrollen Sie bis zum Ende des Buches und wischen Sie nach oben – dann werden Sie gebeten, eine Bewertung abzugeben.

Sollte sich an der Vorgehensweise aus irgendeinem Grund etwas ändern, können Sie bei Amazon (oder wo auch immer Sie das Buch gekauft haben) direkt auf der Buchseite eine Rezension hinterlassen.

Wenn Sie gerne einem unbekannten Unternehmer helfen, sind Sie genau mein Typ. Willkommen bei #mozination. Sie gehören zu uns.

Umso mehr freue ich mich, Ihnen dabei zu helfen, mehr Geld zu verdienen, als Sie sich vorstellen können. Die Taktiken, die ich Ihnen in den nächsten Kapiteln zeigen werde, werden Ihnen gefallen. Ich danke Ihnen von ganzem Herzen. Nun zurück zu unserem regulären Programm.

- Ihr größter Fan, Alex

Attraktions-Angebote – Fazit

Extra! Extra! Hören Sie alles darüber!

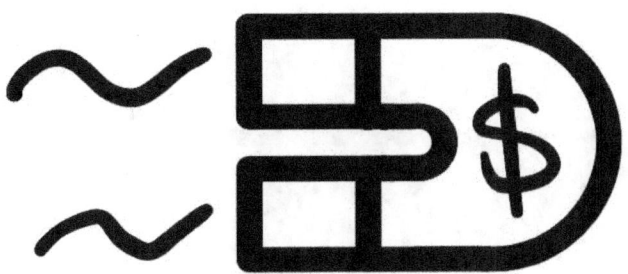

Der Sinn von Attraktions-Angeboten ist, Fremde zu Kunden zu machen. Und zwar so, dass wir im Voraus mehr Geld bekommen. Im Idealfall bekommen wir genug Geld, um die Kosten für den Kunden und die Kosten für die *mehrfache* Lieferung unseres Produkts zu decken. So können wir unsere Ausgaben zurückzahlen *und* unseren nächsten Kunden gewinnen.

Ich habe Ihnen die fünf besten Attraktions-Angebote gezeigt, die ich kenne und selbst schon eingesetzt habe: Geld zurück, Werbegeschenke, Lockangebote, X kaufen, Y gratis dazu und Jetzt weniger bezahlen oder später mehr bezahlen. Ich setze sie immer mal wieder in allen meinen Unternehmen ein. Sie haben aus 1.000 Dollar in zehn Monaten 10.000.000 Dollar gemacht, weil ich meine Gewinne *immer wieder verdoppelt habe*. Ein Grand-Slam-Attraktions-Angebot verändert Ihr Unternehmen (und Ihr Leben) *für immer*.

Seit wir die Attraktions-Angebote nutzen, haben wir mehr Kunden. Und jetzt, wo wir sie haben, müssen wir unseren 30-Tage-Gewinn steigern, indem wir ihnen mehr verkaufen. Das bringt uns zum nächsten Teil des *100-Millionen-Dollar-Geldmodells*: Upselling-Angebote – *was Sie als Nächstes anbieten sollten*.

ABSCHNITT III: UPSELLING-ANGEBOTE

Möchten Sie Pommes dazu? – McDonald's berühmtes Upselling

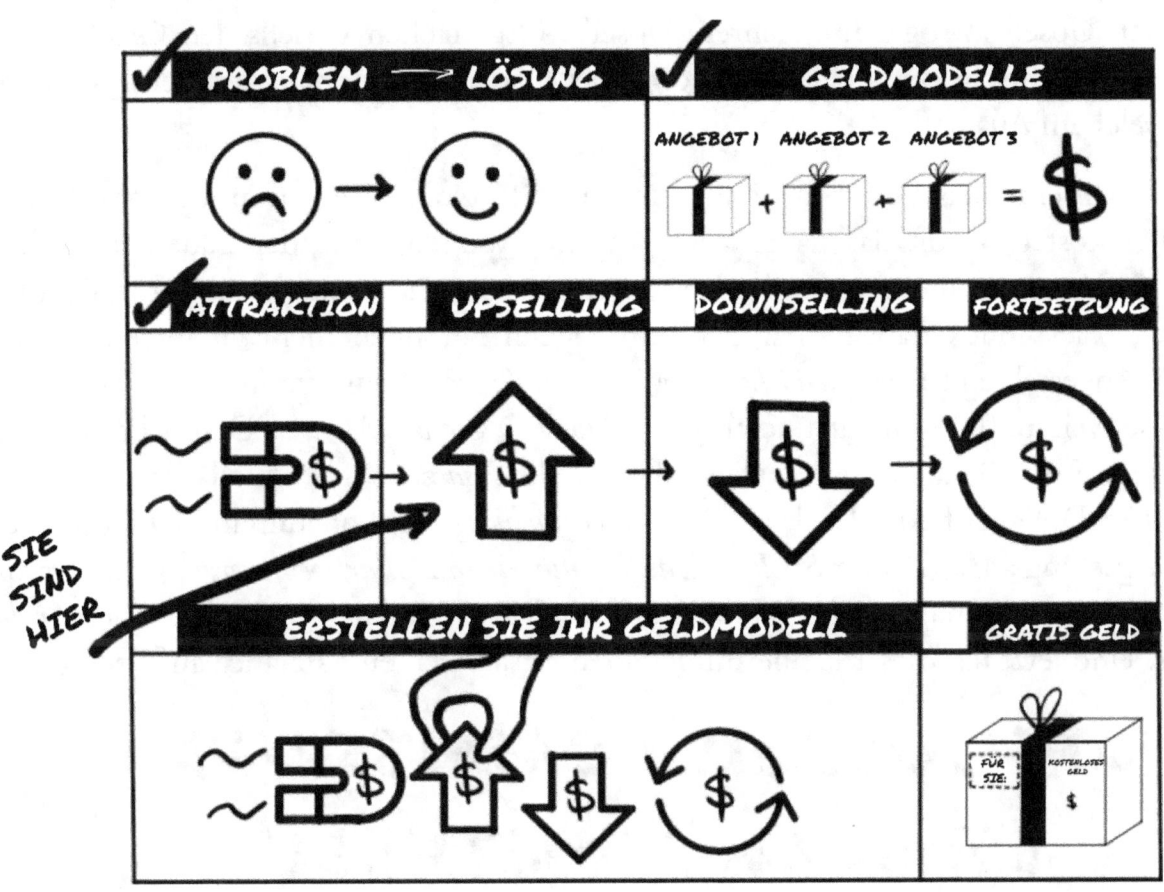

Mit einem Attraktions-Angebot haben Sie Kunden und Geld. Wenn wir alles richtiggemacht haben, haben wir auch Gewinn gemacht. Cool! Jetzt wollen wir den 30-Tage-Gewinn maximieren. Was machen wir also? Antwort: mehr Geld verdienen. Dazu machen wir Upselling-Angebote. Und letztendlich sind Upsells einfach *das, was wir als Nächstes anbieten.*

So funktionieren Upsells

Wenn ein Angebot ein Problem löst, taucht ein neues auf. Mit einem *Upselling verkaufen* Sie die Lösung für das neue Problem, das Ihr Angebot aufzeigt. So öffnet jedes Angebot die Tür für einen Upsell ... sogar für mehrere Upsells! Oft machen Upsells den Großteil des Gewinns aus. Sie entscheiden über den Erfolg oder Misserfolg eines Geldmodells. Ich zeige Ihnen, in welchem Ausmaß.

Nehmen wir einmal an, ein Burgerladen macht 0,25 Dollar Gewinn mit einem Burger, der 2 Dollar kostet. Wenn das das einzige Angebot wäre, müsste der Laden jeden Tag etwa 10.000 Burger verkaufen, um die Kosten zu decken und *gerade so* über die Runden zu kommen. Viel Glück dabei. Aber der Burgerladen hat noch mehr zu bieten als nur Burger. Die Angestellten fragen: *„Möchten Sie Pommes dazu?"* Wenn die Antwort „Ja" lautet, verdienen sie weitere 0,75 Dollar und fragen: *„Möchten Sie ein Menü?"* Damit kommt ein Getränk dazu. Wenn jemand „Ja" sagt, verdienen sie *zusätzlich* 1,75 Dollar. Ihr Gewinn steigt von 0,25 Dollar auf 2,00 Dollar – *eine Verachtfachung.* Und obendrein bieten sie noch ein drittes Upselling an: *„Möchten Sie Ihr Menü für nur einen Dollar mehr vergrößern?"* Damit steigt der Gewinn von mageren 0,25 Dollar auf satte 3,00 Dollar – *eine Steigerung um das 11,6-Fache.* Und jetzt hat dieser kleine Burgerladen tatsächlich eine Chance auf Erfolg.

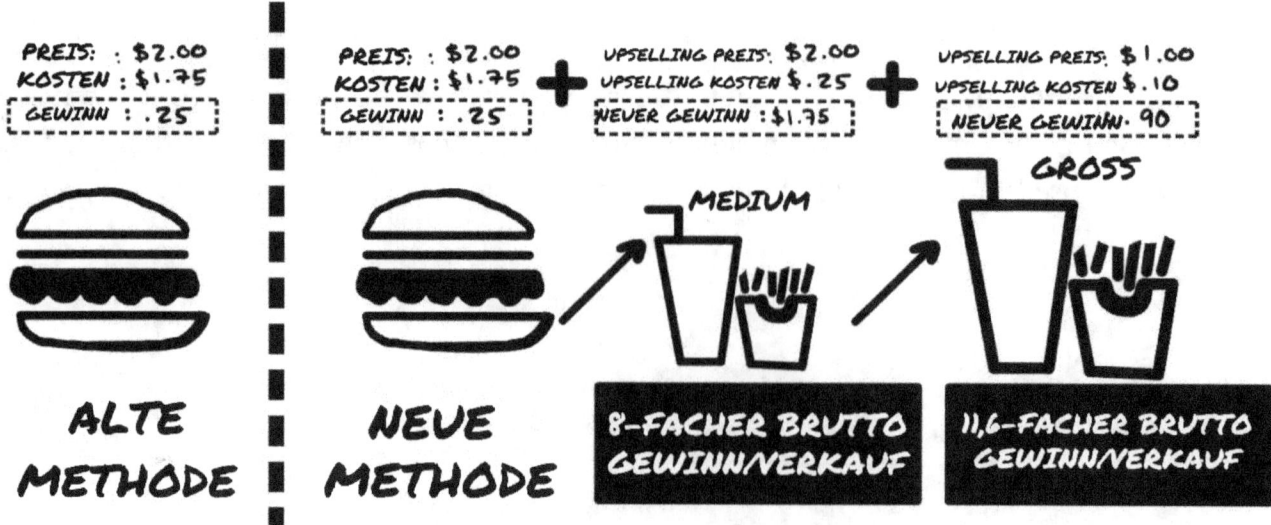

DIE BURGER, POMMES UND LIMONADE-METHODE

Ich zeige dieses einfache (und typische!) Beispiel, um eins klar zu machen: Ihr erstes Angebot bringt *nicht immer* den Gewinn. Mit anderen Worten: *Das, was Sie am meisten verkaufen, ist nicht immer das, womit Sie den größten Gewinn machen.* Den machen Sie mit dem zweiten, dritten und im Fall des Burgerladens mit dem vierten Angebot und darüber hinaus. Wenn McDonald's keine Pommes und Limonade dazu verkaufen würde, gäbe es kein McDonald's. Wenn Sie gewinnen wollen, müssen Sie Ihre eigene Version von *„Möchten Sie Pommes dazu?"* finden. Wenn Sie das nicht tun, werden es andere tun.

Upsells scheitern, wenn:

- Sie etwas anbieten, das Kunden nicht wollen (zu abweichend oder löst ihr Problem nicht).

- Sie es zur falschen Zeit anbieten (bevor Kunden das Problem erlebt haben).

- Sie es auf die falsche Art anbieten (Kunden glauben Ihnen nicht).

- Oder eine Kombination aus all dem besteht.

Zusammenfassend lässt sich sagen, dass Upsells in der Regel Folgendes bieten:

- Mehr von dem, was Kunden gerade bekommen haben (denken Sie an Quantität) – Warum einen Burger, wenn man zwei haben kann?

- Bessere Versionen davon (denken Sie an Qualität) – Warum sollte man Fleisch aus unbekannter Herkunft essen, wenn man Rinderfilet haben kann?

- Neue oder ergänzende Produkte (denken Sie an etwas Neues) – Möchten Sie Pommes und eine Limo zu Ihrem Burger?

Ich nutze vier einfache und äußerst effektive Upselling-Angebote:

- Der klassische Upsell

- Menü-Upsells

- Anker-Upsells

- Rollover-Upsells

Und mit nur ein paar kleinen Änderungen können Sie sie schon heute in Ihr Unternehmen integrieren. **Achtung**: Dieser Abschnitt ist wirklich sehr effektiv und sollte nur ethisch einwandfrei eingesetzt werden. Nachdem das gesagt ist, lassen Sie uns Geld verdienen.

GRATIS-GESCHENK: Upselling-Angebote [keine Anmeldung erforderlich]

Wenn Sie mehr Gewinn pro Kunde machen wollen, müssen Sie ihnen mehr verkaufen. Es ist wichtig, den richtigen Zeitpunkt, die richtige Art und die richtigen Produkte zu kennen. Ich habe meine Lektion gelernt, indem ich es falsch gemacht habe. Ich hoffe, ich kann Ihnen helfen, diese Fehler zu vermeiden und es gleich beim ersten Mal richtig zu machen. Daher habe Ihnen zu diesem Kapitel eine zusätzliche Schulung erstellt, die Sie sich kostenlos unter acquisition.com/training/money ansehen können. QR-Code für schnellen Zugriff.

Der klassische Upsell

Ohne Y geht X nicht!

Sommer 2016.

Er war ein bekannter Pelzhändler, ein Geschäftsgenie in vierter Generation und mein Mentor aus Kindertagen. Wir setzten uns in ein schickes Restaurant gegenüber seinem Laden, um zu quatschen. Kaum hatten wir bestellt, kam schon unser Lachs.

„Was glaubst du, was dieser Lachs das Restaurant kostet? Drei Dollar? Vielleicht ein paar Cent mehr für die Beilage? Und schau dir die Speisekarte an – sie verlangen zweiunddreißig Dollar! Unglaublich ... aber ... wir bezahlen es." Er nahm den ersten Bissen, lachte leise und fuhr dann fort.

„Ich habe gehört, du bist jetzt im Geschäft – gut für dich. Das hätte ich nie gedacht, als du noch im Laden gearbeitet hast. Du warst irgendwie unbeholfen."

„Was soll ich sagen? Siebentausend Pelzmäntel hintereinander zu bürsten hat mir das Gehirn geschmolzen." Ich schmunzelte. „Verdienst du immer noch eine Stange Geld damit?"

Ein verschmitztes Lächeln erschien auf seinem Gesicht. „Ja. Und das ist noch nicht mal das Beste daran. Mein Sohn hat sich was Geniales ausgedacht." Sein Sohn wäre dann der *Besitzer in fünfter Generation.*

„Erzähl mir davon", bat ich ihn.

„Wir werben mit kostenlosen Ohrenschützern für die Mantelaufbewahrung. Und jetzt pass auf: Wenn die Kunden kommen, um ihre Ohrenschützer abzuholen und ihre Mäntel zu lagern, sagen wir: *‚Super. Die bewahren wir auch für 30 Dollar auf. Möchten Sie noch etwas Anderes lagern?'* Und natürlich sagen sie Nein."

„Moment mal, ihr bringt sie dazu, für zusätzlichen Stauraum für die kostenlosen Ohrenschützer zu bezahlen, indem ihr sie dazu bringt, Nein zu sagen? Ihr seid echt der Hammer."

„Wer – wir? Nein, nein. Wir sind eben einfach immer kreativ … und wenn etwas funktioniert, bleiben wir dabei."

***

Immer wenn er über das Geschäft redete, strahlte er. Obwohl ich mich in seinem Laden immer etwas unbeholfen angestellt hatte, habe ich von ihm viele wichtige Lektionen fürs Leben gelernt. Ich erzähle diese Geschichte als Hommage an diese Lektionen.

Beschreibung

Der klassische Upsell bietet eine Lösung für das nächste Problem des Kunden, *sobald* er es bemerkt. Ich erkläre das klassische Upselling zuerst, weil es super profitabel und einfach ist und jeder es anbieten kann. Der Hauptgrund: Bestehende Kunden kaufen *immer* eher bei Ihnen als neue Leute. Und wenn Sie den richtigen Zeitpunkt erwischen, kaufen Kunden sogar von selbst mehr.

Beim klassischen Upselling müssen Sie mehr über das Problem Ihres Kunden wissen als er selbst. Und das sollten Sie auch – schließlich ist es Ihr Geschäft. Die Idee ist einfach: Ihr Kernangebot löst ein Problem und schafft ein neues. *Mit Ihrem Upsell lösen Sie das nächste Problem sofort.* Das gibt dem klassischen Upsell seine „Ohne X kein Y"-Struktur. Wie bei der Mietwagen-Geschichte. Auto ohne Versicherung – das geht nicht. Ohne Benzin macht das Auto keinen Sinn. Ohne späte Rückgabe wird es keine entspannte Reise. Und so weiter. All diese Dinge werden sofort klar, *sobald* der Kunde den ersten Kauf tätigt.

Fazit: Wenn ein Problem auftaucht und Sie es sofort lösen können – gegen Geld –, *dann machen Sie's!*

Beispiele

Lokaler Autowaschservice

Erster Kauf: Autowäsche

Upselling: Versiegelung

Ohne Versiegelung wollen Sie Ihr Auto bestimmt nicht waschen. Sie bekommen viel mehr für Ihr Geld.

Physisches Produkt

Erster Kauf: Fahrrad

Upselling Nr. 1: Helm

Upselling Nr. 2: Beleuchtung

Upselling Nr. 3: Pannensichere Reifen

Fahrrad ohne Helm – das geht nicht!

Digitales Produkt

Erster Kauf: Kurs zum Thema Sport

Upselling: Kurs zum Thema Ernährung

Mit Sport allein kann man eine schlechte Ernährung nicht ausgleichen ... also sollten Sie bei unserem Kurs zum Thema Ernährung mitmachen.

Wichtige Hinweise

Setzen Sie es tatsächlich um. Sie werden staunen, wie viele Unternehmer zu mir kommen und nur ein einziges Produkt verkaufen. Ich sage ihnen dann meistens: „Ihr habt kaum ein Geschäft – ihr habt nur eine Laden-Fassade. Überlegt euch, was ihr *als Nächstes* anbieten wollt." Monate später höre ich dann, dass sie ihren Umsatz *tatsächlich* verfünffacht haben, weil sie *tatsächlich* Upsells angeboten haben.

Bieten Sie die profitableren Upsells als Erstes an. Wenn ich zwei Produkte anbiete und eines davon einen höheren Gewinn bringt als das andere, biete ich zuerst die Option mit dem höheren Gewinn an.

Bringen Sie die Kunden dazu, „Nein zu sagen, um Ja zu sagen". Ich war immer beeindruckt davon, wie oft der eingangs erwähnte Pelzhändler jemanden dazu brachte, etwas zu kaufen, indem er „Nein" sagte. Er wusste, dass die Leute darauf trainiert waren, mit „Nein" zu antworten, wenn man sie fragte: „Sie wollen doch nichts weiter, oder?" Aber das verwandelt ein „Nein" tatsächlich in ein „Ja". Beim Upselling lautet die Frage also: *Sie wollen doch sonst nichts mehr [außer dem, was ich Ihnen gerade angeboten habe], oder?* Cleveres Verkaufstalent. Also lassen sie die Neins (*Jas*) kommen.

Überraschen und begeistern Sie. Angenommen, Sie haben vier Boni, die Sie aufheben möchten, um Leute, die noch unentschlossen sind, zum Kauf zu bewegen. Fügen Sie diese Extras einzeln hinzu. Wenn die Kunden zustimmen, bevor Sie sie hinzufügen, geben Sie ihnen trotzdem alle vier. Das wird sie überraschen und begeistern. Und es garantiert, dass Sie allen das Gleiche verkaufen, sodass sich später niemand ausgeschlossen fühlt.

Verkaufen Sie mehr, wenn die Leute mehr kaufen – Hyper-Kaufzyklus. Die meisten Leute kommen in einen „Hyper-Kaufzyklus", wenn sie sich für etwas Neues entscheiden. Das ist ein kurzer Moment, in dem sie total begeistert von dem sind, was sie vorhaben. In dieser Zeit geben sie in kurzer Zeit viel Geld aus. Denken Sie nur an Hochzeiten, neue Hobbys, Babys, Umzüge und so weiter. Wenn Sie ein Geschäft haben, das sich um solche Probleme kümmert, scheuen Sie sich nicht vor Upselling-Angeboten. *Nutzen Sie sie ... und machen Sie weitere Angebote.*

Nutzen Sie kostenlose Boni, um Probleme zu schaffen, die Sie dann mit Upselling-Angeboten lösen können. Boni lösen Probleme. Das macht sie so wertvoll. Und weil sie Probleme lösen, können sie auch welche aufdecken. Upsells können dann diese neuen Probleme lösen. Die Ohrenschützer zum Beispiel kosteten Material und Arbeit, aber man konnte sie „kostenlos verschenken", indem man die Kunden dazu brachte, 30 Dollar für die Aufbewahrung von etwas zu bezahlen, *das sie gerade umsonst bekommen hatten.*

Je schneller Leute an etwas kommen, desto mehr schätzen sie es. Etwas, das Sie später für 10.000 Dollar bekommen, ist weniger wert als etwas, das Sie jetzt für 10.000 Dollar bekommen. Je länger es dauert, bis jemand an etwas kommt, desto weniger Wert hat es in dem Moment. Wenn Sie also die Chance erhöhen wollen, dass Kunden das Upselling-Angebot kaufen, sorgen Sie dafür, dass es so schnell wie möglich verfügbar ist.

Bonuspunkte gibt's, wenn Sie es ihnen zur Verfügung stellen, bevor sie Ja gesagt haben. Es ist viel schwieriger, etwas zurückzugeben, als Nein zu sagen.

Wenn Sie Upsells bündeln, geben Sie ihnen einen Namen. Es ist einfacher, jemandem eine Sache zu verkaufen als neun Sachen. Indem Sie Artikel zusammenpacken, können Sie ein einziges Mal zum Kauf „auffordern" und neun Verkäufe erzielen. Ich benenne die Pakete nach Kundentyp *und/oder* Ergebnis. Zum Beispiel „Schnellste Ergebnisse"-Paket oder „Transformationspaket" oder „Minimalpaket". All das steigert die Upsells pro Person. Zuletzt können Sie einige Produkte oder Funktionen aus dem Paket herausnehmen, um Downsells zu erzielen. Mehr dazu in Abschnitt IV: Downselling-Angebote.

Integrieren Sie Upselling-Angebote in Ihre anderen Angebote. Machen Sie die Sachen, die Sie zusätzlich verkaufen, zu einem Teil Ihrer anderen Angebote. Dann werden mehr Leute sie nehmen. Meine Ernährungspläne enthielten Vorschläge für optionale Nahrungsergänzungsmittel. Als ich also über Ernährung sprach, fragten die Leute nach Nahrungsergänzungsmitteln. Das Verkaufs- und Marketing-Training für Fitnessstudios schlug optionale Software vor. Das brachte die Fitnessstudio-Besitzer dazu, sie zu kaufen. Integrieren Sie das nächste Produkt, das Sie verkaufen wollen, in das erste, das sie kaufen.

Stellen Sie sicher, dass Sie aus jedem Termin heraus einen neuen Termin vereinbaren (BAMFAM = Book A Meeting From A Meeting). Je öfter Sie Upselling betreiben, desto mehr Leute können Sie von Ihren Upselling-Angeboten überzeugen. Wenn Sie mehr Leute zum Kauf bewegen, verdienen Sie mehr Geld. Da Sie das wollen, beenden Sie jeden Termin, indem Sie den nächsten Termin vereinbaren. Lassen Sie niemanden gehen, ohne einen Termin zu vereinbaren! Wie mein bekannter CEO-Freund Sharran immer sagt: „Ein Kunde sollte wissen, wann er Sie das nächste Mal sieht – und warum –, *bevor er geht.*" Wenn der Kunde also zustimmt, Sie wiederzusehen, *vereinbaren Sie gleich, warum und wann.*

Verkaufen Sie so oft, wie es Sinn macht. Die Autovermietung hatte viele Upsells. Der Burgerladen hatte viele Upsells. Mein Fitnessstudio hatte viele Upsells. Gym Launch hatte viele Upsells. Bieten Sie so viele Lösungen an, wie es Probleme gibt, die Sie lösen können. Seien Sie nicht schüchtern. Wenn Sie ein Problem lösen können, bieten Sie die entsprechende Lösung an. Das Zweitschlimmste, was passieren kann, ist, dass Kunden Nein sagen. *Das Schlimmste ist, wenn sie Ja gesagt hätten, Sie aber nie gefragt haben.*

DIE „MAGNETISCHE" MITTE

UM MEHR GROSSE KÄUFER ZU GEWINNEN:

KLEIN $5 · MITTEL $~7~ $8 ↔ GROSS $9

BRINGEN SIE MITTEL NÄHER AN GROSS

UM MEHR MITTLERE KÄUFER ZU GEWINNEN:

KLEIN $5 ↔ MITTEL $~7~ $6 · GROSS $9

BRINGEN SIE MITTEL NÄHER AN KLEIN

So verkaufen Sie *mehr von der gleichen Sache*

Wenn Sie zwei Artikel haben und einen verkaufen möchten, fügen Sie eine dritte Option hinzu, um den Kunden zum Kauf der gewünschten Option zu bewegen. Kinos machen das mit Limonade und Popcorn. Und so funktioniert es:

Die Preise für eine kleine, mittlere und große Option sind wie folgt:

A – Klein – 5 Dollar
B – Mittel – 8 Dollar *(statt des vernünftigen Preises von 7 Dollar)*
C – Groß – 9 Dollar

Ergebnis: Mehr Leute nehmen die große Option. Die Leute, die die kleine Option nehmen würden, nehmen immer die kleine Option. Die Leute, die die große Option nehmen, nehmen immer die große Option. *Aber die Leute, die normalerweise die mittlere Option nehmen würden, nehmen jetzt wahrscheinlich die große Option.*

Wenn Sie mehr Leute dazu bringen wollen, die mittlere Option zu kaufen, würden Sie den Preis so festlegen:

Klein – 6 Dollar *(statt des vernünftigen Preises von 5 Dollar)*
Mittel – 7 Dollar
Groß – 9 Dollar

Ergebnis: So verkaufen Sie mehr Leuten die mittlere Option, weil jetzt *die meisten Leute, die normalerweise die kleine Option wählen würden, die mittlere Option wählen.*

Fazit: Wenn Sie viele Kunden haben, die kleine Mengen kaufen, können Sie sie auf mittlere Mengen hochstufen. Wenn Sie viele Kunden haben, die mittlere Mengen kaufen, stufen Sie sie auf große Mengen hoch. Wenn Sie viele Kunden haben, die große Mengen kaufen, erhöhen Sie *alle* Preise.

Upselling: Garantien, Gewährleistungen und Versicherungen. Viele Firmen bieten Garantien für ihre Produkte an. Viele Firmen bieten Gewährleistungen für ihre Produkte an. Viele Firmen bieten Versicherungen für ihre Produkte an. All das können Sie im Upselling anbieten. *Anstatt so etwas kostenlos anzubieten, können Sie einfach 5 bis 50 % auf den Preis draufschlagen und dafür garantieren, dass Ihr Produkt das tut, was Sie versprechen.* Beispiel: Ein Kunstatelier pflegte bislang beschädigte Porträts kostenlos zu ersetzen. Ich riet dem Unternehmen, seine Kunden zu fragen, ob sie dafür 10 % mehr bezahlen würden. Jetzt kaufen 30 % der Kunden etwas, das das Kunstatelier früher kostenlos zur Verfügung stellte. Reiner Gewinn, Baby.

Zusammenfassung

- Ihr Attraktions-Angebot zeigt ein Problem auf. Upselling-Angebote (was auch immer Sie als Nächstes anbieten) lösen dieses Problem.

- Nutzen Sie den klassischen Upsell für *unmittelbare* Probleme, die durch Ihr vorheriges Angebot aufgezeigt wurden.

- Die Frage „Sie wollen doch sonst nichts mehr, oder?" bringt die Leute dazu, mit „Nein" zu antworten. Das funktioniert.

- Erhöhen Sie die Chance, dass Kunden Upselling-Angebote annehmen, indem Sie ihnen so schnell wie möglich Zugriff darauf geben.

- Verteilen Sie Boni, die eine Upselling-Möglichkeit schaffen. Eine tolle Gelegenheit, mehr Geld zu verdienen.

- Um mehr Chancen für Upsells zu bekommen, machen Sie BAMFAM zu Ihrem Lebensstil.

- Sie können so viele Upsell-Angebote machen, wie Sie wollen, solange Sie damit Probleme lösen.

- Sie verlieren nichts, wenn Sie anbieten, für jemanden ein Problem zu lösen.

- Wenn es für Ihr Unternehmen Sinn macht, können Sie Garantien, Gewährleistungen oder Versicherungen kostenpflichtig verkaufen, anstatt sie kostenlos anzubieten.

GRATIS-GESCHENK: Schauen Sie sich die Video-Schulung zum klassischen Upsell an [keine Anmeldung nötig]

Der erste Upsell, den jeder lernen sollte, ist der klassische Upsell. Es gibt eine Reihe kleiner Tipps, die einen großen Unterschied machen können. Ich habe eine Video-Schulung erstellt, damit Sie keine kleinen Details verpassen. Sie können sich das Video kostenlos unter acquisition.com/training/money ansehen. QR-Code für schnellen Zugriff.

Menü-Upselling

Das brauchen Sie nicht ... Sie brauchen das

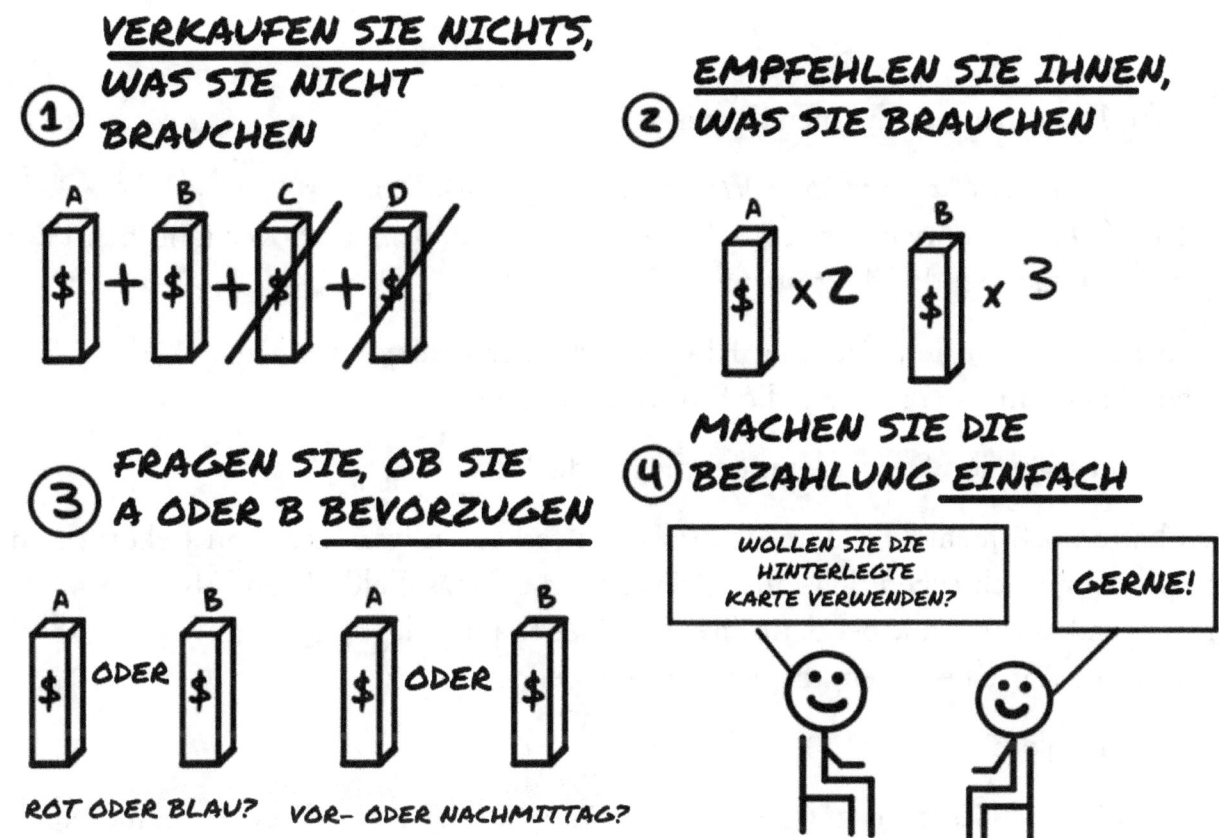

Dezember 2013.

Die Leute kamen wie immer ins Fitnessstudio, aber niemand interessierte sich für meine Nahrungsergänzungsmittel. Ich hatte irgendwo gelesen, dass volle Regale mehr Leute zum Kaufen bewegen. Also füllte ich meine Regale auf, mit allen Etiketten ordentlich in einer Reihe. Es funktionierte nicht. Ich hatte auch gelesen, dass die Leute kaufen würden, wenn ich ihnen von der coolen Wissenschaft dahinter erzähle. Auch das funktionierte nicht. Ich erzielte ein paar Mitleids-Käufe von treuen Mitgliedern, aber irgendetwas machte ich grundlegend falsch. *Warum bin ich so schlecht?*

An einem besonders anstrengenden Tag hatte ich neunzehn Ernährungsberatungen – und niemand hatte etwas gekauft. Es war echt mies. Dann kam die zwanzigste Kundin rein. Sie hatte eine schicke Handtasche und einen großen Diamantring am Finger. *Wenn ich ihr nichts verkaufen kann, sollte ich es einfach sein lassen.* Aber dann erinnerte ich mich: *Ich habe Waren im Wert von 5.000 Dollar im Regal stehen – ich muss mir was einfallen lassen!*

Wir gingen die Ernährungsberatung der Kundin durch und ich wurde nervös. Ich war so nervös, dass ich meinen Text vergaß. Anstatt über wissenschaftliche Dinge zu sprechen, fragte ich einfach: „Sie trinken einen Proteinshake zum Frühstück, mögen Sie Schokolade oder Vanille?"

„Welchen mögen Sie am liebsten?", fragte sie.

„Schokolade."

„Super. Dann nehme ich einen davon."

Moment mal, was ist gerade passiert? Ich habe nichts von den Vorteilen oder so erzählt. Ich habe sie einfach gefragt, was sie möchte ... und sie hat es mir gesagt! Ich verstand den Hinweis und ging zum nächsten Produkt über.

„Möchten Sie vor dem Training Kiwi- oder lieber Erdbeerlimonade?" – dann fiel mir ihre letzte Frage ein – „... ich mag die Erdbeerlimonade."

Lächelnd sagte sie: „Super, dann nehme ich die."

Ich hatte noch mehr Produkte, aber zwei zu verkaufen war schon ein Rekord, und ich wollte sie nicht abschrecken. Ich musste sie ja noch um das Geld bitten. Also nahm ich mir ihren Mitgliedsvertrag vor, bei dem ihre Kreditkarte hinterlegt war, und fragte: „Möchten Sie einfach die Karte benutzen, die wir schon haben?"

„Ja, das ist okay."

Nach diesem Gespräch tätigte ich Verkäufe an zwanzig Kunden hintereinander. Am Ende des Tages starrte ich ungläubig auf mein leeres Regal. *Ich weiß, wie man Nahrungsergänzungsmittel verkauft.*

Das Wichtigste: Zufällig hatte ich zwei Tricks entdeckt, die mein Upselling total veränderten. Erstens das <u>A-oder-B-Upselling</u>: Ich frage nicht, *ob* Kunden das Produkt überhaupt wollen, sondern *welche Variante sie* lieber hätten. Zweitens frage ich, *ob sie die hinterlegte Karte nutzen wollen*, anstatt sie zu bitten, ihre Kreditkarte wieder herauszuholen. Beide Tricks nutze ich immer noch.

August 2014.

Jetzt schloss ich einen Verkauf nach dem anderen ab. Bing, bang, boom. Es waren zwar keine großen Geschäfte, aber ich verkaufte regelmäßig. Jeden Monat startete ich eine neue Gruppe von Challenges. Und wie am Schnürchen verkaufte ich Nahrungsergänzungsmittel im Wert von 5.000 bis 10.000 Dollar. Nicht schlecht für einen Tag Arbeit!

Aber eines Tages kam eine Frau, die einfach nicht aufhörte, Fragen zu stellen. Sie wollte immer mehr Infos. Wie man die Nahrungsergänzungsmittel einnimmt. Wie viele. Wann. Zu welchen Zeiten. Was soll sie machen, wenn sie auf der Arbeit ist. Was, wenn sie zu Hause ist. Was ist, wenn sie im Fitnessstudio ist. Sie war echt hartnäckig. Ich hätte fast meinen nächsten Termin verpasst. Also schrieb ich ihr schließlich Schritt für Schritt auf einen Zettel, wie sie vorgehen sollte. *Nehmen Sie eine davon abends. Nehmen Sie zwei davon nach dem Mittagessen. Trinken Sie das nach dem Training. Bla-bla-bla.*

Ich ging mit ihr durch, was ich aufgeschrieben hatte, und fragte: „Alles klar?"

Sie nickte. „Danke!" Sie schnappte sich den Zettel und ging.

Meine nächste Kundin hatte unser ganzes Gespräch mitangehört. Sobald sie sich gesetzt hatte, fragte sie: „Könnten Sie das vielleicht so aufschreiben, wie Sie es für die andere Dame getan haben?" Ich versuchte, einen Seufzer zu unterdrücken – *ohne Erfolg.* Ich würde *wieder* zu spät zu meinem nächsten Termin kommen.

Aber ich tat, worum sie bat. Diesmal schrieb ich die Anweisungen direkt auf den Bestellschein. Neben jedem Artikel notierte ich, wie viel davon wann eingenommen werden sollte. Und weil ich meine Termine nicht noch einmal um eine Viertelstunde verschieben wollte, machte ich einfach das Upselling.

„Ich habe alle Anweisungen für die Anwendung hier aufgeschrieben. Möchten Sie einfach die hinterlegte Karte verwenden?", fragte ich.

„Ja, das ist in Ordnung."

Heiliger Bimbam! Sie kaufte einfach all diese Produkte ... und ich hatte sie nicht einmal gefragt.

Ich sagte es ihr einfach. Und sie tat es. Wie durch Zauberei.

Ab diesem Tag machte ich das immer so und meine 30-Tage-Gewinne schossen in die Höhe.

Fazit: Ich habe gelernt, dass *detaillierte* und *personalisierte* Anweisungen mehr Leute zum Kauf bewegen als vage und allgemeine Vorschläge. Ich nenne das „Rezept-Upselling".

November 2016

Mittlerweile reiste ich durchs Land, um Fitnessstudios für andere Leute aufzubauen. Dazu gehörte auch der Verkauf von Nahrungsergänzungsmitteln. Ich überzeugte Tausende von Menschen davon. Täglich traf ich 40 bis 50 Kunden. Zwei Kunden. Alle 30 Minuten. 12 Stunden am Stück. Allein mit dem Verkauf von Nahrungsergänzungsmitteln zahlte ich den Flug dorthin, mein Hotel *und* die Werbekosten. Ich wurde so gut, dass mir irgendwann die Produkte ausgingen. Das war so ein Tag.

Gerade hatte ich einer Frau das letzte von vier verschiedenen Produkten verkauft. In solchen Situationen würde ich dem nächsten Kunden alles verkaufen, was ich noch habe. Aber bevor ich der nächsten Kundin überhaupt etwas anbieten konnte, platzte sie heraus: „Kann ich einfach das nehmen, was sie genommen hat?" *Oh Mann.*

Ich sagte: „Tut mir leid, ich habe es gerade nicht da. Aber ehrlich gesagt, können Sie etwas Ähnliches im Laden die Straße runter für etwa 20 Dollar weniger bekommen. Es ist nicht ganz so gut, aber für den ersten Monat reicht es schon. Cool?"

„Vielen Dank für Ihre Hilfe." Sie schien so dankbar zu sein. Das tat gut. Also machte ich weiter mit dem *„Nicht-Verkaufen"*.

„Bei dem anderen Produkt ist es genauso. Auch nicht so gut, aber für den ersten Monat reicht es." Sie schien so glücklich zu sein. Jetzt konnte ich nicht mehr aufhören. Ich fing an, ihr Sachen nicht zu verkaufen, *die ich ihr sowieso nicht verkaufen wollte.*

„Sie wollen doch nicht zunehmen, oder?", scherzte ich.

„Oh Gott, nein!", lachte sie.

„Okay, super. Das hier brauchen Sie nicht", sagte ich und strich den Shake für Gewichtszunahme durch. „Oh, und Sie wollen doch nicht etwa Ihren Testosteronspiegel erhöhen, oder?"

„Nein, haha. Ich glaube nicht", sagte sie.

„Super. Das hier brauchen Sie auch nicht." Ich strich es durch. Dann fing ich an, ihr aus dem, was ich noch übrig hatte, Vorschläge zu machen. „Okay. Sie brauchen also zwei davon ... drei davon ..." und so weiter. Sie fand das toll *und kaufte alles ohne zu zögern.*

Fazit: Ich hatte mir echt Mühe gegeben, alles zu streichen, was sie nicht brauchte. Das baute genug Vertrauen auf, um ihr ein Upselling-Produkt, das sie *tatsächlich brauchen konnte,* zu verkaufen. Später ließ ich Produkte *extra* auf der Liste, *nur um sie zu streichen!* Ich nenne das „Unselling (= Nicht-Verkaufen)".

Beschreibung

Bei einem Menü-Upselling sagen Sie den Kunden, welche Optionen sie nicht brauchen. Dann sagen Sie ihnen, was sie brauchen, was ihre Vorlieben sind *und* wie sie den größtmöglichen Nutzen daraus ziehen können. Menü-Upsells kombinieren bis zu vier Taktiken: Unselling, Rezept-Upselling, A-oder-B-Upselling und Nutzung der hinterlegten Karte.

Zuerst mache ich <u>Unselling</u> – ich streiche alles, was die Kunden nicht brauchen.

Dann <u>schreibe ich ihnen auf</u>, was sie brauchen.

Drittens frage ich sie, ob ihnen <u>A oder B</u> lieber ist.

Abschließend vereinfache ich den Kauf, indem ich frage, ob sie die <u>hinterlegte Karte</u> nutzen wollen.

Unselling. Beim Unselling erklären Sie den Kunden, was sie nicht brauchen, um ihnen klarzumachen, was sie brauchen. Anstatt sie zu fragen, *ob* sie das Produkt kaufen wollen, erklären Sie ihnen, ***was sie nicht brauchen***, um ***sie für das zu begeistern, was sie brauchen***. Das Unselling hängt von den Bedürfnissen der Kunden ab. Wenn einige Optionen am besten passen, können Sie den Rest streichen. Nachdem Sie ihnen gesagt haben, was sie <u>nicht</u> brauchen ...

Rezept-Upselling. Wir sagen unseren Kunden, was sie brauchen. Rezept-Upsells funktionieren gut, wenn es unpraktisch ist, eine Auswahl anzubieten, und Sie nur ein Produkt haben, das das Problem löst. Das Rezept-Upselling besteht aus zwei wichtigen Komponenten. Erstens müssen Sie klarmachen, wie das Produkt mit den bereits gekauften Angeboten zusammenpasst. Zweitens personalisieren Sie das Produkt und erklären detailliert, wie man seinen Wert maximieren kann. Anstatt Kunden zu fragen, *ob* sie es kaufen möchten, erklären Sie ihnen, ***wie sie es verwenden können***, als ob sie es bereits hätten. Auch hier nehmen wir die Option „Nicht kaufen" weg, um die Wahrscheinlichkeit zu verringern, dass sie nichts kaufen. Und sobald ich ihnen genau erklärt habe, wie sie alles nutzen können ...

A-oder-B-Upselling. Wir fragen die Leute nach ihren Vorlieben. A-oder-B-Upselling funktioniert bei *mehreren Angeboten, die dasselbe Problem lösen*. Sie machen A-oder-B-Upselling, indem Sie die Leute nach ihren Vorlieben fragen. Anstatt zu fragen, *ob* sie ein

Produkt kaufen wollen (ja oder nein), fragen Sie, welches Produkt sie *__lieber hätten:__* A oder B. Beide Optionen führen zu einem Upselling. Wenn man Leuten die Wahl lässt, nicht zu kaufen, kaufen einige einfach nicht. Deshalb biete ich ihnen die Wahl zwischen zwei ähnlichen Produkten. Sobald sie wissen, was sie kaufen und wie sie es nutzen werden, schlage ich ihnen die einfachste Zahlungsmethode vor ...

Nutzung der hinterlegten Karte. Das ist das Tüpfelchen auf dem i bei all diesen tollen Upselling-Angeboten. Ich frage einfach: „Möchten Sie die hinterlegte Karte verwenden?" Anstatt zu fragen, *__ob__* sie bezahlen möchten, *__verweise__* ich die Kunden auf die Zahlungsmethode, die sie bereits nutzen. Das bringt mehr Leute zum Kaufen, weil es die „versteckten Kosten" des Kaufs senkt. Die Karte auswählen. Sie herausholen. Erinnerung an unangenehme Kaufentscheidungen in der Vergangenheit. Sogar der Stress, etwas in Eile kaufen zu müssen ... und wer weiß, was noch alles. Sie müssen nur wissen: Wenn Sie den Leuten den Kauf erleichtern, werden mehr Leute kaufen.

<u>Ich habe zehn Jahre gebraucht, um das zu lernen. Ich hoffe,
Sie können in zehn Minuten genauso viel davon profitieren.</u>

Beispiele

<u>Massagetherapie</u>

- *Unselling:* Wir bieten Lymphdrainagen an, aber Sie sind nicht schwanger oder haben gerade eine Operation hinter sich, oder? Dann können wir das streichen.

- *Rezept-Upselling:* Da Ihre Schulter wehtut, wärmen wir Sie erst einmal auf, massieren dann Ihre Triggerpunkte und machen anschließend ein paar dynamische Dehnübungen.

- *A-oder-B-Upselling:* Würden Sie das lieber vor der Arbeit oder auf dem Heimweg machen?

- *Nutzung der hinterlegten Karte:* Möchten Sie einfach die hinterlegte Karte verwenden?

<u>Hundefutter</u>

- *Unselling:* Du brauchst diese kleine Tüte und dieses Welpenzeug nicht – du hast doch einen großen Hund! Die Vitamine brauchst du auch nicht, weil sie schon im Futter enthalten sind.

- *Rezept-Upselling:* Du solltest deinem Hund zu jeder Mahlzeit einen von diesen Kauknochen geben. Und alle 90 Tage eine von diesen Waffeln gegen Herzwürmer. Und vergiss nicht, ihn nächsten Monat wieder vorbeizubringen. Lass uns gleich einen Termin vereinbaren.

- *A-oder-B-Upselling:* Mag dein Hund lieber Rind oder Huhn?

- *Nutzung der hinterlegten Karte:* Möchtest du einfach die hinterlegte Karte verwenden?

Digitales Produkt

- *Unselling:* Sie brauchen noch nicht alle acht Kurse. Sie müssen nur die Probleme X, Y und Z lösen. Ich sag Ihnen was: Ich schicke Ihnen kostenloses Material, mit dem Sie die Probleme X und Y lösen können. Dann brauchen Sie nur noch einen Kurs für Problem Z ...

- *Rezept-Upselling:* Aber um Z zu lösen, sollten Sie den Kurs auf jeden Fall auf *diese* bestimmte Weise absolvieren. Können Sie dafür täglich eine Stunde einplanen? Okay, super. So können Sie verhindern, dass später weitere Z-Probleme auftauchen.

- *A-oder-B-Upselling:* Möchten Sie lieber eine Direktnachricht oder telefonischen Support? Okay, super. Möchten Sie heute oder am Montag anfangen?

- *Nutzung der hinterlegten Karte:* Super. Wollen Sie einfach die hinterlegte Karte benutzen?

Profi-Tipp: „Nutzung der hinterlegten Karte" für erste Einkäufe – *Welche Karte möchten Sie verwenden?*

Wichtige Hinweise:

Machen Sie alles zu A-oder-B-Kaufoptionen. Sie können *alles* in ein A-oder-B-Angebot verwandeln. Hier ein paar Ideen: Menge (eine Flasche oder zwei?), Starttermine (morgen oder Montag?), Zahlungsart (bar oder Karte?), Geschmacksrichtungen (Schokolade oder Vanille?), Zeitfenster (morgens oder nachmittags?), Medien (lesen oder hören?), Liefergeschwindigkeit (Standard oder Express?), Größen (klein oder mittel?),

Farben (schwarz oder weiß?), Materialien (Papier oder Plastik?), Personal (John oder Sara?), Kommunikation (Anruf oder SMS?). Mit etwas Kreativität können Sie _alles_ zu einem A-oder-B-Upsell machen.

Wenn Sie ein A-oder-B-Angebot machen, versehen Sie es mit einem kleinen Anstupser in die richtige Richtung. Wenn Ihre Kunden noch nicht so viel Erfahrung mit Ihren Produkten oder Dienstleistungen haben, geben Sie ihnen einen kleinen Anstupser. _„Das ist mein Favorit"_ oder _„X ist normalerweise eine sichere Wahl"_ oder _„Viele Leute lieben das"_ oder _„Die Kurse am Dienstag sind etwas kleiner, falls Ihnen das gefällt"_ oder _„Amy kann super mit Schülern umgehen"._ Diese kurzen Hinweise helfen wirklich sehr dabei, den Verkauf anzukurbeln. (Tipp: Wenn Sie ein bestimmtes Produkt schneller verkaufen wollen, _weisen Sie auf dieses hin_.)

Wenn Sie ausverkauft sind, nehmen Sie das Geld und verschieben Sie die Lieferung. Ich habe erst später gelernt, dass ich einfach Verkäufe tätigen, die Ware bestellen und den Kunden mitteilen kann, wann ihre Käufe ankommen. So konnte ich eine viel größere Auswahl verkaufen, weil ich keinen Lagerbestand vorrätig halten musste. Wenn Ihnen ein Produkt ausgeht, nehmen Sie einfach das Geld und sagen Sie den Leuten, wann die Lieferung kommt. Sie werden überrascht sein, wie gut das klappt.

Mitarbeiter lieben es, Unselling zu machen. Oft helfen sie Kunden _gerne_ dabei, das System zu „überlisten". _Lassen Sie sie doch!_ Ermutigen Sie Ihre Angestellten, Kunden dabei zu helfen, das System absichtlich zu überlisten. Ihre Mitarbeiter kennen sich bestens aus, also lassen Sie sie den Kunden zeigen, wie sie das Beste aus Ihrem Angebot herausholen können. So gewinnen alle.

Eine anschauliche Erklärung finden Sie unten unter „Die ‚Economist'-Strategie".

DIE „ECONOMIST"-STRATEGIE

MIT NUR 2 OPTIONEN..

WENN WIR EINE „LOCK"-OPTION (3.) ZUM GLEICHEN PREIS WIE A+B HINZUFÜGEN...

$10 $20 $10 $20 $20

ODER   ODER   ODER

MEHR MENSCHEN NEHMEN   **MEHR MENSCHEN NEHMEN**

Wenn Sie zwei Optionen haben und möchten, dass die Leute beide kaufen

Ende der 1990er Jahre hat das Magazin „*The Economist*" angefangen, ein digitales Abonnement anzubieten, weil immer mehr Leute ihre Nachrichten online lasen. Aber die Publisher wollten auch ihr profitables Print-Abonnement behalten. Da sie dachten, dass die Leute beides kaufen würden, hat „*The Economist*" Folgendes angeboten:

A – Digitales Abonnement: 59 Dollar/Jahr
B – Digitales Abonnement plus Print: 125 Dollar/Jahr

Ergebnis: Die Verkaufszahlen der Printversion *brachen ein,* da die Kunden zur günstigeren Option wechselten. Ups.

Um das zu beheben, fügten sie eine Lockoption *zum gleichen Preis* wie das kombinierte Abonnement hinzu:

A – Digitales Abonnement: 59 Dollar/Jahr
B – Print-Abonnement: 125 Dollar/Jahr
C – Digitales Abonnement plus Print: 125 Dollar/Jahr

Ergebnis: Die Kunden entschieden sich jetzt für die Option C – Digitales Abonnement plus Print für 125 Dollar/Jahr.

Fazit: Bieten Sie drei Optionen an: Option A, Option B und Option C (beinhaltet A und B), aber setzen Sie den Preis für (C) genauso hoch wie den für die teurere Option (B). Solange Sie die Optionen preislich so gestalten, dass Ihre Margen erhalten bleiben, machen Sie dem Kunden die Wahl leicht *und verkaufen beides*.

Zusammenfassung

- Menü-Upsells funktionieren am besten, wenn Sie mehrere Angebote zur Verfügung haben.

- Menü-Upsells kombinieren bis zu vier Taktiken:

    o Unselling: Sie sagen den Kunden, was sie nicht brauchen.

    o Rezept-Upselling: Sagen Sie ihnen, was sie brauchen.

    o A-oder-B-Upselling: Fragen Sie sie, was sie lieber möchten.

    o Zuletzt mache ich den Kauf einfach, indem ich frage, ob sie die hinterlegte Karte verwenden möchten.

- Durch Unselling von Produkten mit geringerer Marge können Sie höherwertige Produkte besser verkaufen.

- Ermutigen Sie Ihre Mitarbeiter, absichtliches Unselling zu machen und das System zu „überlisten".

- Stupsen Sie neue Kunden sanft in die richtige Richtung: zu dem Produkt, das für sie sinnvoll ist.

GRATIS-GESCHENK: Schauen Sie sich die Schulung zum Menü-Upselling an

Ich gebe selten Befehle. Machen Sie es einfach. Schauen Sie es sich an. Ich könnte einen Meisterkurs zu diesem Upselling geben. Es hat mir Millionen eingebracht. Das ist alles. Gehen Sie einfach auf acquisition.com/training/money. Ja, es ist kostenlos. Nein, Sie werden es nicht bereuen. QR-Code für schnellen Zugriff.

Anker-Upselling

Das Einzige, was schlimmer ist, als jemandem mit einem Budget von 100 Dollar ein Angebot von 1.000 Dollar zu machen, ist, jemandem mit einem Budget von 1.000 Dollar ein Angebot von 100 Dollar zu machen.

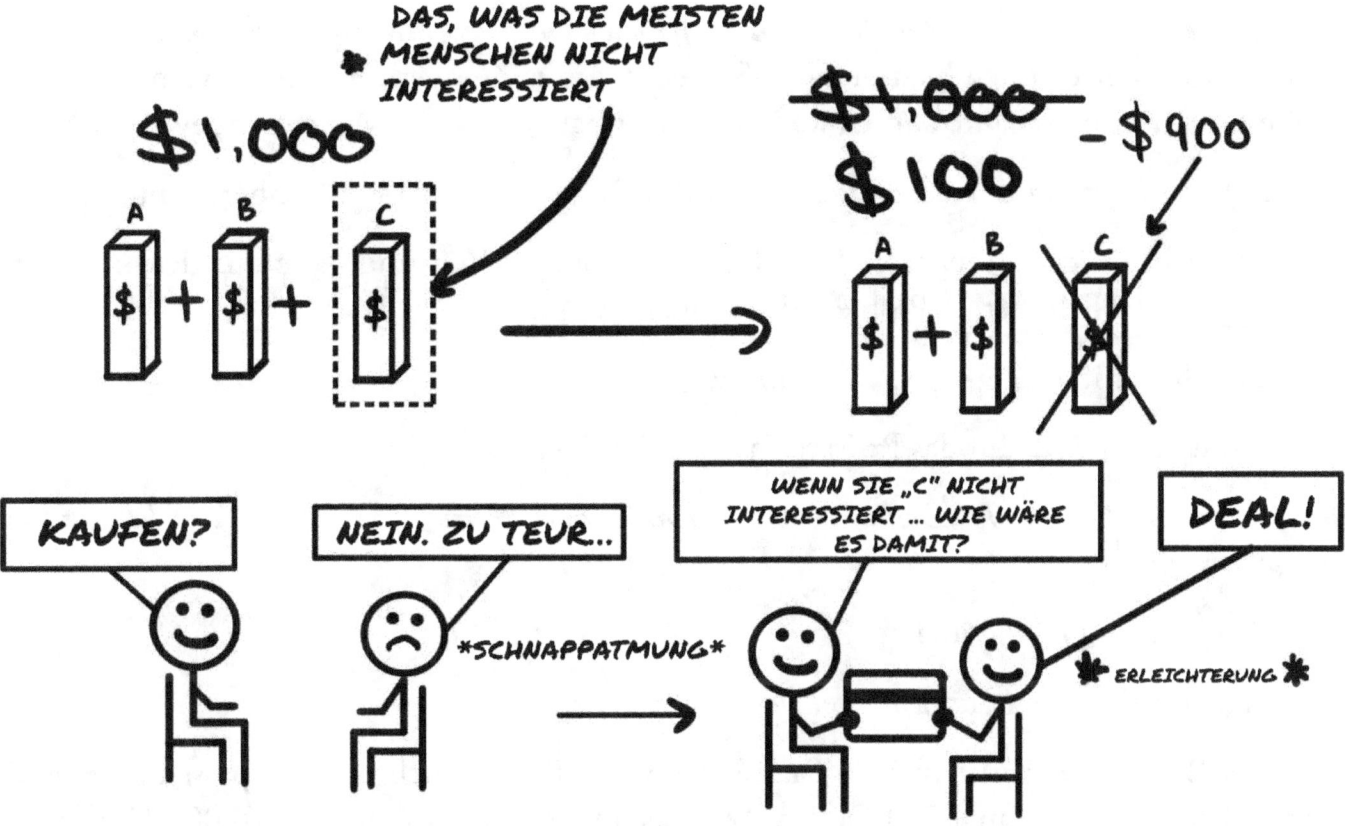

2016. Nach dem Start des Fitnessstudios, aber bevor ich Geld verdiente.

Die letzten fünf Jahre hatte ich ohne modisches Styling verbracht, nur in Jogginghosen und einem Tanktop. Aber jetzt hatte ich Gym Launch – und ein modebewusster Freund meinte, ich sollte professioneller aussehen. „Geschäftsleute tragen keine Tanktops, Alex. Ich kenne den Besitzer eines Anzuggeschäfts hier in der Nähe. Ich sag ihm, dass du kommst." Ich befolgte seinen Rat und ging hin.

Also plante ich 500 Dollar für einen Anzug ein – damals eine große Ausgabe. Ich betrat den Anzugladen und machte ein bisschen Smalltalk. Der Besitzer wusste, dass ich kommen würde. *Wow.* Ich erzählte ihm, dass ich gerade ein neues Unternehmen gegründet hatte und einen „Boss-Anzug" wollte. Er nahm meine Maße und holte dann zwei Anzüge aus dem Regal. Ich probierte den ersten an.

„Wie sieht er aus? Wie fühlst du dich?"

Ich lächelte. *Ich fühlte mich cool.* Wie ein reicher Typ. Das war ein gutes Gefühl. Er erzählte von ein paar Accessoires, aber ich hörte nicht wirklich zu. Ich war jetzt „zu cool", um zuzuhören (ha!). *Das wird super.* Er drehte sich um, um mit einem Angestellten zu reden. Ich drehte das Preisschild um, damit ich es sehen konnte ...

... *16.000 Dollar.* Ich wurde total rot. Ich dachte nur daran, dass *mein Kumpel den Besitzer gebeten hatte, sich Zeit für mich zu nehmen, und ich mir hier nichts leisten konnte.* Ich war total entsetzt. Ich hielt den Kopf gesenkt, um meine Verlegenheit zu verbergen. Ich holte tief Luft und schaute auf. Es war zu spät. Er hatte gesehen, wie ich rot geworden war.

Er kam mir zu Hilfe und fragte: „Ist dir der Designer so wichtig?" „Überhaupt nicht."

Kaum hatte ich geantwortet, drehte sich der Besitzer um und legte mir den nächsten Anzug über die Schultern. „Probiere den mal an", sagte er.

Ich schaute in den Spiegel. *Sieht gut aus.*

Dann schaute ich auf das Preisschild ... *2.200 Dollar.*

Es waren keine 500 Dollar. Aber es waren auch keine 16.000 Dollar. Ich atmete erleichtert auf.

„Ja, der passt. Ich nehme den."

Er zwinkerte mir zu und nickte. „Alles klar, Boss."

Der Besitzer verkaufte mir ein Paar Socken, ein Taschentuch und ein passendes Hemd dazu. Insgesamt noch mal 300 Dollar. Aber nachdem ich den Preis von 16.000 Dollar für den ersten Anzug gesehen hatte, kam mir *alles* günstig vor.

***

Rückblickend war das nicht das erste Mal, dass der Besitzer so etwas gemacht hatte. Er war ein echter Profi. Ich habe fünfmal mehr ausgegeben als geplant und fand das okay. Erst später wurde mir klar, dass er eine *Preisanker-Strategie* angewendet hatte.

Beschreibung

Mit Anker-Upselling bieten Sie erst einmal Premium-Sachen an. Wenn der Kunde nach Luft schnappt, werfen Sie eine günstigere, aber akzeptable Alternative in den Ring.

Im Grunde genommen werden immer *einige* Leute Ihr Hauptangebot kaufen, wenn Sie es präsentieren. Das ist klar. Aber wenn Sie zuerst eine Premium-Version vorstellen, die fünf- bis zehnmal so teuer ist, werden viele Leute ablehnen. Wenn Sie dann Ihr Hauptangebot präsentieren, erscheint es als *viel besseres Angebot*. Also werden mehr Leute es kaufen. Aha! Das ist die Macht von Anker-Upsells.

Anker-Upsells funktionieren am besten, wenn das günstigere Angebot die gleichen *Kernfunktionen* hat wie das Premium-Angebot. Mir war zum Beispiel der Designer nicht so wichtig. Ich brauchte einfach nur einen Anzug. Im Vergleich zum 16.000-Dollar-Anzug war der 2.200-Dollar-Anzug also ein *viel besseres Angebot*.

Anker-Upsells haben außerdem zwei tolle Vorteile. Erstens geben Kunden, die sich an einen Anker gebunden fühlen, mehr aus, als sie normalerweise würden. Zweitens *kaufen manche Kunden trotzdem das super teure Produkt*.

Hier sind die Schritte:

1) Stellen Sie den Anker vor – das richtig teure Ding.

2) Erzeugen Sie einen „Aha-Effekt" – rechnen Sie damit, dass der Kunde wegen des Preises Schnappatmung bekommt.

3) Kommen Sie zur Rettung – fragen Sie, ob das, *was das Produkt so besonders macht*, dem Kunden wichtig ist.

4) Präsentieren Sie Ihr Hauptangebot – rechnen Sie damit, dass der Kunde erleichtert ist und das *bessere Angebot* erkennt.

5) Fragen Sie, wie er bezahlen will – *Welche Karte bevorzugen Sie?*

Profi-Tipp: Das Einzige, was schlimmer ist, als jemandem mit einem Budget von 100 Dollar ein Angebot von 1.000 Dollar zu machen, ist, jemandem mit einem Budget von 1.000 Dollar ein Angebot von 100 Dollar zu machen.

In der ersten Situation verlieren Sie 100 Dollar. In der zweiten verlieren Sie 900 Dollar. Ich habe jede Menge Kunden und viel Geld verloren, *weil* die Kunden mehr wollten, als ich ihnen bieten konnte. Buh. Deshalb habe ich jetzt immer Premium-Upsells parat. Nur wenige Kunden kaufen sie, aber diese wenigen Kunden bringen *große Gewinne.* Bieten Sie daher immer Premium-Angebote an, *auch wenn die meisten Leute sie nicht kaufen.* Denken Sie daran: Sie verlieren keine Kunden, wenn Sie zuerst Premium-Angebote anbieten, *aber Sie WERDEN Geld verlieren, wenn Sie es nicht tun.*

Beispiele

Lokaler Service: Rasenpflege

Premium-Anker: Meine Handynummer, hochwertiger Mulch, natürliche Schädlingsbekämpfung, zweiwöchentliche Gartenpflege – 1.000 Dollar pro Woche

Hauptangebot: Die Nummer meines Teams, gewöhnlicher Mulch, normale Schädlingsbekämpfung, zweiwöchentliche Gartenpflege – 200 Dollar pro Woche

Physisches Produkt: Ein Gemälde

Premium-Anker: Super schützende Verpackung + 20 Jahre Versicherung + Geschenkverpackung = 1.000 Dollar

Hauptangebot: Normale Verpackung + 1 Jahr Versicherung + Geschenkaufkleber = 200 Dollar

Digitales Produkt: Newsletter

Premium-Anker: Alle bisherigen Ausgaben + neue Ausgaben + Lieferung 24 Stunden früher = 199 Dollar/Monat

Hauptangebot: Nur neue Ausgaben + pünktliche Lieferung = 19 Dollar/Monat

Wichtige Hinweise

Wenn Sie den Anker wie eine Täuschung behandeln, wird der Kunde das auch tun. Manche Leute haben schon von dieser Technik gehört. Probieren Sie es einmal aus. Wischen Sie das Premium-Angebot mit einem Lächeln beiseite. *Und sagen Sie dann, dass es nicht funktioniert.* Aber wenn Sie das machen, hat die Person es nie wirklich in Betracht gezogen, weil Sie es nie wirklich angeboten haben. Sie *haben nur so getan als ob.* Damit das funktioniert, müssen Sie es wirklich verkaufen wollen und Kunden müssen es wirklich in Betracht ziehen. Erst wenn sie innehalten, zögern oder nach etwas Anderem fragen, gehen Sie zum nächsten Schritt über.

Machen Sie ein Premium-Angebot, das die Leute wirklich kaufen wollen. Ein Freund von mir hatte echt Probleme, das hinzukriegen. Ich musste nur ein Telefonat mithören, um das Problem zu erkennen. Er erzählte von irgendwelchem Quatsch, den er eigentlich gar nicht verkaufen wollte. Also passten wir das Angebot so an, dass er es *wirklich* gerne liefern würde, wenn jemand dafür bezahlt ... und das taten sie auch. *Sein Gewinn verdreifachte sich.* Präsentieren Sie Ihr Premium-Angebot so, als *würden* Sie es wirklich verkaufen wollen. Wenn Sie das tun, werden einige Leute darauf eingehen. Und wenn nicht, haben Sie sie trotzdem an sich gebunden.

Ein guter Anker sorgt momentan für „Schnappatmung". Wenn Sie einen Anker-Upsell richtig durchführen, werden die Kunden kleine Panikattacken bekommen. Ich nenne das die „Schnappatmung". Früher hat mich das immer echt gestresst. Aber dann stellte ich etwas Wichtiges fest: Je heftiger die Schnappatmung, desto mehr haben sie gekauft.

Sobald Sie die „Schnappatmung" hervorgerufen haben – eilen Sie zur Rettung heran. In der Geschichte war bei mir die „Schnappatmung" ausgelöst worden. Dann rettete der Verkaufsprofi mein Ego, indem er mich fragte, ob mir der Designer wichtig sei. Als ich mit Nein antwortete, zeigte er mir den nächsten Anzug. Der Clou: Er hatte den Anzug zum Achtelpreis schon bereitgelegt, bevor ich überhaupt reagieren konnte. Er *wusste,* dass ich wahrscheinlich nach Luft schnappen würde. Und wenn Ihre Kunden nicht nach Luft schnappen, finden sie Ihr Premiumangebot wahrscheinlich angemessen ... also fragen Sie sie einfach, ob sie die hinterlegte Karte verwenden möchten (ha! Los, trauen Sie sich!). Verfallen Sie nur nicht selbst in Schnappatmung, wenn sie Ja sagen. Gern geschehen. Sie können mir später ein Bier ausgeben.

Um mehr Leute dazu zu bringen, Ihr Hauptangebot zu kaufen, machen Sie es zu dem besseren Deal. Passen Sie nur ein paar Features Ihres Premium-Angebots an, um Ihr Hauptangebot zu erstellen. Jedes Angebot hat Features. Einige Features sind wichtiger als andere. Die wichtigsten Features sollten gleichbleiben. Weniger Leute interessieren sich für sekundäre Features, *also ändern Sie diese.* So bekommen Kunden die gleichen Haupt-

Features und ein *viel besseres Angebot*. Die meisten Leute wollen einfach nur einen Anzug. Ein paar Leute wollen einen Designer-Anzug. Der Anzug ist das Haupt-Feature. Das Material, der Designer usw. sind zweitrangig. Nach der Verankerung wird das Hauptangebot zu einem *tollen Deal*, wenn Sie die Haupt-Features für ein Fünftel des Preises anbieten.

Zusammenfassung

- Wenn Sie ein teureres Angebot vor einem günstigeren machen, werden mehr Leute das günstigere Angebot kaufen, als wenn Sie nur das günstigere Angebot präsentiert hätten.

- Präsentieren Sie den Anker. Sorgen Sie für Schnappatmung. Eilen Sie zur Rettung herbei. Präsentieren Sie Ihr Hauptangebot. Bitten Sie um die Zahlung.

- Für eine möglichst effektive Verankerung sollte Ihr Premium-Angebot 5- bis 10-mal teurer sein.

- Bei einem Anker-Upselling geben Kunden etwas mehr aus, als sie eigentlich vorhatten.

- Behandeln den Anker nicht wie eine Täuschung, denn sonst macht der Kunde das auch. Sie verlieren Vertrauen *und* verschwenden Zeit.

- Wichtig: Einige Kunden werden das Premium-Angebot kaufen.

- Teure Premium-Angebote bringen mit weniger Verkäufen überdurchschnittliche Gewinne.

- Das Hauptangebot und das Premium-Angebot sollten die gleichen Haupt-Features haben.

- Das Premium-Angebot hat andere sekundäre Features – also „Premium"-Features.

- Nach der Verankerung macht das Angebot der Haupt-Features für ein Fünftel des Preises das Hauptangebot zu einem tollen Deal. Die Kunden erhalten „im Grunde das Gleiche" für viel weniger Geld.

GRATIS-GESCHENK: Schulung zu Anker-Upsells

Damit können Sie über Nacht wahnsinnig viel Geld verdienen. Das wird Ihr Leben verändern. Ich habe ein zusätzliches Video für Sie dazu erstellt. Keine Sorge, es ist kostenlos. Schauen Sie es sich unter acquisition.com/training/money an. Ich habe einen QR-Code für den schnellen Zugriff eingefügt.

Rollover-Upselling

Wollen Sie einfach weitermachen?

Juni 2014

Ich hatte im letzten Jahr in meinem Fitnessstudio ein Geld zurück-Angebot (Attraktions-Angebot Nr. 1) gemacht. Ein 600-Dollar-Fitnessprogramm, bei dem die Mitglieder ihr Geld zurückbekommen konnten, *wenn sie ein Ziel erreichten*. Es war ein Riesenerfolg. Ich verkaufte unzählige davon.

Aber es gab ein Problem. Gute Fitnessstudios haben viele regelmäßig wiederkehrende Einnahmen. *Ich hatte keine.* Die meisten Gewinner legten ihre 600 Dollar für eine dreimonatige Mitgliedschaft hin. Okay. Aber dann kündigten sie – noch bevor ihre erste Zahlung aus eigener Tasche anstand. Im Grunde verkaufte ich also „sechs Wochen kaufen, drei Monate gratis". Dann gingen die Kunden wieder. Nicht gut.

Die 600 Dollar waren meine *einzige* Einkommensquelle. Obwohl ich viele Leute in den Laden lockte, fing mein Umsatz jeden Monat bei null an. Das war echt stressig. Ich musste mir was Besseres einfallen lassen, um den Gewinn zu steigern.

Da postete mein Kumpel Justin, wie er hundert *neue* Mitglieder für wiederkehrende Einnahmen gewonnen hatte. Auch er hatte Leute mit einem Geld zurück-Angebot angelockt. Aber es gab einen Unterschied: Meine Kunden waren weg –und *seine kauften weiter bei ihm*. Also meldete ich mich einfach bei ihm an, um ihn zu beobachten. Er fand das total okay. Zwei Tage war ich bei ihm. Er und ich machten ein paar Sachen anders, aber nichts, was erklären würde, warum er *so viel* besser war als ich.

„Gibt es viele Leute, die ihr Geld zurückbekommen?"

„Ja", sagte er.

„Und was machst du mit all der Gratis-Zeit, die du dann zu vergeben hast?"

„Gratis-Zeit? Ha! Ich übertrage ihre Gewinne einfach in eine einjährige Mitgliedschaft."

„Was?"

„Ja, das müssen wir machen, damit wir das Geld verteilen können."

„Das Geld verteilen? Wovon redest du?"

„Im Ernst? Was – du gibst alles auf einmal zurück?" Er wartete nicht auf meine Antwort. „Wir geben ihnen einfach ein Jahr lang jeden Monat fünfzig Dollar Rabatt."

„Also, obwohl sie ihr Geld zurückbekommen, *müssen sie sofort anfangen zu zahlen?*"

„Klar. Ich will nicht, dass Leute nicht zahlen. Was ist das denn für ein Geschäft, das keine zahlenden Kunden hat?" Er lachte. „Sie kriegen ihr Geld trotzdem zurück ... es dauert nur ein Jahr."

Bumm. Das war es. Das fehlende Bindeglied in meinem Geldmodell.

***

Diese *eine* Sache, das Rollover-Upselling (Übertragungs- bzw. Verlängerungs-Upselling) hat mein Leben, das Leben von Tausenden von Fitnessstudio-Besitzern und das Leben unserer Kunden verändert. Der Rollover-Upsell hat *alles* verändert.

Anstatt zu *hoffen*, dass Kunden wieder Geld ausgeben, übertrage ich jetzt die Kosten für das, was sie gerade gekauft haben, *auf das nächste Produkt.* In Kombination mit teureren Angeboten schießen die 30-Tage-Gewinne in die Höhe.

Und obwohl ich den Rollover-Upsell auf diese Weise gelernt habe, brauchen Sie kein Geld zurück-Angebot, um ihn zu nutzen. <u>Sie können *jedem alles* verkaufen</u> (sogar Sachen, die Leute bei anderen Unternehmen gekauft haben ... hahaha).

Beschreibung

Rollover-Upsells schreiben einen Teil oder den gesamten Wert der vorherigen Einkäufe eines Kunden auf Ihr nächstes Angebot gut. Und das bringt meiner Erfahrung nach *viel mehr* Leute dazu, das Angebot anzunehmen. Sobald ich also weiß, wie viel Gutschrift ich geben kann, überlege ich mir drei Dinge: *Wem* verkaufe ich *was* und *wie* schreibe ich die Gutschrift gut?

Für *wen* verwende ich Rollover-Upsells? In vier Situationen:

Erstens, um Kunden, die schon länger nicht mehr da waren, wieder zu begeistern.

Zweitens, um verärgerte Kunden als bessere Alternative zu einer Rückerstattung zurückzugewinnen.

Drittens, um die verärgerten Kunden *anderer Leute* „zurückzugewinnen".

Viertens, um Stammkunden etwas zu verkaufen.

Was das „*was*" angeht, denken Sie daran, dass Sie ihnen *mehr von dem* verkaufen können, *was Kunden gerade gekauft haben, etwas Besseres* oder *etwas Neues und Anderes*. Um Geld zu verdienen: Übertragen Sie ihre Gutschrift auf etwas Teureres.

Und was das „*wie*" betrifft – Sie können den Rabatt ganz oder teilweise im Voraus gewähren oder über einen längeren Zeitraum verteilen.

Beispiele für Rollover-Upselling

Chiropraktiker: *Begeistern Sie frühere Kunden mit einer „Winback"-Kampagne*

Wer: Kunden, die seit sechs Monaten nichts mehr gekauft haben Was: Neuer Plan Wie: Gleich am Anfang

Sprechen Sie Ihre früheren Kunden an. Schauen Sie sich ihre Kaufhistorie an. Bieten Sie ihnen an, einige oder alle ihrer bisherigen Käufe auf etwas zu übertragen, das teurer ist als das, was sie gekauft haben.

Beispiel: *„Hallo Ms Banks, ich wollte Ihnen Ihr Geld zurückgeben, haben Sie kurz Zeit? Cool, ich wollte mal fragen, wie es mit Ihren* Rückenschmerzen läuft? Oh, das tut mir leid. *Ich habe aber gute Neuigkeiten. Als Dankeschön möchte ich Ihnen 500 Dollar zurückgeben, damit Sie* für immer schmerzfrei bleib*en. Haben Sie Interesse? Super ... dann kommen Sie vorbei ..."*

Zahnarzt: *Gewinnen Sie Ihre eigenen verärgerten Kunden mit Rollover-Upselling zurück*

Wer: Verärgerter Kunde Was: Zahnaufhellung Wie: 200 Dollar Guthaben im Voraus.

Die Person zahlt 200 Dollar für eine Zahnreinigung, findet aber nicht, dass ihre Zähne weißer geworden sind. Wir erklären ihr, dass sie mehr braucht, um mehr zu erreichen, und verkaufen ihr ein Zahnaufhellungspaket, das mehrere Sitzungen, ein Set für zu Hause und mehrere Tiefenreinigungen beinhaltet. Sie bieten ihr an, die 200 Dollar, die sie für die Reinigung bezahlt hat, auf das Aufhellungspaket anzurechnen.

Software: *Gewinnen (*Hüstel* Stehlen) Sie verärgerte Kunden anderer Unternehmen (zurück)*

<u>Wer</u>: Kunden der Konkurrenz <u>Was</u>: Servicevertrag <u>Wie</u>: Kostenübertragung, um den alten Vertrag zu kündigen

Sie finden unzufriedene Kunden von Mitbewerbern und rechnen ihnen ihre alten Einkäufe bei der Konkurrenz für einen neuen Einkauf bei Ihrem eigenen Unternehmen an. Übertragen Sie den Betrag, den sie ihnen schulden, als Gutschrift auf einen längeren Vertrag mit Ihrem Unternehmen.

Beispiel: *„Hallo John, ich habe deine negative Bewertung zu ihrem Produkt gesehen und bin darüber sehr traurig. Um das wieder gut zu machen, werde ich dir alle Zahlungen, die du noch bei ihnen zu leisten hast, für einen Wechsel zu uns gutschreiben. Auf diese Weise verlierst du nichts und kannst sofort von den Vorteilen profitieren. Ist das fair?"*

Mitgliedschaft: *Verteilen Sie die erste Zahlung über einen Zeitraum*

<u>Wer</u>: Bestandskunden <u>Was</u>: 12-monatige Mitgliedschaft <u>Wie</u>: Verteilen Sie den ersten Kauf

Jemand kauft ein kleines Servicepaket oder eine Mitgliedschaft für eine bestimmte Zeit. Sobald das passiert ist, können Sie anbieten, den ganzen Betrag für mehr Zeit zu verwenden – zum Beispiel für 12 Monate. Ich kann den Rollover-Upsell jederzeit machen, aber ich ziehe es vor, es gleich zu tun. Dabei nehmen Sie den Preis des ersten Kaufs und rechnen ihn als Rabatt auf den längeren Vertrag an. Bei einem ersten Kauf von 600 Dollar ergibt das zum Beispiel einen Rollover-Rabatt von 50 Dollar pro Monat für 12 Monate.

Wichtige Hinweise.

Nutzen Sie Rollover-Angebote, **um neue Kunden zu gewinnen.** Sie können zum Beispiel einen Teil oder den ganzen Betrag, den Kunden bei jemand anderem bezahlt haben, *auf Ihr Produkt* übertragen. Leads dafür finden Sie, indem Sie Kontaktinfos aus negativen Produktbewertungen sammeln, wenn das möglich ist. Und schon haben Sie eine brandaktuelle Liste mit Leads, die genau das brauchen, was Sie anbieten. Bonus: Schaffen Sie eine Möglichkeit, sich über Produkte Ihrer Branche zu beschweren (denken Sie an alle Medien, in denen Leute Kommentare hinterlassen können). Dann verkaufen Sie allen Ihr Rollover-Upselling. Fies.

Machen Sie Rollover-Upsells, *bevor* **Sie Geld zurückerstatten.** Das hat mir schon viele Kunden und viel Geld gerettet. Wenn Sie mal Mist gebaut haben (hey, das kann passieren), bieten Sie einen „Neuanfang" an. Und wenn die Kunden etwas anderes wollen, rechnen Sie ihren Kauf einfach auf das neue Produkt an.

Frühere Kunden sind immer noch Kunden. Verkaufen Sie ihnen mehr. Schreiben Sie frühere Kunden (die seit mindestens 6 Monaten nichts mehr gekauft haben) an. Schauen Sie sich an, wie viel sie vorher bezahlt haben. Überlegen Sie sich, wie viel Sie ihnen anbieten können. Machen Sie ihnen ein Angebot. Und setzen Sie es auch um. Ich habe das „Winback-Kampagnen" genannt. Für 200 ehemalige Kunden erstellte ich personalisierte Videos und bot ihnen 4.000 Dollar Guthaben an, wenn sie wiederkommen würden. Etwa 20 % nahmen das Angebot an. Ein Tag, an dem wir Videos aufgenommen haben, brachte uns etwa 1.900.000 Dollar mehr Jahresumsatz ein. Das hat sich echt gelohnt.

Machen Sie Rollover-Upsells dringlicher. Machen Sie sie zu einmaligen Angeboten. Wenn Sie mutig sind, machen Sie den Moment, in dem Sie das Angebot präsentieren, zum Zeitpunkt, an dem es angenommen werden muss. Ein Angebot, das es so nur einmal im Leben eines Kunden gibt. *Sie dürfen nicht darüber schlafen.* Und ja, ich weiß, dass sie das vielleicht nicht erwarten. Das ist der Punkt! Sie wollen sie überraschen und begeistern. Wenn sie also den Vorteil nutzen wollen, müssen sie *jetzt* zugreifen. Wenn nicht, ist das auch kein Problem. Sie können später immer noch den vollen Preis bezahlen.

So legen Sie den Preis für Ihr Rollover-Upselling fest. Um mit einem Rabattangebot Geld zu verdienen, müssen Sie nach dem gewährten Rabatt noch Gewinn machen. Da ich lieber Gewinn mache, versuche ich, das Upselling-Angebot mindestens viermal so hoch wie das Rollover-Guthaben zu setzen. Selbst wenn ich den gesamten Betrag des ersten Kaufs anrechne, beträgt der Rabatt also höchstens 25 %. Denken Sie daran, dass hier die Regeln für Rabatte gelten. Größere Rabatte bedeuten weniger Gewinn pro Verkauf, aber sie bringen mehr Verkäufe.

Sie müssen nicht den ganzen Betrag vom ersten Einkauf gutschreiben. Sie können so viel oder so wenig vom ersten Einkauf gutschreiben, wie Sie wollen. Ich schreibe immer den Betrag gut, von dem ich denke, dass er Kunden zum nächsten Kauf motiviert. Probieren Sie es aus, um den Sweet Spot zu finden.

Meine „berühmte" Geschenkkarten-Strategie. Sie können Rollover-Upselling als Lockangebot für neue *und* bestehende Kunden nutzen, indem Sie Geschenkkarten mit 90 % Rabatt bewerben. Beispiel: Geschenkkarten im Wert von 200 Dollar für 20 Dollar. Beschränken Sie den Kauf auf zwei Karten pro Kunde und legen Sie fest, *dass sie nur für andere Leute verwendet werden können.* Die Kunden kaufen sie als Geschenke und verschenken sie an ihre Freunde. Das macht das Angebot besonders attraktiv für die Feiertage.

Wenn Kunden die Geschenkkarte kaufen, fragen Sie sie, für wen die Karte bestimmt ist und ob sie Sie vorstellen würden. Wenn die Beschenkten dann vorbeikommen, rechnen Sie die Geschenkkarte an. Der *Wert* der Karte sollte 20 % des Preises von dem sein, was Sie als Nächstes verkaufen wollen. In unserem Beispiel verkaufen wir eine Geschenkkarte im Wert von 200 Dollar für 20 Dollar. Dann wenden Sie diesen Wert von 200 Dollar auf ein Angebot mit einem Preis von mindestens 1.000 Dollar an. Die Leute bezahlen Sie dafür, dass sie Sie ihren Freunden weiterempfehlen. Das ist ziemlich cool. Außerdem bekommen Sie noch etwas Kleingeld aus ungenutzten Geschenkkarten.

Zusammenfassung

- Mit Rollover-Upselling schreiben Sie einen Teil oder den ganzen Betrag von früheren Käufen eines Kunden auf Ihr nächstes Angebot gut.

- Um Rollover-Upsells zu machen, müssen Sie herausfinden, wem Sie etwas verkaufen können, was Sie verkaufen können und wie Sie die Gutschriften übertragen können.

- Wem Sie etwas verkaufen können: früheren Kunden, unzufriedenen Kunden, unzufriedenen Kunden anderer Leute, aktuellen Kunden.

- Was Sie als Upselling verkaufen können: mehr von etwas, etwas Besseres, etwas Neues oder etwas Anderes. Achten Sie nur darauf, dass Sie nach Anwendung der Gutschrift noch Gewinn machen.

- So können Sie die Gutschrift übertragen: Für den ganzen oder einen Teil des Kaufpreises. Auf einmal oder in Raten.

- Setzen Sie den Preis für Ihr nächstes Angebot mindestens viermal höher als den Gutschriftbetrag. Das ergibt einen Rabatt von 25 %.

- Um mehr Interessenten zu gewinnen, sollten Sie Dringlichkeit schaffen. Machen Sie Ihr Rollover-Upselling zu einem einmaligen Angebot.

GRATIS-GESCHENK: Rollover-Upselling-Schulung

Das ist der Upsell, den ich am häufigsten benutze. Er hat eine elegante integrierte Dringlichkeit und Goodwill. Ich habe ein Video für Sie gemacht, in dem ich Ihnen einen Teil des Skripts zeige, damit Sie sehen können, wie ich es mache. Es ist kostenlos und Sie müssen sich nicht anmelden. Schauen Sie es sich unter acquisition.com/training/money an. Ich habe einen QR-Code eingefügt, damit Sie schnell darauf zugreifen können.

SCANNE MICH

Upselling-Angebote – Fazit

Lösen Sie die Probleme der Reichen, sie bezahlen besser.

Jedes Mal, wenn Sie etwas *als Nächstes* anbieten, machen Sie ein Upselling. Upselling spielt eine Schlüsselrolle in Geldmodellen, da es *schneller* zu mehr Umsatz mit Kunden führt, als Sie sonst hätten. Und wenn Ihr Attraktions-Angebot schon die Kosten für die Kundengewinnung und Lieferung abdeckt, *ist mehr Geld nie verkehrt.*

Ich habe Ihnen die vier besten Upsellings gezeigt, die ich benutze: den klassischen Upsell, Menü-Upsells, Anker-Upsells und Rollover-Upsells. Sie sind der Schlüssel zu meinem Geschäftserfolg. Upsells verändern alles. Viele Unternehmen kommen damit über Nacht vom Geldverbrennen zum Geldverdienen.

Aber wie Sie wissen, ist das Geschäft nicht immer nur eitel Sonnenschein. Manchmal *sagen die Leute einfach Nein.* Das bringt uns zum nächsten Teil eines *100-Millionen-Dollar-Geldmodells* – Downselling-Angebote: *Was tun, wenn sie Nein sagen?*

ABSCHNITT IV:
DOWNSELLING-ANGEBOTE

Was Sie anbieten können, wenn die Leute Nein sagen.

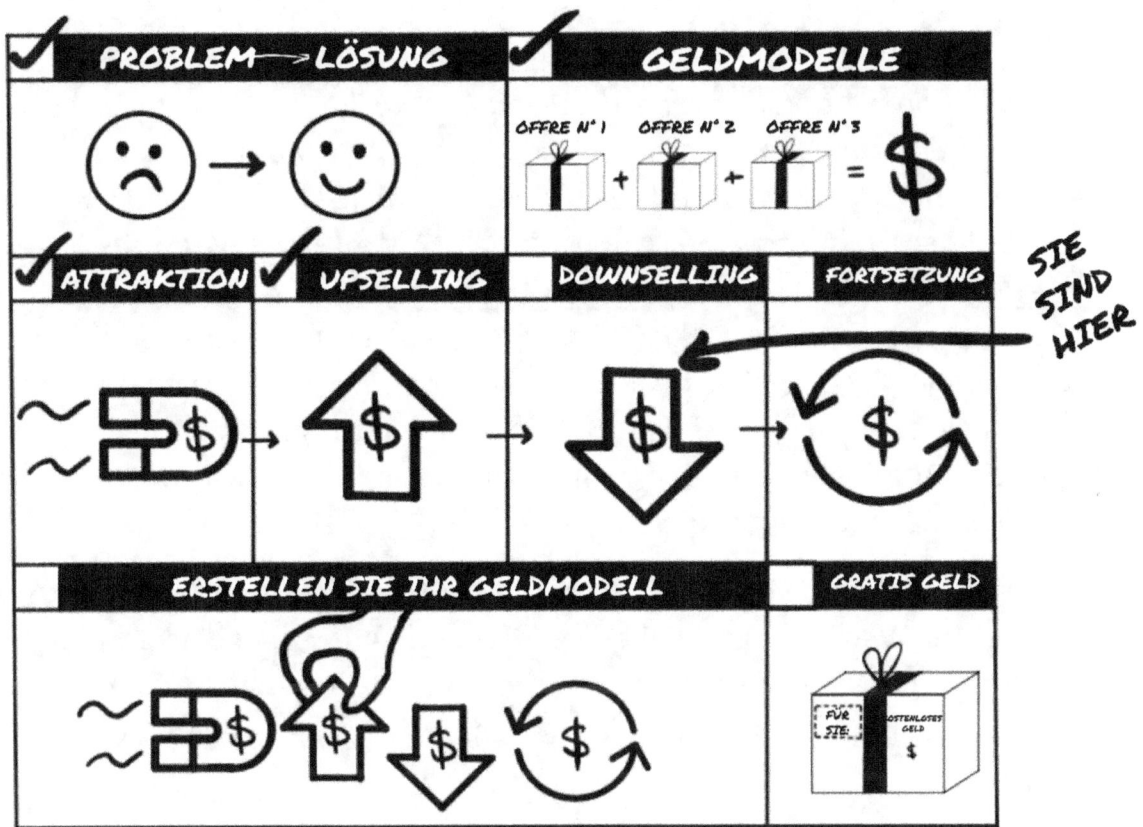

Im letzten Abschnitt haben wir Upselling-Angebote genutzt, um die Leute dazu zu bringen, mehr zu kaufen. Haben wir das gut gemacht, haben wir auch einen Gewinn erzielt. Ein weiterer Schritt nach vorne! Super ... aber was, wenn sie Nein sagen? → *Dann machen wir Downselling.*

Downselling passt das ursprüngliche Angebot an, um die beste Lösung *für das Budget des Kunden* zu finden. Somit ist jedes Angebot, das Sie machen, nachdem jemand „Nein" gesagt hat, ein Downsell.

Ich mache Downselling auf zwei Arten. Ich ändere entweder die Zahlungsweise oder *den Leistungsumfang*. Bei der Zahlungsweise gleiche ich das, was der Kunde sofort zahlt, und das, was er während der Laufzeit zahlt, aneinander an. Beim Leistungsumfang ändere ich die Menge, die Qualität oder biete etwas Anderes an.

107

Zuerst gehen wir meine Regeln für Downselling durch – *die gelten für alle meine Downselling-Prozesse.* Wenn wir dann zu den einzelnen Angeboten kommen, können Sie direkt loslegen und Downselling wie ein Profi machen.

Wie man Downselling <u>nicht machen sollte</u> – eine wahre Geschichte (berichtet von einer Freundin).

*„Ich wollte ein Auto kaufen und der Verkäufer wollte mir eine teure Versicherung aufschwatzen. Am Anfang sagte er, die Versicherung würde 5.000 Dollar kosten. Ich lehnte ab. Dann ging er mit dem Preis herunter. Und ich lehnte wieder ab. Er schraubte den Preis immer weiter herunter, bis die **gleiche Versicherung, die er <u>mir zuerst</u> für 5.000 Dollar angeboten hatte**, nur noch 400 Dollar kosten sollte! Ich sagte immer noch Nein. Zuerst sagte ich Nein, weil es zu viel Geld war, aber am Ende sagte ich Nein, weil ich dem Typen nicht vertraute. Die ganze Erfahrung hat sich irgendwie komisch angefühlt. Dann habe ich mich gefragt, ob er mich vielleicht auch beim Auto über den Tisch ziehen wollte. Und schließlich wollte ich das Auto auch nicht mehr von ihm kaufen!"*

Leute senken den Preis, um einen Verkauf abzuschließen. Aber selbst wenn Sie diesen einen Verkauf abschließen, wird der Kunde von diesem Zeitpunkt an jeden Preis, den Sie ihm anbieten, hinterfragen ... und auch jeder andere, dem er davon erzählt, wird das tun. Sie tauschen Vertrauen gegen Geld ein. Das ist es nicht wert.

Hinweis: Sie können etwas Anderes für weniger Geld anbieten. Sie können nur nicht *dasselbe* für weniger Geld anbieten. Hätte der Verkäufer ihr eine *andere* Versicherung für weniger Geld angeboten, anstatt *dieselbe* Versicherung für weniger Geld, hätte er wahrscheinlich ihr Vertrauen behalten und den Verkauf abgeschlossen.

Die Regeln des Downselling

Denken Sie daran – die Kunden haben *dieses* Angebot abgelehnt, nicht *alle* Angebote. Manchmal (oft) sagen Leute **Nein** ... *und das ist okay*. Nur weil sie *dieses Angebot* abgelehnt haben, heißt das nicht, dass sie *Sie* abgelehnt haben. Es tut weh, wenn jemand Sie ablehnt. Ich verstehe das. Aber sehen Sie es als das, was es ist – eine Chance, herauszufinden, was die Kunden wirklich wollen, und davon zu profitieren. Anstatt den Kopf in den Sand zu stecken, bleiben Sie standhaft und machen Sie ein neues Angebot. *Nein bedeutet Nein zu dieser Sache, nicht Nein zu allem.*

Downsells sind Verhandlungen. Beim Downselling suchen Sie gemeinsam mit dem Kunden nach einer Kombination aus Geben und Nehmen, bis Sie sich einig sind. *Wenn Sie etwas geben, sollten Sie auch etwas bekommen.*

Personalisieren Sie, drängen Sie nicht. Finden Sie heraus, was Ihre Kunden mögen und was nicht. Dann bieten Sie ihnen mehr von dem, was sie mögen, und weniger von dem, was sie nicht mögen – *zu einem passenden Preis*. Sie personalisieren hier. Wenn jemand mein Angebot für eine große Limo ablehnt, kann ich Alternativen anbieten. Ich könnte fragen, ob die Person eine kleine Limo, einen Saft oder einen Kaffee möchte. Bin ich unhöflich, wenn ich frage? Auf keinen Fall. Wenn ich ihnen einen besseren Service bieten kann, wäre es sogar unhöflich, *es nicht zu tun*.

Bieten Sie das Gleiche auf neue Art an. In einer perfekten Welt haben Sie jede Menge verschiedene Sachen zu verkaufen, sodass jeder etwas kauft. In der echten Welt beschränken Sie Downselling auf das, was Sie haben. Sonst sorgen Sie für Produkte (und Probleme) für hundert Unternehmen. Eine dumme Entscheidung. Betrachten Sie Downselling einfach als hundert Möglichkeiten, das anzubieten, was Sie schon haben.

Senken Sie nicht einfach Ihren Preis, nur um jemanden zum Kauf zu bewegen. Zuerst einmal ist eine Preissenkung kein Downselling, *sondern ein Rabatt*. Wenn jemand Ihr Produkt haben will, aber den Preis nicht zahlen will, ist das Pech. Sie *können* ihm aber anbieten, *jetzt* weniger zu zahlen und den Rest später – also einen Zahlungsplan. Aber egal, was Sie tun, ändern Sie nicht einfach den Preis, um jemanden zum Kauf zu bewegen, denn ...

Kunden reden über Preise. Testen Sie Preise auf jeden Fall aus. Legen Sie *im Voraus* fest, zu welchem Preis Sie Ihr Produkt einer bestimmten Anzahl von Leuten anbieten wollen. Das ist etwas ganz anderes, als jemandem spontan weniger zu berechnen, nur weil man Angst hat, den *aktuellen* Verkauf zu verlieren. Kunden reden miteinander. Wenn sie erfahren, dass jemand dasselbe Produkt „*einfach so*" günstiger bekommen hat, – dann werden die Leute verärgert sein. Und es wird auch zu einem ethischen Problem, zumindest für mich. Vermeiden Sie das.

Als Nächstes

Ich verwende drei einfache und äußerst effektive Downselling-Prozesse:

- Zahlungsplan-Downsells (*wie sie bezahlen*)

- Testphase mit Strafgebühr (*wie sie bezahlen*)

- Feature-Downsells (*was sie bekommen*)

Diese Downsell-Prozesse steigern den 30-Tage-Gewinn noch weiter. Sie tun dies, indem sie noch mehr Verkäufe erzielen, wenn Kunden eigentlich Nein gesagt hätten. Und ich finde sie super, weil man sie mit nur ein paar kleinen Änderungen in sein Geschäft integrieren und schon heute davon profitieren kann.

GRATIS-GESCHENK: Video-Schulung zu Downselling-Angeboten

Die Leute sagen Nein. Bleiben Sie ruhig. Konzentrieren Sie sich. Überlegen Sie sich, was Sie als Nächstes anbieten wollen. Ich habe ein Video gemacht, in dem ich dieses Kapitel ausführlich für Sie durchgehe. Sie können es sich kostenlos unter acquisition.com/training/money ansehen. Ich habe einen QR-Code eingefügt, damit Sie schnell darauf zugreifen können.

SCANNE MICH

Zahlungsplan-Downsells

Wie viel können Sie heute anzahlen?

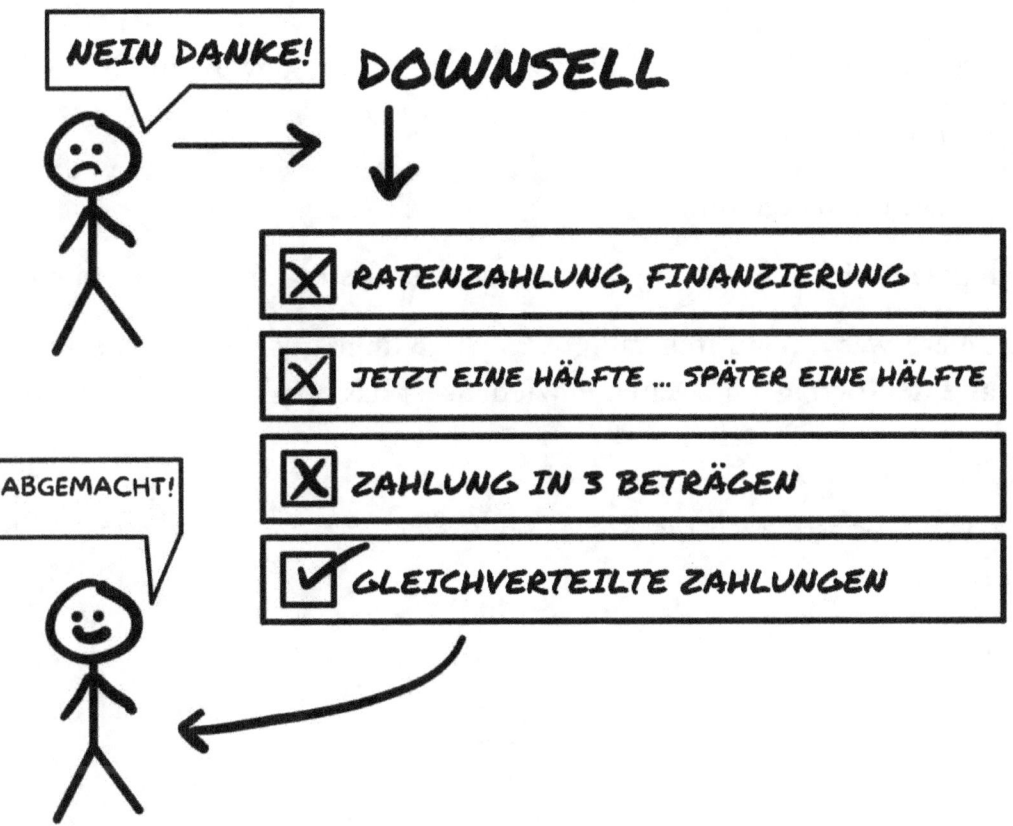

August 2013

Es war mein erster richtiger Monat im Geschäft. Ich hatte noch genau eine Monatsmiete auf meinem Konto … und *ich hatte noch nie einen Fremden dazu gebracht, mir Geld zu geben.* Und jetzt musste ich in den nächsten Wochen Dutzende von Fremden dazu bringen, mir Geld zu geben – nur um die Miete bezahlen zu können.

In der ersten Woche machte ich nur ein paar Verkäufe. Wenn das so weitergegangen wäre, hätte ich bald Hunger leiden müssen. Ich hatte Albträume davon, als Versager nach Hause zurückzukehren. Der Gedanke war unerträglich. Ich war verzweifelt.

Am nächsten Morgen kam eine Kundin rein und ich begann mein übliches Verkaufsgespräch. Sie meinte: „Das kann ich mir nicht leisten." Normalerweise hätte ich einfach aufgegeben. Aber ich brauchte das Geld *wirklich* dringend. In meiner Verzweiflung platzte es aus mir heraus: „Okay, wann bekommen Sie Ihr Gehalt?"

„Am ersten."

„Okay, zahlen Sie jetzt einfach die Hälfte und den Rest, wenn Sie Ihr Gehalt bekommen."

„Das kann ich mir auch nicht leisten."

„Okay – wollen Sie dieses Programm wirklich machen?"

„Ja, will ich."

„Wie wäre es, wenn Sie in drei Raten zahlen und heute davon ein Drittel bezahlen?"

„Das geht immer noch nicht."

„Hm … Was können Sie tun?

„Ehrlich gesagt nichts. Aber ich kann den ganzen Betrag am ersten zahlen."

Meine Miete war am fünften fällig. *Bingo*. „Klingt gut. Geben Sie mir einfach Ihre Karte, ich lasse den Betrag am zweiten einziehen. Ist das okay?"

„Ja, super!"

Zwei Wochen belastete ich die Karte. *Und es klappte.* Mein allererster Zahlungsplan – ein voller Erfolg.

Halleluja.

***

Zahlungspläne funktionieren immer, egal wie viele Nullen der Preis hat. Ich habe damit schon Millionen verdient und benutze sie immer noch. Aber Zahlungspläne sind ein Glücksspiel. Sie müssen also wissen, wie man sie richtig einsetzt. Ich weiß, wie es geht, und zeige Ihnen genau, wie auch Sie es machen können.

Zahlungspläne sind ein Glücksspiel, weil sie auf die eine Art Geld bringen, *aber auf zwei Arten Geld kosten können*. Man verdient mehr, wenn man mehr Kunden hat und diese ihre Zahlungen leisten. Man verdient weniger, wenn Leute kündigen, bevor man Gewinn macht. Am meisten verliert man, wenn Leute, die eigentlich alles sofort bezahlt hätten, einen Zahlungsplan wählen – und dann frühzeitig kündigen.

In diesem Kapitel geht es darum, wie Sie mit Zahlungsplänen möglichst viel Geld verdienen und möglichst wenig verlieren. Ich gehe das Risiko ein, wenn ich weiß, dass ich gewinnen werde. Mit diesem Leitfaden können Sie das auch.

Beschreibung

Wenn die meisten Leute „Downselling" hören, denken sie an weniger, an schlechtere Qualität, an günstigere Preise und so weiter. Das ist klar. Aber ich verkaufe lieber, indem ich dasselbe Produkt noch einmal anbiete. Ich weiß, das klingt verrückt, aber hören Sie mir kurz zu. Anstatt etwas Anderes anzubieten, verteile ich die Kosten, indem ich einen Teil sofort berechne und den Rest in Raten zahlen lasse. Ich nenne das einen Zahlungsplan-Downsell. Schauen wir uns einmal an, wie das funktioniert.

Viele Leute lehnen Angebote ab, weil sie „zu viel kosten". Manchmal stimmt das auch. Aber als Reaktion darauf geben Unternehmer und andere Verkäufer sofort Rabatte oder verkaufen billigere Produkte, *nur damit die Leute „Ja" sagen*. In *vielen* Fällen bedeutet „das kostet zu viel" aber *eigentlich* „das kostet *jetzt* zu viel". Mit anderen Worten: Die Leute denken, dass Rabatte funktionieren, weil Kunden weniger für das Produkt bezahlen. Aber wenn man genauer hinschaut, ist es eigentlich nur deshalb so, weil sie *in diesem Moment* weniger bezahlen. Zahlungspläne bieten also das Beste aus beiden Welten. Sie bringen mehr Käufer, weil die Kunden in diesem Moment weniger bezahlen. Aber sie steigern auch Ihren Gewinn, weil die Kunden im Laufe der Zeit immer noch den vollen Preis bezahlen.

Mein Zahlungsplan-Downselling-Prozess hat bis zu sieben Schritte. Dabei geht es darum, mehr Geld sofort zu bekommen und den Rest später. Ich höre auf, wenn die Kunden kaufen. Hier sind die Schritte:

1) Belohnen Sie Kunden besser für eine vollständige Bezahlung, statt sie für Ratenzahlung zu bestrafen.

2) Bieten Sie Finanzierungen durch Dritte, Kreditkarten und Ratenzahlungsoptionen an.

3) Bieten Sie an, die Hälfte sofort und die andere Hälfte später zu zahlen.

4) Überprüfen Sie, ob die Kunden das Produkt noch wollen.

5) Bieten Sie eine Aufteilung in drei Beträgen an.

6) Bieten Sie gleichmäßig verteilte Zahlungen an.

7) Bieten Sie eine kostenlose Testphase an.

Schauen wir uns das mal der Reihe nach an.

Beispiel für einen Zahlungsplan-Downselling-Prozess

Schritt 1) Belohnen Sie Kunden besser für eine vollständige Bezahlung, statt sie für Ratenzahlung zu bestrafen. Wenn ich das Risiko eines Zahlungsplans eingehe, erhöhe ich den Preis. Normale Unternehmen tun dies, indem sie Zinsen berechnen. Ich mache es aber so, dass ich einen <u>Rabatt</u> gewähre, *wenn der Kunde den gesamten Betrag auf einmal bezahlt.*

Überlegen Sie einmal, wie Firmen normalerweise Zinsen berechnen – sie sagen im Grunde: „*Wenn Sie jetzt bezahlen, kostet es 10 Dollar, aber wenn Sie später bezahlen, kostet es 15 Dollar, weil wir 5 Dollar Zinsen berechnen.*" Das macht keinen Spaß.

Stattdessen sage ich*: „Es kostet 15 Dollar ... aber nur 10 Dollar, wenn Sie im Voraus bezahlen. Sie sparen 5 Dollar ... so machen es die meisten Leute.*" Dazu präsentiere ich den Preis *inklusive Zinsen.* Dann biete ich die Vorauszahlung als Möglichkeit für einen Rabatt an. Auf diese Weise gestalten wir das Angebot freundlicher *und* profitieren von einem Preisanker. Die Rechnung ist dieselbe, aber es fühlt sich besser an.

Wenn Interessenten Nein sagen, versuche ich, ihnen ein günstigeres Angebot zu machen. Aber trotzdem versuche ich, meine Bezahlung sofort zu bekommen ...

Schritt 2) Bieten Sie Sie Finanzierungen durch Dritte, Kreditkarten und Ratenzahlungsoptionen an.

<u>Finanzierung durch Dritte</u>: Das heißt, ein anderes Unternehmen bezahlt mich jetzt und der Kunde hat einen Zahlungsplan *mit diesem anderen Unternehmen.* Autohändler machen das ständig. Der Händler erhält heute das Geld von der Finanzierungsgesellschaft und der Kunde bezahlt morgen die Finanzierungsgesellschaft.

Hinweis: Es ist etwas Arbeit, eine Finanzierung durch Dritte zu organisieren. Aber die Mühe lohnt sich auf jeden Fall.

<u>Kreditkarte</u>: Fragen Sie einfach: „Möchten Sie lieber, dass ich die Zahlungsbedingungen festlege, oder möchten Sie das selbst entscheiden?" Die meisten sagen, dass sie lieber selbst entscheiden möchten. Dann schlage ich ihnen vor, mit Kreditkarte zu bezahlen. So bekomme ich mein Geld noch am selben Tag und die Kunden können die Kreditkartenabrechnung später bezahlen. Ich finde es echt verrückt, dass diese Umformulierung funktioniert. Aber es funktioniert. Ich urteile nicht, ich handle einfach.

<u>Ratenzahlung</u>: Ratenzahlung heißt, dass man das Produkt *erst* bezahlt, *wenn* man es hat. Sie können so viele Raten zahlen, wie Sie wollen. Sie können sich so viel Zeit nehmen, wie Sie brauchen, um alles zu bezahlen. Aber Sie bekommen das Produkt erst, *wenn alles bezahlt ist.* Das ist für Sie total flexibel und für uns das geringste Risiko.

Wenn sie das ablehnen, gehe ich zu Schritt 3 über.

Schritt 3) Bieten Sie an, die Hälfte sofort und die andere Hälfte später zu zahlen. Ich frage zuerst: *„Wann bekommen Sie das nächste Mal Ihr Gehalt?"* Danach frage ich: *„Möchten Sie heute die Hälfte bezahlen und den Rest, wenn Sie Ihr Gehalt bekommen?"* Wenn das nicht geht, frage ich: *„Wie viel können Sie heute maximal bezahlen?"* Wenn der Kunde einen Betrag nennt, sage ich: *„Super. Wir nehmen das heute und den Rest, wenn Sie Ihr Gehalt bekommen. Ist das okay?"* Ich finde es gut, Zahlungen an Gehaltszahlungen zu koppeln, da die meisten Leute alle zwei Wochen ihr Gehalt bekommen. Das steigert den 30-Tage-Gewinn viel mehr als monatliche Zahlungen.

Wenn Kunden das nicht können, halte ich kurz inne, um sicherzugehen, dass sie das Produkt wirklich wollen.

Schritt 4) Überprüfen Sie, ob die Kunden das Produkt noch wollen. Kein Zahlungsplan wird einen Kunden zufriedenstellen, der das Produkt nicht haben will. Vergewissern Sie sich also, dass die Person Ihr Produkt wirklich haben will, bevor Sie sich weiter um den Verkauf bemühen. Ich würde vielleicht etwas sagen wie: *„Verstanden. Das Geld ist also gerade knapp. Nur ganz schnell. Ich möchte mich vergewissern. Auf einer Skala von 1 bis 10, wie sehr möchten Sie das haben/tun?"* Wenn sie 8 oder mehr sagen, bieten Sie weiterhin Zahlungspläne an und sagen Sie: *„Super. Keine Sorge. Wir finden schon eine Lösung, damit das klappt."* Wenn sie 7 oder weniger sagen, fragen Sie: *„Warum nicht 10?"* und sagen Sie dann etwas wie: *„Sie haben recht. Ich glaube, wir haben etwas, das besser zu Ihnen passt."* Dann verkaufen Sie ihnen etwas Anderes (Feature-Downsells – dazu später mehr).

Schritt 5) Bieten Sie eine Aufteilung in drei Beträgen an. Wenn Kunden auf der Skala 8–10 sagen, reduziere ich die sofortige Zahlung von der Hälfte auf ein Drittel. Ich biete eine Option mit drei Zahlungen an: ⅓ jetzt und je ⅓ mit den nächsten beiden Gehaltszahlungen – oder – ⅓ jetzt und je ⅓ in den nächsten zwei Monaten.

Schritt 6) Bieten Sie gleichmäßig verteilte Zahlungen an. Wenn die Kunden das immer noch nicht schaffen, verteile ich die Zahlungen gleichmäßig über den Rest der Laufzeit der Dienstleistung. Gym Launch dauerte zum Beispiel sechzehn Wochen, also habe ich ihnen jede Woche etwas berechnet (insgesamt sechzehn Mal). Wenn das immer noch Probleme macht, gehe ich zu Schritt 7 über.

Schritt 7) Bieten Sie eine kostenlose Testphase an. Ich biete kostenlose Testphasen auf eine besondere Art an. Deshalb habe ich das nächste Kapitel diesem Thema gewidmet. Aber hier endet der Verkauf. Zumindest vorerst.

Dieser Zahlungsplan-Downselling-Prozess umfasst bis zu *neun* Angebote. Und wenn Sie das verrückt finden, verdienen Sie wahrscheinlich viel weniger Geld und bedienen viel weniger Kunden, als Sie könnten.

Wichtige Hinweise

„Wippen"-Downselling. Wenn Sie weniger Schritte bevorzugen oder weniger erfahrene Verkäufer haben, können Sie diesen Zahlungsplan-Downselling-Prozess nutzen. Anstatt den ganzen Betrag zu verlangen, fragen Sie einfach: *„Möchten Sie lieber große monatliche Zahlungen oder kleine?"* Die Kunden werden kleine Zahlungen wählen. Dann sagen Sie: *„Normalerweise kostet es XXX. Wenn Sie heute im Voraus bezahlen, bekommen Sie einen großen Rabatt und keine monatlichen Zahlungen. Ist das okay?"* So stellen Sie den Zahlungsplan nachteilig dar und betonen die Vorteile der Vorauszahlung.

Wenn sie dann sagen, dass sie sich das nicht leisten können, sagen Sie ihnen, dass ihre monatlichen Zahlungen umso niedriger sind, je mehr sie jetzt anzahlen. *„Wenn Sie sich das nicht auf einmal leisten können, verstehe ich das total. Wir passen die Anzahlung einfach an, bis Sie eine monatliche Rate finden, die Ihnen passt."* Das ist immer noch ein Anreiz für eine höhere Anzahlung, um die monatlichen Zahlungen zu senken. Wenn der Kunde immer noch Nein sagt, fragen Sie ihn, ob er das Produkt noch will. Wenn ja, ziehen Sie Ihren Stuhl zu ihm an den Tisch und gehen Sie mit ihm die Optionen durch. Der Verkauf wird zu einer Teamleistung. Ganz einfach.

Zahlungspläne haben eingebaute Upsells: Machen Sie während des Zahlungsplans regelmäßig Angebote für den ursprünglichen Rabatt bei vollständiger Bezahlung. Wenn die Kunden den Restbetrag begleichen, können sie immer noch den ursprünglichen „Vorauszahlungsrabatt" bekommen. Das funktioniert echt gut. Die Kunden vergessen oft, dass sie diese Option haben. Wenn wir sie ihnen also anbieten, springen einige sofort auf die Gelegenheit an. Geben Sie Ihren Verkäufern den gleichen Bonus für den Abschluss des Restbetrags, um sie zu motivieren, nachzufassen. Und denken Sie daran: *Wenn Sie den Leuten die Möglichkeit geben, langsamer zu zahlen, werden sie auch langsamer zahlen. Wenn Sie sie motivieren, schneller zu zahlen, werden sie auch schneller zahlen.* Wenn Sie also möchten, dass sie schneller zahlen, geben Sie ihnen einen guten Grund dafür.

Weniger abgelehnte Zahlungen. Richten Sie Ihre Zahlungspläne nach den Gehaltszahlungen aus. Wenn Sie an Tagen abrechnen, an denen die Leute ihr Geld bekommen, ist die Wahrscheinlichkeit höher, dass sie zahlen. Außerdem kommen die Gehaltszahlungen bei jedem zu unterschiedlichen Zeiten, also versuchen Sie es an einem Tag mehrmals, wenn die Zahlung zuerst abgelehnt wird. Diese Strategie habe ich von John (meinem ersten Mentor) gelernt. Mit diesem kleinen Trick hole ich oft ein Drittel meiner abgelehnten Zahlungen zurück.

So stellen Sie sicher, dass Sie mit Zahlungsplänen Geld verdienen. Nach der Einführung von Zahlungsplänen sollte Ihre Abschlussquote steigen. Klar. Aber wenn die Zahl der vollständigen Zahlungen sinkt, haben Sie ein Problem. Sie haben gerade

Leute, die den ganzen Betrag auf einmal bezahlt hätten, in Zahlungspläne gesteckt! *Sie möchten also insgesamt mehr Verkäufe abschließen, aber mit dem gleichen Prozentsatz an vollständigen Zahlungen.*

Beispiel: Wenn ich mit zehn potenziellen Kunden rede, mache ich vielleicht drei Verkäufe. Wenn ich einen Downsell mache, schaffe ich vielleicht noch drei Verkäufe mehr (insgesamt sechs). Im zweiten Fall bekomme ich also mein Geld im Voraus von den ersten drei *und* die Zahlungen von den zweiten drei. So stellen Sie sicher, dass Downsells Ihren 30-Tage-Gewinn richtig steigern.

Ein weiterer Grund, hoch anzufangen, bevor Sie sich nach unten arbeiten. Profitwell (ein Unternehmen, das Abonnements verwaltet) hat Daten zur Abwanderung von 14.000 Unternehmen zusammengetragen. Dabei hat man diese wertvolle Erkenntnis gewonnen: In *allen Unternehmen* hat die Abrechnungshäufigkeit einen Einfluss auf die monatliche Abwanderungsrate.

Bei monatlicher Abrechnung (12 x pro Jahr) lag die monatliche Kündigungsrate bei 10,7 %.

Bei vierteljährlicher Abrechnung (4 x pro Jahr) lag die monatliche Kündigungsrate bei 5 %.

Bei einer jährlichen Abrechnung (einmal pro Jahr) gab es nur 2 % monatliche Kündigungen.

Ich präsentiere die Preise bereits in der Reihenfolge vom höchsten zum niedrigsten Vorauszahlungsbetrag. Das macht die Kunden langfristig auch wertvoller. Beginnen Sie also hoch (weniger größere Zahlungen) und arbeiten Sie sich nach unten vor.

Fazit: Eine Änderung der Zahlungsweise kann einen *enormen* Einfluss auf die Kundenbindung haben. Wir gehen in Abschnitt V: Fortsetzungsangebote näher auf Kundenbindung und Abwanderung ein.

Zusammenfassung

- Zahlungsplan-Downsells verteilen die Kosten für ein Produkt, indem ein Teil im Voraus bezahlt wird und der Rest in festgelegten Raten.

- Zahlungspläne ziehen mehr Käufer an, ähnlich wie Rabatte, können aber auch den Gewinn steigern, da die Kunden sich bereit erklären, den vollen Preis über einen bestimmten Zeitraum zu zahlen.

- Zahlungspläne bringen Ihr Geschäft nur dann voran, wenn Sie mehr Kunden gewinnen und diese auch wirklich bezahlen.

- Schritt 1) Nennen Sie den vollen Preis und bieten Sie dann einen Rabatt an, wenn der Kunde den ganzen Betrag auf einmal bezahlt.

- Schritt 2) Bieten Sie eine Finanzierung durch Dritte an, dann die Möglichkeit zur Zahlung per Kreditkarte und schließlich eine Ratenzahlungsoption.

- Schritt 3) Teilen Sie die Zahlung in zwei Raten auf. Legen Sie die Termine entsprechend den Gehaltszahlungen der Kunden fest.

- Schritt 4) Fragen Sie den Kunden, ob er das Produkt noch auf einer Skala von 1 bis 10 haben will. Sie brauchen eine 8 oder höher.

- Schritt 5) Teilen Sie die Zahlung in drei Teile auf. Legen Sie die Termine auf die Gehaltszahlungstage oder monatlich fest.

- Schritt 6) Legen Sie gleiche Zahlungen über einen bestimmten Zeitraum fest.

- Schritt 7) Bieten Sie Kunden eine kostenlose Testphase an, wenn sie ihre Kreditkarte hinterlegen. Mehr dazu im nächsten Kapitel.

- „Wippen"-Downselling führt schrittweise von einer vollständigen Bezahlung zu gleich hohen Raten.

- Zahlungsplan-Upselling: Kunden erhalten den ursprünglichen Rabattpreis, wenn sie den Restbetrag heute sofort bezahlen.

- Passen Sie die Zahlungspläne an die Gehaltszahlungen an, um weniger abgelehnte Zahlungen zu erhalten.

Wenn am Ende *immer noch* jemand nicht zahlen will, bieten wir ihm eine kostenlose Testphase im Austausch für die Hinterlegung seiner Kreditkarte an. Aber das ist keine gewöhnliche kostenlose Testphase. Ich mache das auf eine ganz besondere Art und Weise. Ich habe Jahre gebraucht, um das zu perfektionieren. Das ist also unser nächster Schritt. *Sie werden es lieben.*

GRATIS-GESCHENK: Video-Schulung zu Downsell-Angeboten

Mit gut durchdachten Zahlungsplänen können Sie fast immer mehr verkaufen und mehr Geld verdienen. Ich habe mich selbst dabei gefilmt, wie ich die Step-Downs mache, damit Sie sie für Ihre Produkte nachmachen können. Wenn Sie gerne in verschiedenen Formaten lernen (was ich echt empfehle), können Sie sich das Ganze unter acquisition.com/training/money ansehen. Ich habe einen QR-Code eingefügt, damit Sie schnell darauf zugreifen können.

Testphase mit Strafgebühr

Wenn Sie X, Y, Z machen, können Sie kostenlos anfangen.

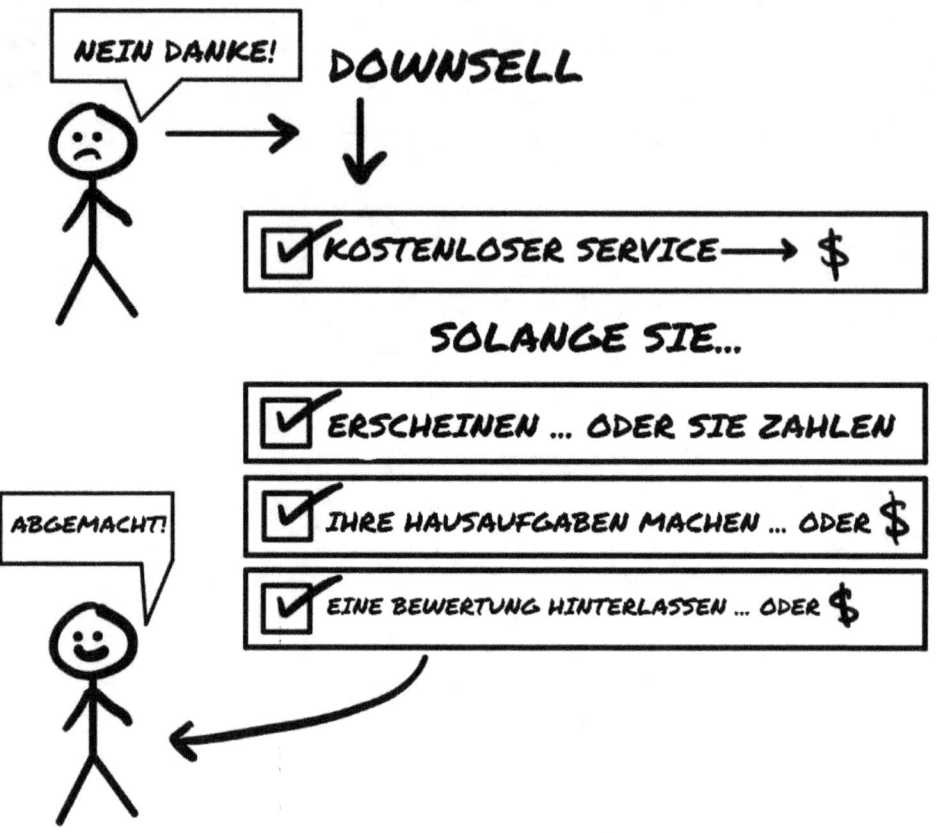

Frühjahr 2018.

Gym Launch wuchs schnell. Mit mittlerweile 100 Mitarbeitern brauchte Leila bessere Tools für das Personalmanagement, um alles im Griff zu haben. Nach monatelangen Gesprächen mit verschiedenen Human-Resources-Firmen fand sie endlich eine Lösung, die ihr gefiel. Und zu meiner Überraschung war sie nichts Besonderes – sie sah aus wie alle anderen.

„Ja, die Software ist kompliziert", meinte sie. „Aber sie haben mich überzeugt."

„Echt? Wie haben die das geschafft?"

„Sie hatten ein Testangebot mit einem seltsamen Twist. Das war ziemlich clever."

„Was haben sie dir angeboten?"

„Sie sagten, wenn ich ihre Schulung mache, bekomme ich die Einarbeitung gratis. Aber wenn ich die Schulung auslasse, muss ich dafür bezahlen!"

„Und was hast du gemacht?"

„Ich habe die Schulung natürlich gemacht."

„Also haben sie deine Kreditkarte genommen, du hast die Schulung gemacht – und *dann musstest du nichts für die Einarbeitung bezahlen?*"

„Ja!" sagte sie mit einem Lächeln. „Und jetzt kann ich die komplizierte Software auch wirklich benutzen."

Aha-Erlebnis.

„Moment mal ... du hast doch Nein gesagt. Dann haben sie dir als Downselling eine kostenlose Testphase verkauft, mit der Bedingung, dass sie dir *eine Strafe berechnen* können, wenn du sie *nicht* nutzt?"

„Im Grunde genommen schon. Ich meine, es macht Sinn. Ich musste mich damit auseinandersetzen und jetzt will ich mich nicht mehr mit komplizierter Software von anderen rumschlagen ... also bleiben wir dabei!"

„Du hast recht. Das ist ziemlich clever."

***

Das Softwareunternehmen nutze das Angebot einer Testphase mit Strafgebühr als *Attraktions-Angebot* – aber ich nutze Testphasen lieber im *Downselling*. Also verkaufe ich die Testphase nur, wenn ein Kunde mein erstes Angebot ablehnt. Und wenn Sie es so machen, wie ich es Ihnen gleich zeigen werde, ändert sich nur, was der Kunde heute bezahlt – nicht, wie viel er *insgesamt* bezahlt.

Beschreibung

Bei einem Angebot mit Strafgebühr können Kunden Ihr Produkt oder Ihre Dienstleistung kostenlos testen, *solange sie Ihre Bedingungen erfüllen*. Zum Vergleich: Bei Geld zurück-Angeboten (Attraktions-Angebot Nr. 1) können Kunden ihr Geld zurückbekommen, *wenn sie die Bedingungen erfüllen*. Bei Angeboten mit Strafgebühr zahlen Kunden nur, *wenn sie die Bedingungen nicht erfüllen*.

Im Idealfall sollten die Bedingungen so sein, dass sie dem Unternehmen hervorragende Kunden bringen. Sie sollten also die Aktionen und Ergebnisse widerspiegeln, die Sie in Ihrem Geld zurück-Angebot nutzen. Aber dieses Mal nutzen wir *die Vermeidung von Gebühren* (statt die Rückerstattung von Geld), um die Einhaltung zu fördern.

Bei der Testphase mit Strafgebühr geht es also nicht um „Hier ist mein Angebot – probieren Sie es aus und schauen Sie, ob es Ihnen gefällt". Es geht um *„Hier ist mein Angebot, Sie bekommen es kostenlos, <u>solange Sie diese Bedingungen erfüllen</u> ... wodurch Sie perfekt für mein nächstes Angebot geeignet sind. Und wenn Sie das nicht tun, <u>dann</u> müssen Sie dafür bezahlen"*.

Um einen solchen Downsell zu machen, müssen Sie sich überlegen, was die Leute tun müssen, um die Gebühr zu vermeiden, und wie Sie sie berechnen. Normalerweise bringen Sie einen Teil der Leute dazu, Ihr Hauptangebot zu kaufen. Also bieten Sie das zuerst an. Und den Rest bekommen Sie mit diesem Downsell. Nehmen wir an, Sie schließen normalerweise mit drei von zehn Leuten einen Vertrag über Ihr Attraktions-Angebot ab. Und jetzt verkaufen Sie an vier *weitere* einen Downsell – die Testphase mit Strafgebühr. Nach Ablauf der Testphase tätigen Sie mit drei dieser Kunden weitere Verkäufe. So kommen Sie von drei Verkäufen auf sechs *Verkäufe* – und *verdoppeln* Ihre Kundenzahl! Wenn Sie nur ein Angebot haben, verlieren Sie alle, die Nein sagen. Testphasen mit Strafgebühr geben den Leuten eine zweite Chance, Ja zu sagen.

Ich ärgere mich immer noch über die vielen Kunden, die ich über die Jahre durch kostenlose Testphasen verloren habe, bevor ich das hier gelernt habe. Aber jetzt können wir sie zurückgewinnen! Mit der Testphase mit Strafgebühr ist das möglich.

Beispiele

Angebot für Privatkunden: 28-Tage-Plan zum Aufgeben einer schlechten Gewohnheit

- ☐ Um die kostenlose Testphase zu erhalten (und die Strafgebühr zu vermeiden), musst du ...
- ☐ An allen Beratungsgesprächen teilnehmen.
- ☐ Einmal pro Woche deine Fortschritte in der Gruppe posten.
- ☐ Täglich in unserer App Tagebuch führen.
- ☐ An Feedback-Gesprächen und Transformationssitzungen (auch bekannt als Upselling-Chancen) teilnehmen.

Angebot für Unternehmen: 5-tägige „Gewinnen Sie Ihre ersten 5 Kunden"-Challenge

- ☐ Um die kostenlose Testphase zu bekommen (und die Strafgebühr zu vermeiden), müssen Sie …

- ☐ 100 Nachrichten pro Tag verschicken.

- ☐ Statistiken zu ausgehenden Nachrichten melden.

- ☐ An der täglichen Schulung teilnehmen.

- ☐ Täglich in der Gruppe posten, sobald Sie Ihre Hausaufgaben erledigt haben.

- ☐ Am Abschlussgespräch (Upselling-Möglichkeit) teilnehmen.

Software: 500 Dollar für die Einführung in die HR-Software, danach 99 Dollar pro Monat

- ☐ Testphase mit Strafgebühr: Sie müssen nicht sofort 500 Dollar bezahlen, aber Sie müssen …

- ☐ An der Einführungsveranstaltung teilnehmen, die aus drei 60-minütigen Zoom-Anrufen (Upselling-Möglichkeiten) besteht.

- ☐ Die Hausaufgaben machen.

- ☐ Ihr Arbeitgeberprofil aktivieren.

- ☐ Ihre Mitarbeiter bis zum Ende des dritten Anrufs einrichten.

Sonst müssen Sie die Gebühr bezahlen.

Wichtige Hinweise

Was Kunden umsonst bekommen und was sie machen müssen, um die Gebühr zu vermeiden. Sie müssen sich überlegen, wie Ihre *Nutzungsbedingungen* aussehen. Die wichtigen Teile sind entweder Ihr Basisangebot (wie das Attraktions-Angebot) *oder* Ihr Geld zurück-Angebot. Beides funktioniert. Ich würde empfehlen, lieber mehr zu geben als weniger – wenn Sie es sich leisten können. Die Kriterien sollten Kunden aktivieren und binden. Sie können diese direkt aus Geld zurück – Attraktions-Angebot Nr. 1 übernehmen.

Strafgebühren aufteilen oder alles auf einmal? Stellen Sie sich vor, Sie haben ein Produkt für 500 Dollar, bei dem zehn Sachen zu erledigen sind. Ich würde lieber 50 Dollar für jeden Fehler berechnen, als gleich 500 Dollar, wenn der Kunde beim ersten Mal einen Fehler macht. Wenn aber ein einziger Fehler den Erfolg komplett ruiniert, sollte die Gebühr das auch widerspiegeln. Ich habe beides schon erlebt.

Wie Sie die Testphase im Downselling verkaufen. Hier ist eine Grafik, die zeigt, wie ich eine Testphase mit Strafgebühr in fünf Schritten als Downsell verkaufe.

Bieten Sie die Testphase als Letztes an. Wenn jemand sagt, dass er Ihr erstes Angebot nicht will, dann verkaufen Sie die Testphase mit Strafgebühr. Das könnte so klingen: *„Hm … das ist eine Zwickmühle. Ich sag Ihnen was: Wie wäre es, wenn Sie einfach kostenlos loslegen? Wäre das okay für Sie? Wir helfen Ihnen einfach und wenn es Ihnen gefällt, können Sie dabeibleiben. Geben Sie mir Ihren Ausweis und wir können loslegen – fair, oder?"*

Lassen Sie sich immer eine Kreditkarte geben. Schreiben Sie die Infos auf, behalten Sie den Ausweis in der Hand und fragen Sie nach der Kreditkarte mit den Worten: *„Welche Karte möchten Sie verwenden?"* Der Kunde muss eine Kreditkarte hinterlegen. Wenn er sich weigert, sagen Sie einfach: *„So machen wir das immer."* Wenn er sich dann immer noch weigert, wünschen Sie ihm einen schönen Tag und bringen Sie ihn zur Tür.

Profi-Tipp: Wenn jemand nicht bereit ist, seine Karte zu hinterlegen *und* die Arbeit zu erledigen, verkaufe ich ihm nichts. Solche Kunden beschweren sich mehr und kaufen weniger. Der Aufwand lohnt sich nicht.

Verkaufen Sie immer „Weitermachen und Bezahlen". Fragen Sie <u>direkt</u>: *„Wenn dieses Programm Ihnen das gewünschte Ergebnis bringt, bleiben Sie dann langfristig dabei?"* Sie möchten, dass Kunden sich zu einer langfristigen Teilnahme verpflichten, wenn Sie ihnen Ergebnisse liefern. Wenn sie Nein sagen, macht es keinen Sinn, ihnen eine Testphase anzubieten.

Dann führen wir das Gespräch so, als würden die Kunden langfristig dabeibleiben, auch wenn wir noch nicht angefangen haben, ihnen etwas zu berechnen. Wenn sie also „Nein" sagen, aber mehr Infos wollen, sagen Sie etwas wie: *„Ich möchte nicht, dass Sie es nur ausprobieren. Ich will, dass Sie Ergebnisse sehen. Und aus Ehrlichkeit möchte ich realistische Ziele setzen. Während dieser Testphase werden Sie Ihre langfristigen Ziele nicht erreichen. Aber Sie werden Gewohnheiten entwickeln, die Ihnen dabei helfen werden. Und dabei unterstützen wir Sie kostenlos. Wenn Sie jedoch langfristige Ergebnisse erzielen möchten, müssen Sie danach weitermachen. Ich möchte nur sicherstellen, dass Sie nicht nach einer schnellen Lösung suchen — denn das kann ich Ihnen aus ethischen Gründen nicht versprechen."*

Sobald die Kunden einverstanden sind, fahren Sie fort.

④ ERKLÄREN, WIE GEBÜHREN MOTIVIEREN

> DAS IST JA WIE EIN ZUSÄTZLICHER ANREIZ, MEIN ZIEL ZU ERREICHEN!

> SIE MÜSSEN IN DEN NÄCHSTEN 21 TAGEN AN 8 TRAININGSEINHEITEN TEILNEHMEN ... UND UM SIE ZUR VERANTWORTUNG ZU ZIEHEN, WERDEN WIR IHNEN NUR DIE KOSTEN IN RECHNUNG STELLEN, WENN SIE NICHT ERSCHEINEN.

Erklären Sie die Gebühren, *nachdem* Sie ihre Kreditkarte bekommen haben. Ich sage etwas wie*: „Wir machen unseren Teil, solange Sie Ihren machen. Das ist fair, oder? Jetzt bitte ich Sie nur, dass Sie auf sich selbst setzen — wenn Sie etwas verpassen oder auslassen, werden Ihre Ergebnisse darunter leiden. Wir berechnen eine Gebühr, um Sie auf Kurs zu halten. Wenn Sie etwas verpassen, ist das keine große Sache. Sie müssen eine kleine Gebühr zahlen, aber dafür sind Sie wieder auf Kurs. Wenn Sie dranbleiben, bekommen Sie alles kostenlos. Das ist also der beste Weg, wie wir Ihnen tolle Ergebnisse liefern und Ihnen den Service kostenlos anbieten können. Das Beste aus beiden Welten."*

Tipp: Wenn Sie die Gebühren erklären, *bevor* Sie die Kreditkarte bekommen, werden Sie mehr Widerstand bekommen. Erklären Sie sie also lieber *danach* mit einer *„So machen wir das schon immer"*-Einstellung. Die Leute müssen den Gebühren trotzdem zustimmen, aber auf diese Weise bekommen Sie eine höhere Akzeptanzrate. Ich lasse meine Kunden immer separat neben den Gebührenklauseln unterschreiben, um meine Vertriebsmitarbeiter zu zwingen, diese zu erklären.

⑤ VERKAUFS-MEETINGS ZUM TEIL DER TESTPHASE MACHEN

> DAS MACHT SINN. DIE SIND FÜR MICH, UM ZU GEWINNEN.

> OBEN DRAUF BEKOMMEN SIE 3 EINZELBERATUNGEN.
>
> WIR BERECHNEN IHNEN DIESE, WENN SIE SIE VERPASSEN, DENN NUR SO KÖNNEN WIR IHNEN ERGEBNISSE LIEFERN.

Check-ins zur Pflicht machen. Zuerst erklären wir *alle* Kriterien, damit Kunden die Kosten und Vorteile der Einhaltung verstehen. Dann machen wir auf die Check-ins (unsere Upselling-Möglichkeiten) aufmerksam: *„Ja, und Sie stimmen zu, an allen drei Check-ins teilzunehmen. Beim ersten machen wir X, damit Sie [Vorteil eins] bekommen, beim zweiten machen wir Y, damit Sie [Vorteil zwei] bekommen ... beim dritten machen wir Z, damit Sie [Vorteil drei] bekommen ... Natürlich berechnen wir Ihnen diese, wenn Sie sie verpassen, weil wir nur so Ergebnisse für Sie erzielen können."*

Wie ich aus einer Testphase heraus einen Upsell mache. Wenn jemand eine Testphase ausprobiert, gibt es drei Möglichkeiten: Entweder er mag das Produkt, er mag es nicht oder er nutzt es einfach nicht. Hier zeige ich Ihnen, wie ich in jedem Fall einen Verkauf mache.

1) <u>Wenn er das Produkt mag</u>: Das ist ganz einfach. Sie haben bereits die automatische Abrechnung eingerichtet. Super! Treffen Sie sich trotzdem mit dem Kunden. Sie können ihm immer noch eine längerfristige oder hochwertigere Version Ihrer Dienstleistung (oder beides) anbieten. Erfolgreiche Kunden profitieren in der Regel noch mehr von Ihren besseren (und profitableren) Angeboten.

2) <u>Wenn er es nicht mag</u>: *Drehen Sie den Spieß um.* Fragen Sie ihn, was er lieber anders hätte. Sagen Sie ihm, dass er total Recht hat und dass Sie sauer auf sich selbst sind, weil Sie das übersehen haben. *Geben Sie dem Kunden nicht die Schuld.* Nur einer kann sauer sein – und das sollten Sie sein. Fragen Sie ihn, ob er Ihnen eine Chance gibt, es wieder gut zu machen, weil Sie so empört über seine Erfahrung sind. Und dass Sie jetzt, da Sie seine Bedürfnisse besser verstehen, wissen, dass diese besser zu Ihrem höherwertigen Angebot passen. Dann bieten Sie es ihm an. Ja – das ist ein Verkauf. Ich kann etwa die Hälfte solcher Leute zum Kauf bewegen.

3) <u>Wenn er es nicht genutzt hat.</u> *Kontaktieren Sie den Kunden mehrmals, bevor es so weit kommt.* Erklären Sie ihm, dass Sie sich mit ihm treffen müssen. Bieten Sie ihm an, die Gebühr zu erlassen, wenn er das tut. Jetzt können Sie versuchen, ihn wieder an Bord zu holen oder ihm etwas Besseres anzubieten. Ich mag es nicht, Leuten etwas in Rechnung zu stellen, die gar nicht erst mit der Testphase anfangen. Eine kleine Gebühr ist eine 1-Stern-Bewertung nicht wert. Aber hey, es ist Ihre Entscheidung.

Optimieren Sie Ihre Testphase, um möglichst viele Kunden zu gewinnen. Wenn niemand Ihre Testphase nutzt, senken Sie die Anforderungen oder die Strafgebühren. Wenn Leute Ihre Testphase nutzen, aber nicht weitermachen, erklären Sie ihnen, wie die Gebühren ihnen helfen, und machen Sie Verkaufsgespräche zu einem Pflichttermin. Wenn Kunden nicht dabeibleiben, sollten Sie besser herausstellen, wie wertvoll es ist, dabei zu bleiben und zu bezahlen. Verbessern Sie außerdem Ihre Bereitstellung der Leistung und stellen Sie sicher, dass das, was Sie am Back End verkaufen, zu dem passt, was Sie am Front End verkaufen. Wenn Sie anfangen, Geld zu verdienen, hören Sie nicht auf.

Geben Sie Leuten die Chance, Fehler wiedergutzumachen. Viele Leute sind genervt, wenn sie eine Rechnung bekommen. Aber Sie können ihnen die Möglichkeit geben, das wiedergutzumachen. Das ist super, um Leute wieder an Bord zu holen und sie zu Kunden zu machen. Wenn sie das aber nicht nutzen, können Sie ihnen die Rechnung ruhig schicken.

Nennen Sie das Angebot einfach eine Testphase. Auch wenn die Testphase mit Strafgebühr ein paar „Besonderheiten" hat, sollten Sie sie einfach als kostenlose Testphase anbieten. Sonst könnten die Leute Angst bekommen und verwirrt sein. Niemand will bestraft werden. Und wenn sie Sie fragen, warum Sie kostenlose Testphasen auf diese Weise anbieten, sagen sie einfach*: „Das haben wir schon immer so gemacht"* oder *„Auf diese Weise erzielen die Leute die besten Ergebnisse".*

Jetzt weniger bezahlen oder später mehr bezahlen vs. Testphase mit Strafgebühr. Ich nutze „Jetzt weniger bezahlen oder später mehr bezahlen" als Downsell für physische Produkte oder einmalige Dienstleistungen. Und ich nutze „Testphase mit Strafgebühr" als Downsell für wiederkehrende Produkte oder Dienstleistungen. Außerdem funktioniert das nur in Unternehmen, in denen der Kunde selbst etwas tun muss, um Ergebnisse zu erzielen. Wenn Sie andere Arten von Unternehmen finden, bei denen das funktioniert, lassen Sie es mich wissen!

Rabatte sollten dafür sorgen, dass Kunden ihre Kreditkarten hinterlegen. Manche Leute finden es komisch, wenn Sie ihnen etwas umsonst anbieten und dann nach ihrer Karte fragen. Aber wenn Ihr Preis echt niedrig ist, ist es okay, nach der Karte zu fragen. Der niedrige Preis bedeutet, dass die Karte wahrscheinlich funktionieren wird, wenn die automatischen Zahlungen anfangen. Anstelle eines kostenlosen Monats könnten Sie also „den ersten Monat für 1 Dollar" anbieten und dann X Dollar pro Monat für jeden weiteren Monat.

Zusammenfassung

- Bei dem Angebot „Testphase mit Strafgebühr" können Kunden Ihr Produkt oder Ihre Dienstleistung kostenlos ausprobieren, *solange sie Ihre Bedingungen erfüllen.*

- Downsell-Angebote mit „Testphase und Strafgebühr" erhalten ein „Ja" von Leuten, die eigentlich „Nein" gesagt haben.

- Dazu müssen Sie: die Kreditkarte erfragen, die Zusage einholen, erklären, was Kunden tun müssen, um Ergebnisse zu erzielen, welche Termine sie wahrnehmen müssen und was passiert, wenn sie dies nicht tun.

- Testphasen mit Strafgebühren bringen mehr zahlende Kunden als normale kostenlose Testphasen, weil die Leute Ihr Produkt mehr nutzen und wirklich etwas davon haben.

- Verwenden Sie die gleichen „Rückerstattungskriterien" wie beim Geld zurück-Angebot (Attraktions-Angebot Nr. 1), um Ihre Kriterien für die Testphase mit Strafgebühr festzulegen. Auf diese Weise haben die Kunden am Ende der Testphase alles getan, was sie zu großartigen Langzeitkunden macht (und kostenlos für Ihr Unternehmen geworben).

- Sie können Gebühren nach Kriterien aufteilen oder eine Pauschale verlangen. Ich finde es besser, sie aufzuteilen.

- Sie verdienen Geld, indem Sie Leuten Ergebnisse liefern und sie zu Kunden machen, nicht, indem Sie sie mit Gebühren ausbeuten.

- Nutzen Sie Check-ins zwischendurch, um mehr Angebote zu machen. Wenn Kunden Ihr Produkt lieben, geben Sie ihnen mehr davon. Wenn sie Probleme damit haben, tauschen Sie es gegen etwas aus, das für sie mehr Sinn macht. Wenn sie es nicht nutzen, bieten Sie ihnen die Möglichkeit, die Gebühren zu vermeiden.

GRATIS-GESCHENK: Schulung zu kostenlosen Testphasen

Nicht alle Unternehmen können kostenlose Testphasen anbieten. Aber wenn Sie es können, ist das ein super Downsell. Es gibt natürlich richtige und falsche Wege, das zu machen, und richtige und falsche Unternehmen, die das machen sollten. Ich habe ein kostenloses Video für Sie erstellt, in dem ich dieses Kapitel so detailliert wie möglich behandle. Sie können es sich unter acquisition.com/training/money ansehen. Ich habe einen QR-Code für den schnellen Zugriff eingefügt.

SCANNE MICH

Feature-Downsells

Warum probieren wir nicht stattdessen das hier aus?

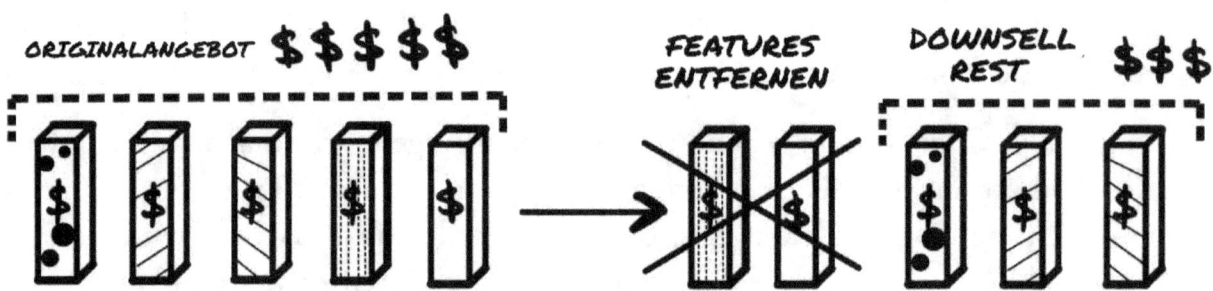

Ich weiß nicht mehr, wann das im Jahr 2019 war.

„Dieser neue Downsell hat meine Abschlussquote im letzten Quartal von 25 % auf 75 % verdreifacht. Und noch verrückter ist, dass mehr Leute das Hauptprodukt gekauft haben", sagte er zwischen zwei Bissen.

„Bietest du einen Zahlungsplan oder einen Rabatt an?"

„Weder noch. Zahlungspläne dauern zu lange. Und Rabatte mindern den Wert meines Produkts."

Hm ... „Wir reden hier doch von einem teuren Produkt, oder?"

„Ja."

„Mensch. Was machst du denn da?

„Ich senke den Preis, aber ich rechtfertige das, indem ich eine Funktion streiche. So gebe ich keinen Rabatt."

„Welche Funktion hast du denn gestrichen?"

„Meine vollständige Geld-zurück-Garantie."

„Ich habe Garantien nie als Funktionen betrachtet, super interessant – Moment mal ... *du verkaufst dein Produkt billiger, indem du die Garantie streichst?"*

„Ja, das klappt super. Wenn jemand den Preis nicht okay findet, fragen wir: *,Wenn du die Option auf Rückerstattung nicht willst, kannst du weniger bezahlen. Oder du behältst die Geld-zurück-Garantie – was wäre dir lieber?'* Wenn die Leute erst mal kapieren, was sie damit aufgeben, sagen sie oft: ‚Ach, scheiß drauf, ich behalte lieber die Garantie und bekomme mein Geld zurück.'"

„Ahhhh ... also sehen sie den Wert der Garantie erst, *wenn* du sie wegnimmst. Das erklärt auch, warum so viele mehr das Hauptprodukt kaufen. Clever." Dann fragte ich nach: „Wie sehen die Zahlen im Einzelnen aus?"

„Früher hatte ich nur eine Option zum Vollpreis. Wenn also 100 Leute anriefen, kauften 25. Jetzt kaufen 35 Leute das Hauptprodukt und 40 nehmen das Downsell-Angebot an."

„Das hat also die Zahl deiner Käufer zum Vollpreis, die Gesamtabschlussquote und die Vorauszahlungen erhöht. Cool!"

„Ja, das hat mein Leben verändert", sagte er.

***

In den letzten beiden Kapiteln ging es um Downselling mit Hilfe von Zahlungsplänen und Testphasen mit Strafgebühren. Wir haben Downselling betrieben, indem wir den Gesamtpreis gleich gelassen und nur die Zahlungsweise geändert haben.

In diesem Kapitel geht es um Feature-Downsells. Dabei verkaufen wir weniger, indem wir den Preis senken. Aber statt einen Rabatt zu geben, der das gleiche Produkt billiger macht, senken wir den Preis, *indem wir ändern, was die Kunden bekommen.*

Beschreibung

Feature-Downsells senken den Preis, indem sie das Angebot für den Kunden ändern. Ich mache das, indem ich weniger Menge, geringere Qualität, günstigere Alternativen anbiete oder optionale Komponenten weglasse.

Alle Features haben einen Preis und einen Wert. Wenn Sie etwas weglassen, sinkt natürlich der Preis. Aber auch der Wert sinkt. Welche Features Sie weglassen und um wie viel Sie den Preis senken, beeinflusst, wie gut das Angebot für den Kunden ist. Diese Änderung des Preis-Leistungs-Verhältnisses Ihres Angebots beeinflusst das Kaufverhalten der Leute. Die wollen das *für sie beste Angebot.*

Wenn Sie zum Beispiel Sachen entfernen, die Kunden nicht mögen, und den Preis stark senken, bekommen sie ein *besseres Angebot.* Wenn Sie Sachen streichen, die sie lieben, und den Preis ein bisschen senken, bekommen sie ein *schlechteres Angebot.* Beides bringt Leute zum Kaufen. In der vorhin berichteten Geschichte liebten die Kunden die Garantie. *Die Garantie war viel mehr wert als ihr Preis.* Selbst wenn Kunden zunächst abgelehnt haben, wurde der Wert der Garantie durch deren Wegfall sofort deutlich. Die Kunden sahen das teurere Angebot als *besseren Deal* an. Nachdem sie die Downselling-Option gesehen hatten, kauften sie das erste Angebot.

Die Leute werden den Wert der weggenommenen Sachen *erst* erkennen, *wenn sie den Preisunterschied sehen*. Sie wägen nämlich ab, wie viel Geld sie sparen und wie viel Wert sie verlieren. Mit cleverem Feature-Downselling bringen Sie Kunden dazu, sich selbst zum Kauf teurerer Angebote, also wiederum zu einem Upsell zu überreden. Das heißt, Sie sollten *Features vom höchsten zum niedrigsten Wert entfernen*. Da die Leute mehr Wert für ihr Geld wollen, motiviert das die Kunden, das für sie <u>wertvollste</u> Produkt zu kaufen.

Feature-Downselling funktioniert ganz einfach: Man nimmt etwas weg, senkt den Preis und fragt dann mit anderen Worten: „Wie wäre es jetzt?"

Beispiele für Feature-Downselling

Feature-Downselling mittels <u>Reduzierung der Menge bei Produkten und Dienstleistungen</u>. Bei Dienstleistungen kann das zum Beispiel weniger Einheiten, weniger Sitzungen, weniger Zeit oder eine kürzere Dauer bedeuten. Bei Produkten heißt es einfach, dass Sie weniger davon verkaufen.

<u>Downsell der Produktmenge</u>: *Wie wäre es, wenn wir statt einer Dreimonatsversorgung zunächst mit einer einzigen Lieferung beginnen?*

<u>Downsell der Dienstleistungsmenge</u>: *Warum fangen wir statt mit vier Sitzungen pro Monat nicht einfach mit zwei an?*

Feature-Downselling mittels <u>Reduzierung der Qualität des Produkts</u>: Denken Sie an ältere Versionen, weniger zuverlässige Materialien, Materialien mit niedrigerem sozialen Status usw.

<u>Downsell der Produktqualität</u>: *Anstelle der Ledersitze könnten wir auch Vinyl verwenden, wie klingt das?*

Feature-Downselling mittels <u>Reduzierung der Servicequalität</u>. Das kann vieles bedeuten. Ich zeige Ihnen ein paar Möglichkeiten, wie ich die Qualität von Services verändere. Tipp: Das funktioniert auch, um die Servicequalität *zu verbessern*.

<u>Reduzierung der Servicequalität</u>: *Anstatt einer Antwortzeit von 5 Minuten könnten wir Ihnen auch eine Antwort über Nacht anbieten. So sparen Sie Geld und bekommen trotzdem Ihre Antworten – nur mit einer kleinen Verzögerung.*

Weitere Servicequalitäts-Features:

- Verfügbarkeit: Zu bestimmten Zeiten statt wann immer Sie wollen

    o Wochentage: Mo/Mi/Fr statt alle Tage

    o Tageszeiten: 9 bis 17 Uhr statt 24 Stunden

    o Zeitaufwand: 15-minütige Support-Anrufe statt 60-minütige Support-Anrufe

- Standortverfügbarkeit: Dieser eine Standort vs. alle Standorte, die wir haben

- Stornierungen: Umbuchungsgebühren vs. kostenlos

- Reaktionsgeschwindigkeit: Antwort innerhalb von Minuten vs. Stunden vs. Tagen etc.

- Liefergeschwindigkeit: In der Warteschlange vs. Priorität, am selben Tag/am nächsten Tag vs. nächste Woche usw.

- Serviceverhältnis: Eins-zu-eins vs. eins-zu-viele vs. viele-zu-eins

- Kommunikationsmethode: Text-Support vs. Chat-Support vs. Videoanruf-Support usw.

- Qualifikation des Anbieters: Chef selbst vs. langjähriger Mitarbeiter vs. neuer Mitarbeiter usw.

- Live vs. aufgezeichnet: Jetzt zuschauen vs. später anschauen

- Persönlich vs. remote: Sehen, wo es vor Ort passiert vs. woanders sehen

- DIY, DWY, DFY: Selber machen (do it yourself) vs. mit Ihnen zusammen gemacht (done with you) vs. für Sie gemacht (done for you)

- Ablaufdatum: Funktioniert immer vs. funktioniert für X Zeit vs. funktioniert zu bestimmten Zeiten

- Personalisierung: Allgemein vs. speziell für Sie

- Versicherung/Garantie:

    o Laufzeiten: Für ein Jahr vs. lebenslang

    o Deckung: Bestimmte Schadensfälle vs. alle Schadensfälle

    o Bedingungen: Bedingungslos vs. nur, wenn Sie XYZ machen

Feature-Downselling mittels <u>Entfernen kompletter Funktionen</u>. Anstatt die Menge oder Qualität zu verringern, entfernen Sie die Funktion selbst. In der erwähnten Geschichte hat der Unternehmer eine Garantie komplett entfernt.

<u>Entfernen ganzer Funktionen</u>: *Anstatt Chat-Support, E-Mail-Support und Anrufe anzubieten, könnten wir doch einfach nur Chat- und E-Mail-Support anbieten und die Anrufe weglassen, um Ihnen etwas Geld zu sparen. Sie bekommen trotzdem Ihre Antworten, wir sparen Zeit und können diese Einsparungen an Sie weitergeben.*

Feature-Downselling – <u>DFY oder DIY</u>. Wenn jemand alle Ihre Service-Downsells ablehnt, können Sie ein anderes Produkt anbieten, das das gleiche Problem löst.

<u>Produkt-Downselling von DFY zu DIY</u>:

- <u>Chiropraktiker</u>: *Wollen wir statt mit chiropraktischen Behandlungen zunächst damit beginnen, dass Sie einige Hilfsmittel zur Selbstanwendung nutzen?* Dann könnten Sie Massagegeräte, Schaumstoffrollen, Matten usw. für die Anwendung zu Hause verkaufen.

- <u>Maler</u>: *Wenn Sie sich meine Dienste nicht leisten können, um Ihr Haus zu streichen, warum gebe ich Ihnen nicht einfach die Farbe und vermiete Ihnen eine unserer Sprühmaschinen gegen eine Tagesgebühr?*

- <u>Alex Hormozi</u>: *Anstatt dass ich und mein Team Ihr Unternehmen kaufen und Ihr Geschäft aktiv ausbauen, warum nehmen Sie nicht einfach an einem Workshop teil?* (*Hüstel* Gehen Sie auf acquisition.com)

Wichtige Hinweise

Vergessen Sie nicht, dass Sie niemals über den Preis verhandeln sollten. Leute, die für dasselbe weniger bezahlen wollen, sind Geschäftsterroristen. Mit Terroristen verhandle ich nicht. Wenn sie jetzt weniger bezahlen wollen, bieten Sie ihnen einen Zahlungsplan an. Wenn sie insgesamt weniger bezahlen wollen, bieten Sie ihnen einen Feature-Downsell an. Aber lassen Sie niemanden weniger bezahlen, *nur, weil er es will.*

Bleiben Sie ein hilfsbereiter Ratgeber. Denken Sie daran, beim Feature-Downselling geht es darum, *das beste Angebot für den Kunden* zu finden. So bleibt das Gespräch kooperativ und nicht kompetitiv. Wenn Sie zu aufdringlich sind, werden Ihre Angebote die Kunden schneller abschrecken. Wenn Sie ein hilfsbereiter Ratgeber bleiben, können Sie so viele Downsell-Angebote wie nötig machen, ohne den Kunden zu vergraulen.

Optimieren Sie Ihren Feature-Downselling-Prozess. Wir haben die Aufgabe, dafür zu sorgen, dass das Produkt *aus Sicht des Kunden* den besten Wert für sein Geld bietet. Aber am Anfang wissen Sie noch nicht viel über die Vorlieben Ihrer Kunden. Wenn Sie also immer wieder die gleichen Probleme für die gleiche Art von Kunden lösen, lernen Sie, was sie am meisten schätzen. Sobald Sie das wissen, können Sie Ihren Feature-Downselling-Prozess standardisieren. Feature-Downsells schließen mehr Verkäufe ab, wenn Sie im Voraus wissen, welche Feature-Kombinationen Sie anbieten sollten.

So standardisiere ich meinen Downselling-Prozess: Zuerst streiche ich etwas Wertvolles und senke den Preis *ein bisschen*. Damit will ich die Leute dazu bringen, das ursprüngliche Angebot/den ursprünglichen Preis noch einmal zu überdenken. Wenn das nicht klappt, entferne ich weitere Features und senke den Preis, bis sie kaufen. Ich finde es besser, wenn die Leute *etwas* bekommen als gar nichts.

Geben Sie Ihren Feature-Kombinationen Namen. Benennen Sie die teuerste Kombination nach einem Status, den Ihre Kunden erstrebenswert finden, z. B. „Das Wal-Paket", „Die totale Verwandlung", „High Roller" usw. Schauen Sie sich Fluggesellschaften an. Erstellen Sie Ihre eigenen Versionen von First Class → Business Class → Economy Class.

Ich nenne meine günstigste Kombi „Das Minimum". Das gefällt mir, weil es bedeutet, dass Kunden *mindestens* dieses Produkt bekommen. Wenn jemand alle anderen Pakete ablehnt, frage ich einfach: „Also nichts mehr als das Minimum-Paket?" Damit soll der Kunde Nein sagen, um Ja zu sagen (wie beim klassischen Upselling).

Temperaturcheck nach zwei Downsells (wie bei Zahlungsplänen). Wenn Sie zwei Änderungen hintereinander machen und Kunden immer noch ablehnen, vergewissern Sie sich, dass sie das Produkt wirklich wollen. Ich würde etwas sagen wie: *„Verstanden. Nur noch schnell. Ich möchte mich vergewissern. Auf einer Skala von 1 bis 10, wie sehr wollen Sie das?"*

Wenn sie 8 oder mehr sagen, fangen Sie mit dem Downselling mittels Zahlungsplan an. *„Super. Keine Sorge. Wir finden schon einen Weg, wie wir das für Sie hinbekommen."* Wenn sie 7 oder weniger sagen, fragen Sie: *„Wie würde eine 10 aussehen?"* Kombinieren Sie dann die Funktionen neu, um zu versuchen, ihre „10" zu erreichen. Hinweis: Das bedeutet, dass Sie zwischen Zahlungsplan- und Feature-Downselling wechseln können. Wenn Sie beides einsetzen, wird es sehr schwierig, Ihr Angebot abzulehnen.

Fragen Sie nach jedem Downsell: „Deal?" oder „Fair genug?" Das funktioniert *echt* gut. Weniger Leute werden merken, dass Sie das Angebot für sie geändert haben, und dann sagen: „Nein, das ist nicht fair." Hören Sie sich an, wie ich Feature-Downsells in Folge 202 meines Podcasts *The Game* vorstelle: „Wie man jedem etwas verkauft: Downselling wie ein Profi".

Kostenlose Orientierungsgespräche steigern den Verkauf von „Do it yourself"-Produkten. Wenn jemand alle meine „Done for you"-Angebote abgelehnt hat, frage ich: *„Auch, wenn wir bei X nicht zusammenarbeiten werden, möchte ich Ihnen trotzdem helfen. Wie wäre es, wenn Sie morgen zu einer kostenlosen Orientierungsveranstaltung zu X kommen?"* Am Ende der Orientierungsveranstaltung biete ich ein DIY-Produkt an, das das gleiche Problem löst wie der DFY-Service. Zum Beispiel habe ich Leuten, die mein Fitnessangebot abgelehnt haben, eine *kostenlose* Orientierungsveranstaltung angeboten. Von den Leuten, die zur Orientierungsveranstaltung erschienen sind (etwa die Hälfte), kauften fast alle Nahrungsergänzungsmittel. So habe ich Geld von Leuten bekommen, die sonst abgelehnt hätten, überhaupt etwas zu kaufen. Kostenloses Geld für wenig zusätzliche Arbeit.

Machen Sie Feature-Downsells mit Ihren Garantien. Wenn Sie schon eine Garantie haben, machen Sie das Weglassen davon zu einem Teil Ihres Feature-Downsell-Prozesses. Die Leute legen Wert auf Sicherheit, also führt das Weglassen vielen den Wert der Garantie vor Augen. Das verwandelt oft ein anfängliches „Nein" in ein „Ja".

Bieten Sie Feature-Downsells <u>Ihren Bestandskunden</u> an. Leute, die alle Funktionen nutzen, für die sie bezahlen, bleiben länger Kunden als Leute, die das nicht tun. Wenn Sie also merken, dass ein Kunde eine Funktion nicht nutzt, bieten Sie ihm mit Downselling einen günstigeren Preis an, bei dem er nur für die Funktionen bezahlt, die er nutzt. Entweder sagt er Ihnen, dass er die Funktion behalten und vielleicht wieder nutzen möchte, oder er freut sich über das *bessere Angebot*. Das ist zwar etwas Arbeit, aber besser als eine Kündigung. <u>Interessante Tatsache</u>: Kunden, denen wir ein *speziell für sie* zusammengestelltes Downsell-Paket angeboten haben, haben den zweithöchsten Wert aller meiner Kunden. Wenn Leute ein Produkt haben, das ihnen gefällt, zu einem Preis, den sie fair finden, bleiben sie dabei.

Betreiben Sie Tauschhandel mit Bewertungen, Erfahrungsberichten und Empfehlungen. Tauschhandel ist die älteste Form des Handels. Mein scharfer Stein gegen dein Kaninchenfell. Und ich liebe Tauschhandel. Wenn jemand den Preis beanstandet, biete ich manchmal Rabatte im Austausch für Werbung an. Beispiel: *„Ich ziehe 100 Dollar ab, wenn du: 1) mir eine Bewertung auf allen Bewertungsseiten gibst, 2) mir ein Video-Testimonial hinterlässt, 3) zu Beginn, in der Mitte und am Ende unseres Programms einen* öffentlichen Beitrag in den sozialen Medien post*est, in dem du deine Fortschritte zeigst, 4) mir zwei Freunde vorstellst, die das auch machen möchten. Abgemacht?"* Für mich ist die Werbung mehr wert als der Rabatt von 100 Dollar. Für den Kunden sind die 100 Dollar weniger wert als die Werbung. Win-Win.

Zusammenfassung

- Feature-Downselling senkt den Preis, indem etwas wegfällt.

- Sie nehmen etwas weg, senken den Preis und fragen dann: „Wie wäre es jetzt?"

- Typische Feature-Downsells bieten weniger Menge, geringere Qualität, günstigere Alternativen oder entfernen Features komplett.

- Die Leute neigen dazu, den Wert dessen, was Sie entfernt haben, *erst* zu erkennen, *wenn sie den Preisunterschied sehen*. Das kann dazu führen, dass mehr Leute das teurere Angebot annehmen.

- Wenn Sie Sachen streichen, die sie nicht mögen, und den Preis deutlich senken, nehmen mehr Leute das günstigere Angebot an.

- Wenn Sie Sachen entfernen, die sie lieben, und den Preis nur ein bisschen senken, nehmen mehr Leute das ursprüngliche Angebot an.

- Der erste Downsell bringt die Kunden dazu, *Ihr erstes Angebot noch einmal zu überdenken*. Mit den restlichen Downsells bringen Sie sie dazu, *das beste Angebot für sich* zu finden.

- Wenn ein potenzieller Kunde mehrere Downsells ablehnt, fragen Sie ihn, ob er Ihr Produkt noch haben will, bevor Sie fortfahren.

- Wenn ein potenzieller Kunde eine Kombination von Funktionen mag, aber den Preis immer noch nicht mag, fangen Sie mit einem Zahlungsplan-Downselling an. Das ist sehr effektiv.

- Bieten Sie Bestandskunden Feature-Downsells an, *bevor* sie kündigen.

- Sie können Kunden einen Rabatt geben, wenn sie dafür Werbung für Ihr Unternehmen machen.

GRATIS-GESCHENK: Downsell-Schulung [keine Anmeldung nötig]

Wenn Sie die Funktionen und Features Ihrer Dienstleistungen und Produkte verstehen, haben Sie einen riesigen Vorteil. Sie können Ihre Produkte super profitabel machen *und gleichzeitig* für Ihre Kunden attraktiv bleiben. Das ist eins meiner Lieblingsthemen, deshalb habe ich eine zusätzliche Schulung dazu erstellt. Sie können sie sich wie immer unter acquisition.com/training/money ansehen. Ich habe einen QR-Code für den schnellen Zugriff eingefügt.

Downselling-Angebote – Fazit

Jeder kauft etwas.

Downsells geben Ihnen noch eine Chance, einen Kunden zu gewinnen, indem Sie ein *Nein* in ein *Ja* verwandeln. Deshalb geht es nicht so sehr darum, hundert verschiedene Produkte mit dem gleichen Angebot zu haben, sondern eher darum, <u>hundert verschiedene Angebote für das gleiche Produkt zu haben</u>. Aber egal was passiert, das Angebot ist *nie das gleiche Produkt zu einem günstigeren Preis*. Wir optimieren das Angebot so lange, bis wir *das beste Angebot für den Kunden* gefunden haben. Das zusätzliche Geld lässt unsere 30-Tage-Gewinne explodieren und wir übertreffen unsere Ziele.

Wir haben also Attraktions-Angebote genutzt, um Kunden zu einem *ersten Kauf* zu bewegen. Wir haben Upsells eingesetzt, um sie zum nächsten Kauf zu bewegen. Und jetzt habe ich Ihnen meine drei besten Downsell-Prozesse gezeigt, *falls sie Nein sagen*: Zahlungsplan-Downsells, Testphase mit Strafgebühr und Feature-Downsells.

Als Nächstes kommen wir zur letzten Phase eines *100-Millionen-Dollar-Geldmodells*: Fortsetzungsangebote – *wie Sie dafür sorgen, dass Kunden dauerhaft kaufen.*

ABSCHNITT V: FORTSETZUNGSANGEBOTE

Du kannst ein Schaf dein ganzes Leben lang scheren, aber du kannst es nur einmal häuten. — John, einer meiner ersten Mentoren

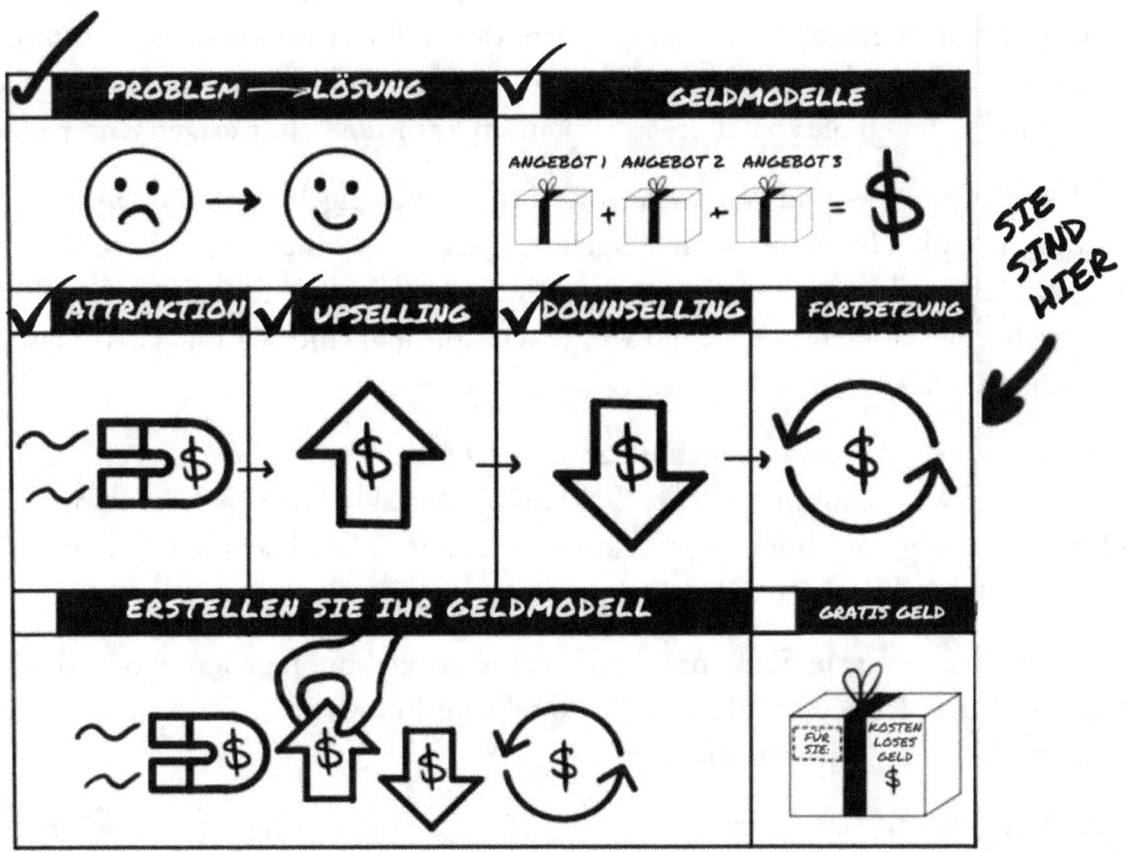

Ich war mein ganzes Leben lang ein Mann der Fortsetzung: persönliche Fitness, dann Fitnessstudios, dann Fitnessstudio-Lizenzen, dann Nahrungsergänzungsmittel, dann Software und jetzt Acquisition.com ... eine ganze Menge. Ganz klar – ich bin ein Fan davon. Der Hauptgrund: Wenn Sie Fortsetzungsangebote richtigmachen, bekommen Sie mehr Kunden *und* verdienen mehr Geld mit ihnen. Fortsetzungsangebote *bieten einen dauerhaften Wert, für den Kunden regelmäßig bezahlen – bis sie kündigen.* Sie steigern den Gewinn pro Kunde und bieten Ihnen ein letztes Verkaufsargument. Fortsetzungsangebote sind super, weil Sie nur einmal verkaufen, aber immer wieder bezahlt werden.

Lassen Sie mich das erklären.

Nehmen wir mal an, Sie verkaufen 100 Leuten etwas für 1.000 Dollar und 10 kaufen es – dann haben Sie 10.000 Dollar verdient (10 x 1.000 Dollar).

Nehmen wir jetzt an, Sie sprechen mit denselben 100 Leuten, aber statt 1.000 Dollar berechnen Sie nur 50 Dollar pro Monat. Bei 50 Dollar können wir 40 von 100 Interessenten zum Kauf bewegen. Und wenn Sie diese Kunden zwanzig Monate lang bei der Stange halten, *verdienen Sie immer noch 1.000 Dollar pro Kunde.* Sie verdienen dann nicht mehr 10.000 Dollar jetzt und 0 Dollar im Laufe der Zeit, sondern 2.000 Dollar jetzt und 40.000 Dollar im Laufe der Zeit.

Als zusätzlichen Bonus hätten Sie im ersten Beispiel, wenn Sie nur an 10 Kunden verkauft hätten, später auch nur 10 Kunden, denen Sie etwas verkaufen könnten. Wenn Sie ein Fortsetzungsangebot genutzt und an 40 Kunden verkauft hätten, <u>hätten Sie viermal so viele Kunden, denen Sie später etwas verkaufen könnten</u>. Ein riesiger Unterschied.

Das zeigt die Vor- und Nachteile von Fortsetzungsangeboten. Sie können mehr Kunden anziehen als mit einem teureren Angebot, aber Sie verdienen *jetzt unmittelbar* deutlich weniger. Das macht es schwierig, dieses Angebot *allein* als Attraktions-Angebot zu nutzen. Selbst wenn Sie morgen mehr Geld verdienen können, sind Sie mit Fortsetzungsangeboten heute knapp bei Kasse.

Indem wir Fortsetzungsangebote *zum Abschluss* machen, bekommen wir das Beste aus allen Welten. Wir bekommen heute Geld durch Attraktions-Angebote, Upselling-Angebote und Downselling-Angebote. Wir bekommen heute ein bisschen Geld und morgen jede Menge Geld durch Fortsetzungsangebote.

Um es klar zu sagen: Sie können Fortsetzungsangebote machen, wo und wie Sie wollen. Sie können neue Kunden anziehen, für Upsells und Downsells bei aktuellen Kunden sorgen oder alte Kunden wieder anlocken.

Außerdem sind nur *bestimmte* Sachen für ein Fortsetzungsangebot sinnvoll. Es ist für einen Kunden nicht sinnvoll, wenn er für einen eintägigen Workshop ewig bezahlen muss. Es macht Sinn, dass die Leute so lange zahlen, bis sie die Kosten gedeckt haben – und das ist dann ein Zahlungsplan. Gleichzeitig ist es wahrscheinlich ein Fehler, nur einen einmaligen Preis (auch wenn er hoch ist) für eine Dienstleistung zu berechnen, die man dauerhaft anbietet. Wenn Ihre Kunden einen dauerhaften Nutzen haben, ist es wahrscheinlich sinnvoll, dass sie auch dauerhaft zahlen.

Die drei Fortsetzungsangebote

Alle Angebote hängen davon ab, dass Kunden kaufen. Aber Fortsetzungsangebote hängen davon ab, dass Kunden immer wieder kaufen. Ich schaffe beides, indem ich Boni, Rabatte und Gebühren kombiniere.

- Fortsetzungsangebote mit Boni

- Fortsetzungsangebote mit Rabatten

- Angebote mit Gebührenerlass

Nachdem wir das geklärt haben: Sie können Kunden nicht dazu bringen, Ihr Fortsetzungsangebot anzunehmen, wenn sie nicht erst einmal damit angefangen haben ... also fangen wir damit an.

GRATIS-GESCHENK: Schulung zu Fortsetzung und Fortsetzungsangeboten

Fast jedes Unternehmen, das ich aufgebaut habe, basiert auf Fortsetzung. Es ist wie ein Schneeball, der immer größer wird. Ich habe ein Video für Sie erstellt, das weitere Schulungen zu diesem Thema enthält. Sie können es kostenlos (ohne Angabe Ihrer E-Mail-Adresse) unter acquisition.com/training/money ansehen. Scannen Sie einfach den QR-Code.

Fortsetzungsangebote mit Boni

Wenn Ihnen das gefällt, werden Sie mein nächstes Angebot lieben...

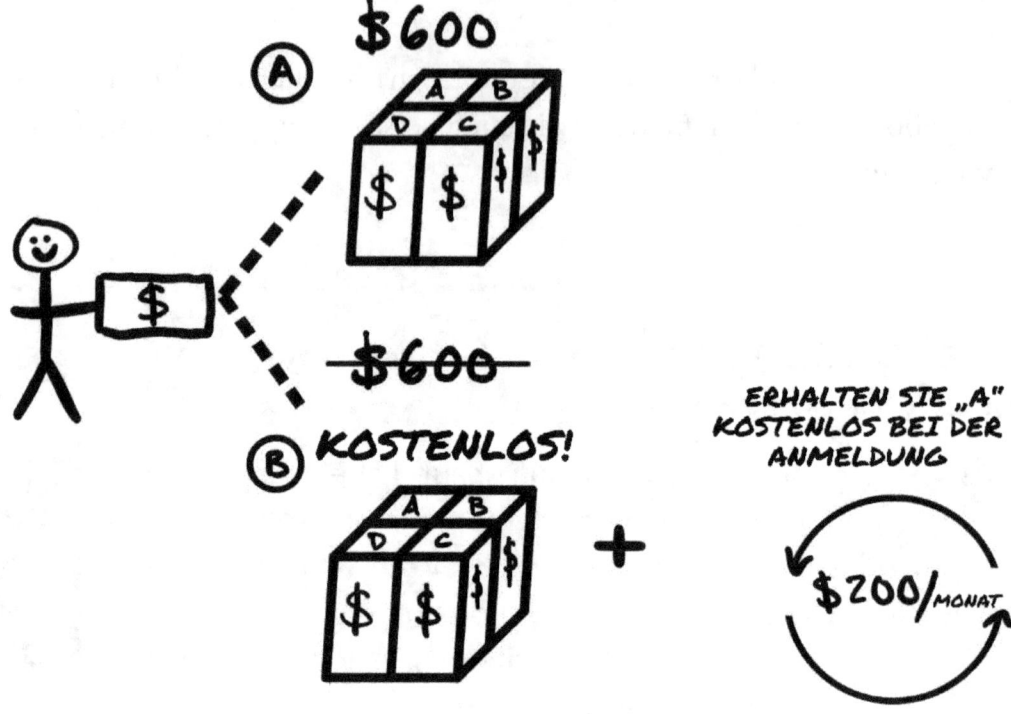

Herbst 2019. Als ich lernte, dass Boni mehr Leute dazu bringen, sich für Fortsetzungsprogramme anzumelden ...

Ich zeigte Fitnessstudio-Besitzern, wie man Sechs-Wochen-Challenges verkauft, und die machten damit richtig Kohle. Aber ein paar von ihnen hatten Probleme, die Leute nach der Challenge dazu zu bringen, weiterzumachen. Dann, ganz aus dem Nichts, fiel mir ein Fitnessstudio auf, das früher Probleme gehabt hatte und jetzt Zahlen postete, die *weit über* denen einiger unserer besten Leute lagen.

Natürlich forschte ich nach ...

„Alter, deine Zahlen sind der Wahnsinn. Wie schaffst du es, so viele Mitglieder zu gewinnen?", fragte ich.

„Ich mach die Sechs-Wochen-Challenge nicht wirklich", sagte er.

„Moment mal. Was meinst du damit? Du machst doch Werbung für die Sechs-Wochen-Challenge, oder?"

„Ja. Aber ich biete ihnen etwas Anderes an, wenn sie kommen."

„Okay ... hilf mir mal, das zu verstehen."

„Wir machen das übliche Verkaufsgespräch. Wir nennen den Preis. Blablabla. Sobald sie Interesse zeigen, fragen wir, ob sie es umsonst haben wollen. Natürlich sagen sie Ja. Dann sage ich ihnen, dass sie es kostenlos bekommen, wenn sie Mitglied werden, was sie toll finden. Und obendrein *bekommen sie* als Mitglieder *noch* exklusive Vorteile. Mitglieder haben bessere Kurszeiten, Zugang zur Sonnenbank, VIP-Events und alle möglichen anderen coolen Sachen. Das funktioniert wahnsinnig gut. Zuletzt verkaufen wir ihnen noch eine vergünstigte Prepaid-Mitgliedschaft."

„Wie läuft das denn ab?", fragte ich.

„Also, jeder, der mitmacht, wird sofort gefragt: ‚*Willst du noch mehr sparen?*‘ Die Leute sind interessiert. Dann bieten wir ihnen einen Prepaid-Rabatt und Boni für eine sechsmonatige Mitgliedschaft an."

„Das ist super. Nimmt überhaupt noch jemand das ursprüngliche Angebot an?" „Einige schon, klar. Mehr Geld im Voraus kann man nicht ablehnen."

„Ich verstehe. Könntest du mir ein paar Zahlen nennen?"

„Früher haben sich von hundert Leuten vierunddreißig für die Challenge angemeldet. Ein paar Wochen später ist dann die Hälfte (*siebzehn*) dabeigeblieben. Jetzt melden sich nur noch etwa fünfzehn für die Challenge an, aber *vierzig* nehmen direkt die Mitgliedschaft. Und von diesen vierzig nehmen etwa acht das sechsmonatige Prepaid-Upgrade in Anspruch."

„Also, damit ich das richtig verstehe ... du hast die Mitgliederzahlen *verdreifacht* ... du bekommst *immer noch* Geld im Voraus für Challenges ... *und* du sammelst noch mehr Geld im Voraus durch Prepaid-Mitgliedschaften?"

Er konnte sich ein Grinsen kaum verkneifen. Und das aus gutem Grund. Seine kleine Änderung war genial.

Beschreibung

Mit Fortsetzungsboni geben Sie dem Kunden etwas Tolles, *wenn* er sich heute anmeldet. In der Regel hat der Bonus selbst einen höheren Wert als die erste Fortsetzungszahlung. Das ist alles.

Bonus – Mehrwert schaffen. Bei Produkten können Sie viele kleine Dinge oder ein großes Produkt verschenken, das das Fortsetzungs-Abonnement ergänzt. Bei Dienstleistungen verschenken Sie ein bestimmtes Programm, eine Einweisung, ein Setup oder eine Funktion, die einen Mehrwert bietet.

Rabatt – Kosten senken. Denken Sie daran – alles, was Sie kostenlos anbieten, können Sie auch als Rabatt anbieten. Gratisartikel und Rabatte beeinflussen beide unsere Entscheidungen. Deshalb sollten wir *beides* machen, um von beiden Vorteilen zu profitieren.

Wenn ich Fortsetzungsangebote mache, bekomme ich mehr Leute dazu, *anzufangen*, indem ich mehr coole Sachen hinzufüge (Boni) und weniger coole Sachen weglasse (Rabatte). Und natürlich funktioniert das Ganze besser mit einem Hauch von Dringlichkeit – wenn Interessenten *jetzt* mitmachen. Sie können den Bonus auch als Einzelkauf anbieten oder ihn *nur* verfügbar machen, wenn Kunden Ihr Fortsetzungsangebot kaufen. Beides funktioniert.

Für sich allein genommen bringen Fortsetzungsangebote jetzt unmittelbar weniger Geld rein, was es schwierig macht, Kunden profitabel zu gewinnen. Aber so wie ich sie nutze, können wir trotzdem unsere 30-Tage-Gewinnziele erreichen. Und so geht's: Zuerst mache ich alle meine lukrativen Attraktions-, Upselling- und Downselling-Angebote. Dann bringen die Fortsetzungsangebote ein wenig Geld aus den Zahlungen des ersten Monats ein. Anschließend biete ich den Kunden, die einen Monat gekauft haben, einen Rabatt auf die Vorauszahlung weiterer Monate an. Das steigert den 30-Tage-Gewinn weiter, verschafft mir mehr Geld für Werbung *und* sorgt für wiederkehrende Einnahmen. Nicht schlecht.

Anmerkung des Autors: Ich kenne kein erfolgreiches Abonnement-Business, das ausschließlich eine Mitgliedschaft anbietet. Alle haben noch andere coole Extras, um mehr zu verkaufen. Der Hauptgrund: Abonnements sind schwer gewinnbringend zu bewerben. Niemand will sich regelmäßig für etwas verpflichten, das er noch nicht ausprobiert hat. Um das auszugleichen, locken Unternehmen Kunden zum Beispiel mit Testangeboten. Sobald die Leute dann dabei sind, verkaufen sie ihnen andere Features und längerfristige Vorauszahlungsoptionen. So bekommen sie das Geld, das sie für Werbung brauchen, *und* bauen *gleichzeitig* ihre wiederkehrenden Einnahmen auf.

Beispiele, wie man Leute dazu bringt, mit einem Abonnement oder einem anderen Fortsetzungsangebot anzufangen

Physisches Produkt: Fortsetzungsangebot für Tierfutter

Einmaliger Bonus: Erhalte alle Hundespielzeuge, die wir je hergestellt haben, im Wert von 800 Dollar kostenlos, wenn du dich für monatliche Hundefutterlieferungen für 59 Dollar pro Monat anmeldest.

Monatliche Boni: Als Mitglied bekommst du jeden Monat ein neues Hundespielzeug.

Dienstleistung: Kurzzeit-Beschleuniger-Angebot

Einmaliger Bonus: Der Kurzzeit-Beschleuniger kostet normalerweise 1.000 Dollar. Wenn Sie Mitglied werden, bekommen Sie ihn für nur 100 Dollar pro Monat dazu.

Bonuspaket: VIP-Community-Mitglieder genießen Vorrang bei unseren Veranstaltungen, längere Supportzeiten, bessere Supportmitarbeiter usw.

Angebot für digitale Produkte

Einmaliger Bonus: Holen Sie sich alle meine bisherigen 40 Newsletter im Wert von 15.880 Dollar, indem Sie heute für nur 399 Dollar/Monat nach einer 30-tägigen kostenlosen Testphase Mitglied werden.

Lebenslanger Rabatt + lebenslange Boni: Wenn Sie heute bezahlen, können Sie sich einen lebenslangen Rabatt von 299 Dollar pro Monat sichern. Sie bekommen frühzeitig digitalen Zugriff *und* jeden Monat eine gedruckte Ausgabe.

Hinweis: Nutzen Sie die Elemente aus dem Kapitel „Feature-Downselling", um bessere Boni zu erstellen.

Wichtige Hinweise

Betonen Sie den Bonus, nicht die Mitgliedschaft. „Werden Sie Mitglied in meinem Programm" ist nicht annähernd so überzeugend wie „Holen Sie sich kostenlos dieses wertvolle Produkt". Also machen Sie damit Werbung. Erklären Sie den Rest, wenn Interesse besteht.

Boni funktionieren ähnlich wie Upsells.

Mehr vom Gleichen: Als Mitglied bekommen Sie zwei Jahre lang alle bisherigen Newsletter kostenlos.

Bonus: Wenn Sie sich für unsere Fitness-Mitgliedschaft anmelden, bekommen Sie einen kostenlosen Ernährungsratgeber dazu.

Upgrade: Beim Kauf einer Bronze-Mitgliedschaft bekommen Sie eine kostenlose Gold-Mitgliedschaft (begrenzt verfügbar).

Sorgen Sie dafür, dass Ihre Boni im Zusammenhang mit Ihrem Kernangebot bleiben. Wenn der Bonus zu unterschiedlich ist, *ziehen Sie die falschen Kunden an.* Bewerben Sie zum Beispiel kein kostenloses T-Shirt, um Tech-Services zu verkaufen. Aber ein kostenloses T-Shirt zu bewerben, um T-Shirt-Druck zu verkaufen, macht Sinn.

Machen Sie Boni aus Dingen, über die **Sie schon verfügen**. Zum Beispiel haben die Newsletter der letzten zwei Jahre keine zusätzliche Zeit gekostet, sind aber super wertvoll. Und die Einarbeitung ist etwas, das Sie sowieso mit den Kunden machen müssen, also können Sie genauso gut einen Preis dafür festlegen und es ihnen als Bonus geben. Wenn Sie der Sache einen Wert zusprechen, werden Ihre Kunden es auch tun.

Physische Boni für digitale Produkte und digitale Boni für physische Produkte. Wenn ich eine digitale Mitgliedschaft habe, könnte ich eine Mütze, ein T-Shirt oder ein Werkzeug usw. anbieten, das mit dem Angebot zu tun hat. Wenn ich ein physisches Produkt oder eine Dienstleistung anbiete, wie zum Beispiel eine Mitgliedschaft in einem Boxstudio, kann ich mit Livestream-Kursen mehr Leute dazu bringen, sich anzumelden. Diese Strategie senkt oft die Kosten für die Kundengewinnung mehr als die Kosten für den Bonus. Und genau darum geht es. Selbst wenn einige Leute den Bonus nutzen und dann wieder weg sind, können die geringeren Werbekosten das immer noch ausgleichen. Wenn die Kunden zu teuer sind, probieren Sie es doch einfach mal aus.

Arbeiten Sie mit realistischen Bonuspreisen. Je höher der Wert-Anker Ihres Bonus, desto attraktiver ist das Angebot. Aber dieser Anker muss auch glaubwürdig sein. Manche Unternehmer erfinden lächerliche Werte. Machen Sie das nicht. Das bindet den Kunden nicht und Sie verlieren sein Vertrauen. Das ist eine super Gelegenheit, um Produkte zu verschenken, die Sie schon einmal verkauft haben. Sie können deren tatsächliche Preise als *echte* Rabatte und Boni anbieten.

Sie können Ihren Kunden einen Bonus geben, indem Sie ihnen Titel geben. Überlegen Sie sich, ob Sie Kunden nach drei, sechs oder zwölf Monaten und darüber hinaus Titel geben. Titel wie Silber, Gold, Diamant, Doppel-Diamant usw. Eine gute Freundin von mir macht das und nach einer Weile hat sie gemerkt, dass ihre Kunden sich mehr für den Titel interessieren als für jeden anderen Bonus. Sie hat mir erzählt, dass sie sich ihr sogar mit ihrem Titel vorstellen! Wenn Ihnen also nichts einfällt, was Sie Ihren Kunden geben könnten, können Sie sie zumindest mit einem besonderen Titel ansprechen.

Sie können Gratis-Boni als Rabatte anbieten und Rabatte als Gratis-Boni. Gratis-Bonus: Werden Sie Mitglied für 200 Dollar und Sie bekommen dieses 1.000 Dollar-Programm als Gratis-Bonus! Krasser Rabatt: Holen Sie sich das 1.000 Dollar-Programm für nur 1 Dollar, wenn Sie für 200 Dollar Mitglied werden.

Wenn Sie Ihr Fortsetzungsangebot machen, verankern Sie die Boni. Zeigen Sie den Kunden zunächst einmal, was sie mit dem coolen Bonus alles bekommen. Nicht Ihr Fortsetzungsangebot – den Bonus. Dann nutzen Sie Ihren hochwertigen Bonus als Anker. Das kann die Kunden vielleicht schockieren – und *das ist okay.* Denn dann fragen Sie: „Möchten Sie wissen, wie Sie das kostenlos bekommen können?" Wenn sie das wollen, was sie sicher werden, erklären Sie ihnen, wie: *„Werden Sie noch heute VIP-Mitglied und Sie bekommen alles als Gratisgeschenk für Ihre Anmeldung. Oder Sie können es einfach für XXX Dollar kaufen – was würden Sie bevorzugen?"*

Mehr Boni bringen mehr Leute dazu, mitzumachen. Nachdem Sie die Kunden gefragt haben, ob sie wissen wollen, wie sie das kostenlos bekommen können, sagen Sie ihnen, dass sie es bekommen, wenn sie mitmachen. Dann sagen Sie: *„Außerdem ...* wenn Sie Mitglied werden, bekommen Sie ... tolle Sache 1, tolle Sache 2, tolle Sache 3." *Nennen Sie die einzelnen Dollarwerte, um den Wert zu betonen.* Wenn Sie die Boni so stapeln, bekommen Sie noch mehr Leute dazu, sich für Ihr Fortsetzungsangebot anzumelden.

Boni nur bei Annahme des Fortsetzungsangebots. Wenn Sie alle dazu bringen wollen, sich für das Fortsetzungsangebot zu entscheiden, dann bieten Sie ihnen nur die Option des Fortsetzungsangebots an. Das heißt – *geben Sie* die Boni *nur,* wenn Kunden sich anmelden.

Preis für Fortsetzung vs. sofortige Einmalzahlung. Aus irgendeinem Grund entscheiden sich manche Leute für einmalige Zahlungen statt für Fortsetzung ... *sogar wenn die einmalige Zahlung höher ist.* Bieten Sie also eine Option mit einer höheren einmaligen Zahlung an. So verdienen Sie mit einigen Kunden *heute* mehr Geld, während andere wiederkehrende Einnahmen für *morgen* generieren. Wir ändern den Preis je nach unseren Zielen. Ich habe das schon oft getestet und zumindest für mich sind die Daten in diesem Bereich eindeutig. Schauen Sie es sich an:

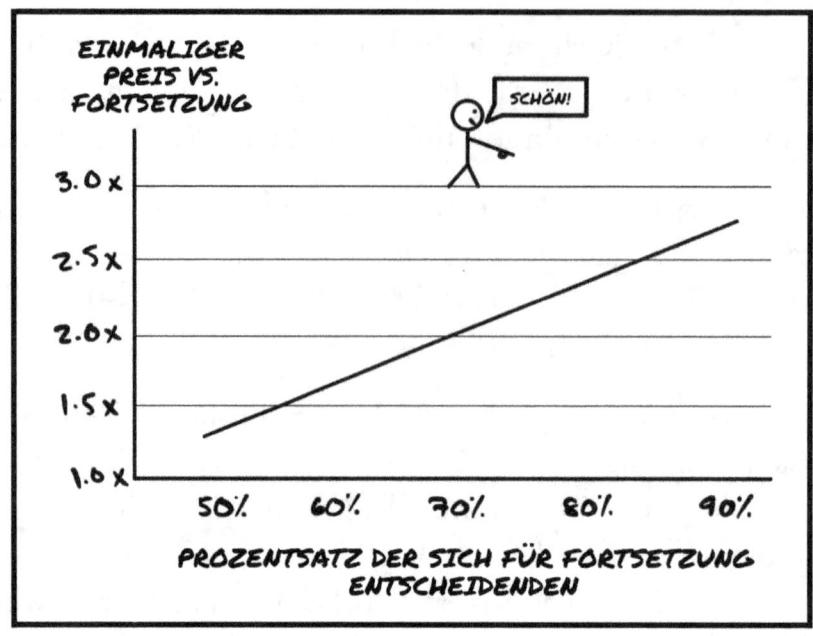

Damit 50 % sich für die Fortsetzung entscheiden, machen Sie das Einzelangebot 1,33-mal teurer.

Beispiel: 399 Dollar Einzelangebot (266 Dollar/Monat) oder 199 Dollar/Monat Mitgliedschaft

Damit 60 % sich für die Fortsetzung entscheiden, machen Sie das Einzelangebot 1,66-mal teurer.

Beispiel: 499 Dollar Einzelangebot (333 Dollar/Monat) oder 199 Dollar/Monat Mitgliedschaft

Damit 70 % sich für die Fortsetzung entscheiden, machen Sie das Einzelangebot doppelt teurer.

Beispiel: 599 Dollar Einzelangebot (399 Dollar/Monat) oder 199 Dollar/Monat Mitgliedschaft

Damit 80 % sich für die Fortsetzung entscheiden, machen Sie das Einzelangebot 2,33-mal teurer.

Beispiel: 699 Dollar Einzelangebot (466 Dollar/Monat) oder 199 Dollar/Monat Mitgliedschaft

Damit 90 % sich für die Fortsetzung entscheiden, machen Sie das Einzelangebot 2,66-mal teurer.

Beispiel: 799 Dollar Einzelangebot (532 Dollar/Monat) oder 199 Dollar/Monat Mitgliedschaft

Die genauen Zahlen sind weniger wichtig als das Prinzip. *Je niedriger der Preis für das Einzelangebot im Vergleich zum Preis für die Fortsetzung ist, desto mehr Leute kaufen das Einzelprodukt. Je höher der Preis für das Einzelangebot im Vergleich zum Preis für die Fortsetzung ist, desto mehr Leute entscheiden sich für die Fortsetzung.*

Wenn Sie mehr Geld im Voraus haben wollen, machen Sie aus Boni und Fortsetzung plus Boni *separate* Angebote. Das reine Bonusangebot sollte eine einmalige Zahlung sein, die 1,33- bis 2,66-mal so teuer ist wie der erste Monat des Abonnements/Fortsetzungsangebots mit Bonus. Je größer der Preisunterschied, desto weniger Einzelkäufe werden Sie haben. Aber desto mehr Geld verdienen Sie im Voraus mit jedem Verkauf. Basierend auf den Daten, die ich gerade geteilt habe, zahlen Leute 33 % mehr, um eine Fortsetzung *zu vermeiden*. Mit anderen Worten: Selbst wenn Sie 33 % mehr für einen einmaligen Kauf verlangen, wird die Hälfte davon gekauft werden!

Wenn Sie noch mehr Geld machen wollen, bieten Sie Rabatte für größere Vorauszahlungen an. Mit solchen Rabatten können Sie die 30-Tage-Gewinne so richtig steigern. Nehmen wir an, Sie bieten „fünf Monate kaufen, einer gratis" an. Nur *einer von acht Kunden* muss das Upselling annehmen, um den 30-Tage-Gewinn um 50 % zu steigern! Das kann über den Erfolg oder Misserfolg Ihres Geldmodells entscheiden. <u>Hinweis</u>: Es gelten die Gesetze der Rabattierung – je größer der Rabatt, desto mehr Leute werden ihn in Anspruch nehmen.

Wenn Sie Verpflichtung wollen, müssen Sie bereit sein, einen Deal zu machen. Wenn Sie Verpflichtung wollen, erwerben Sie sich diese mit Boni. Geben Sie zum Beispiel den Bonus nur an Kunden, die sich für 3, 6 oder 12 Monate oder länger verpflichten. Wenn Sie den Bonus nur an Kunden geben, die sich verpflichten, verlieren Sie zwar Leute, die sich nur wegen des Bonus für einen monatlichen Vertrag angemeldet hätten. Das bedeutet zwar weniger Umsatz, aber dafür engagiertere Kunden. Das ist der Deal, den Sie machen.

Zusammenfassung

Worauf es ankommt: Echte Rabatte, gefolgt von wertvollen Gratis-Boni, sind das, womit Ihr Angebot *Leute begeistert*. Wenn sie dann Ihrem Fortsetzungsangebot zustimmen, können Sie ihnen weitere Zeitpakete verkaufen, um Ihren 30-Tage-Gewinn noch mehr zu steigern.

- Mit Fortsetzungs-Boni geben Sie dem Kunden etwas Tolles, *wenn* er sich heute anmeldet. In der Regel hat der Bonus selbst einen höheren Wert als die erste Fortsetzungszahlung.

- Wenn Sie ein Fortsetzungsangebot in einem Lockangebot nutzen, sagen Sie klar, was Sie verschenken, *nicht* was Sie verkaufen.

- Stellen Sie Ihren Bonus in einen Zusammenhang mit Ihrem Kernangebot, damit Sie die richtigen Leads ansprechen.

- Wenn möglich, sollten die Boni Dinge sein, die Sie schon haben und machen. So müssen Sie Ihr Geschäft nicht ändern oder neue Produkte entwickeln.

- Mehr Leute entscheiden sich für eine Fortsetzung, wenn Sie mehr Boni und Rabatte anbieten.

- Um Boni hinzuzufügen, geben Sie nur dann mehr gute Sachen dazu, wenn Kunden sich anmelden.

- Um Rabatte zu gewähren, ziehen Sie den Preis tatsächlicher Produkte, Services und Funktionen, die Sie verkaufen, ab.

- Verkaufen Sie den Wert des Bonus, bevor Sie Kunden sagen, wie sie ihn kostenlos bekommen können.

- Bieten Sie Boni als eigenständige Option an, um mehr Geld im Voraus zu bekommen.

- Wenn Sie möchten, dass die Hälfte der Leute das Einzelangebot annimmt, setzen Sie den Preis 33 % höher als Ihren Fortsetzungspreis an.

- Steigern Sie den Eingang von Geld im Voraus noch mehr, indem Sie einen Rabatt auf die Fortsetzungs-Gebühren anbieten, wenn Kunden in großen Mengen kaufen.

GRATIS-GESCHENK: Schulung zu Bonusangeboten für Fortsetzungskäufe

Es gibt so viele verrückte Möglichkeiten, Boni zu strukturieren, um mehr Fortsetzungsverkäufe zu generieren. Ich habe ein Video für Sie erstellt, welches dieses Kapitel und andere kreative Anwendungsmöglichkeiten behandelt. Sie können es sich kostenlos unter acquisition.com/training/money ansehen. Scannen Sie den QR-Code für einen schnellen und einfachen Zugriff.

SCANNE MICH

Fortsetzungsangebote mit Rabatten

Wenn Sie sich heute anmelden, bekommen Sie X Zeit gratis.

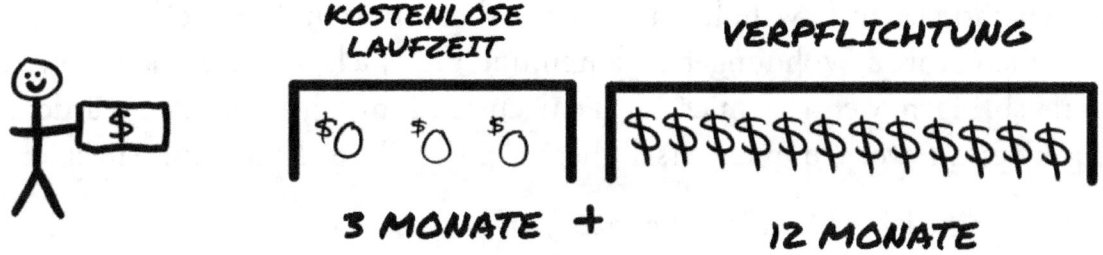

Frühjahr 2018

Leila und ich waren gerade in einen der schöneren Vororte von Austin gezogen. Auf unserem Nachmittagsspaziergang lächelte uns eine Nachbarin zu und winkte uns zu sich herüber. Es sah so aus, als wolle sie ein bisschen Smalltalk machen, um uns in der Nachbarschaft willkommen zu heißen. *Ich hasse Smalltalk.* Aber als ich näherkam, wurde ich neugierig. Der Garten war perfekt. Ein Ferrari ragte aus der Garage, der wohl für den „Frühjahrsputz" herausgeholt worden war. Der Terrassentisch war mit Zigaretten und Bierdosen übersät. *Häh?*

„Hey, willkommen in der Nachbarschaft ... ich hole mal meinen Mann." Ich lächelte mit zusammengebissenen Zähnen. *Jetzt geht's los.* Da kam er – mit einer verkehrt herum aufgesetzten Kappe, Flip-Flops, einem starken Midwest-Akzent, redete wie ein Wasserfall und hatte das breiteste Grinsen, das ich je gesehen habe.

„Hey Bruder! Schön, dich kennenzulernen. Ich sehe schon, dass hier niemand so jung Arzt oder Anwalt ist. Was machst du so?" Er kam auch direkt zur Sache. *Erleichterung.*

Ich erzählte ihm ein bisschen von meinen Fitnessstudios, wie ich sie aufgebaut hatte und vom Erfolg von Gym Launch. Er nickte anerkennend. Er meinte, er finde es cool, einen anderen Unternehmer in der Straße zu haben.

„Und was ist mit dir?", fragte ich.

Er grinste. „*Müll.*"

„Was?"

„Müll."

Er sah meinen verwirrten Blick und fuhr fort.

153

„Okay, weißt du, weil ich schon als Müllmann gearbeitet hatte, wusste ich, dass es nicht viel Konkurrenz gibt. Große Gewerbebetriebe und alle haben ihren Müll an denselben Ort gebracht."

„Und was hast du gemacht?"

„Also, ich hatte einen Lkw, holte meine Kreditkarte raus und spielte", erzählte er weiter. „Ich bin zu allen großen Wohnungen gefahren und sagte, ich würde ein Jahr lang kostenlos den Müll rausbringen, wenn sie mich für die nächsten fünf Jahre bezahlen würden. Das hat ganz gut geklappt. Bevor ich mich versah, hatten mich alle als Müllmann engagiert."

„Mensch", sagte ich. „Du hast ein ganzes Jahr vorgestreckt?"

„Ja, genau. Und ich sag dir was: Das war das Härteste, was ich je gemacht habe. Niemand wollte in mein Geschäft investieren, nicht mal meine Familie. Alle haben mich für verrückt erklärt. Aber nach einem Jahr ging das Geld plötzlich rein wie die Luft zum Atmen. Ich habe mir richtig was gegönnt. Und nach ein paar Jahren mit diesem Plan habe ich das ganze Unternehmen für eine hübsche Summe verkauft."

„Cool, Mann. Ich hätte nie gedacht, dass in Müll so viel Kohle steckt."

„Im Müll steckt bares Geld, was soll ich sagen. Ach ja … willst du ein Bier oder was?"

Natürlich sind wir bis heute Freunde geblieben.

***

Als ich von seinem Erfolg hörte, wurde mir klar, wie viel Power ein einfaches Angebot haben kann, wenn es richtig gemacht wird. Schauen wir uns also ein paar wichtige Dinge an, damit Sie es genauso hinbekommen wie er.

Wenn Sie denken, dass das wie „Kaufen Sie X und bekommen Sie Y gratis" im Fortsetzungsstil aussieht, dann liegen Sie richtig. Es gibt aber genug Unterschiede, die für Fortsetzungsangebote spezifisch sind, sodass ein eigenes Kapitel gerechtfertigt ist.

Beschreibung

Bei einem einmaligen Fortsetzungsrabatt geben Sie Produkte oder Dienstleistungen kostenlos ab, wenn der Kunde sich verpflichtet, *im Laufe der Zeit* weitere Produkte und Dienstleistungen zu kaufen. Das kann viele potenzielle Kunden anziehen und ist ein einfacher Verkauf, den jeder abschließen kann.

Wenn Sie sich umschauen, werden Sie dieses Angebot in vielen verschiedenen Branchen finden. Es funktioniert. Denken Sie zum Beispiel an das Internet, Poolreinigung, Fitnessstudio-Mitgliedschaften, Gartenarbeit und alles, was man mieten kann. Ich nenne hier nur ein paar gängige Beispiele, aber Sie können das in jedem Geschäft umsetzen, solange Sie sich über zwei Dinge im Klaren sind. Erstens: wie Sie den Rabatt anwenden – ich mache das auf vier Arten. Und zweitens: Ihre Stornierungsbedingungen – denn nicht jeder hält sich immer an seine Zusagen.

Beispiele

Ich gewähre Rabatte auf <u>vier</u> Arten: im Voraus, am Ende, gleichmäßig über die Zeit verteilt oder nach dem ersten oder zweiten Monat.

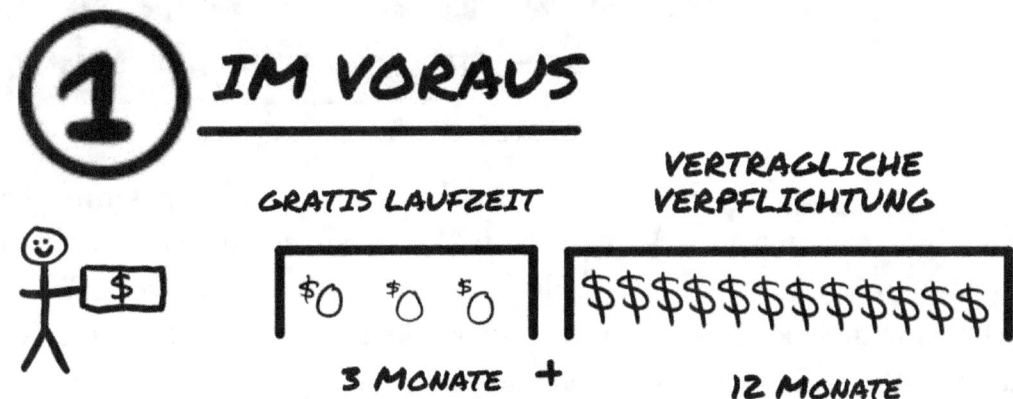

Sie gewähren den Rabatt gleich zu Beginn und verschieben die Laufzeit. Das heißt, die „offizielle" Zeit beginnt erst, nachdem die kostenlose Zeit abgelaufen ist. Das funktioniert am besten in Branchen, die Verträge gut durchsetzen können (Handys, Lagerung, Immobilien, Ausrüstung oder alles mit Sicherheiten). Zwei Hinweise: Erstens: Wenn Sie in der Vergangenheit eine hohe Abwanderungsrate hatten, dann lassen Sie diesen Punkt aus und ziehen Sie die anderen in Betracht. Zweitens: Das bringt <u>keine</u> profitablen Kunden. Es bringt zwar Kunden, verzögert aber den Zahlungseingang. Wenn Sie also profitablere Optionen suchen, lesen Sie weiter.

Am Ende. Sie können den ganzen Rabatt am Ende nutzen und die Laufzeit verlängern. Wenn alle Zahlungen *pünktlich* erfolgen, gibt es eine Bonuszeit im Wert des Rabatts. Die Kunden *verdienen sich* ihre kostenlose Zeit.

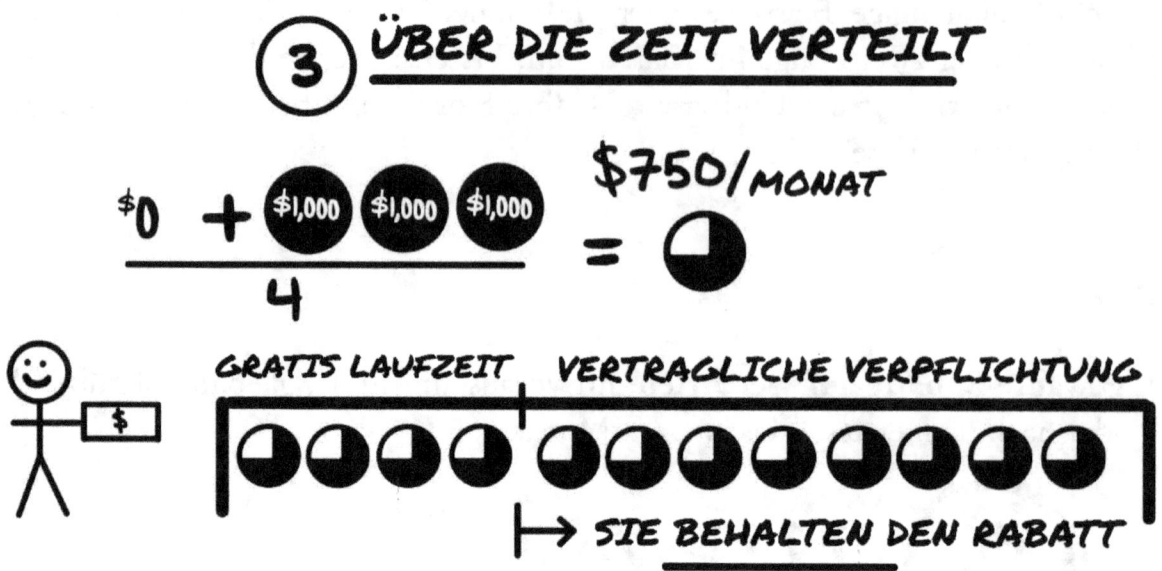

Über die Zeit verteilt. Wenden Sie den Rabatt über die gesamte Laufzeit an. Angenommen, Sie gewähren drei Monate gratis bei einer einjährigen Verpflichtung. Bei 200 Dollar pro Monat haben Sie 600 Dollar rabattiert. Durch die Verteilung dieser 600 Dollar über 12 Monate bekommen Kunden einen Rabatt von 600 Dollar/12 Monate = 50 Dollar Rabatt *pro Monat*. Sie können ihnen auch sagen, dass sie den Rabatt nach Ablauf der Laufzeit behalten können, wenn sie alle Zahlungen pünktlich leisten.

Nach den ersten 1–2 Zahlungen. Die Kunden leisten einige Zahlungen und bekommen dann ihren einmaligen Rabatt. So sammeln Sie ein bisschen Geld, um Werbung und einige Versandkosten zu decken. Ich ziehe es vor, das Angebot als „erster und letzter Monat", „letzter Monat im Voraus" oder mit einer Art Aktivierungsgebühr vor Erhalt des Bonuswerts zu präsentieren. So stellen Sie auch sicher, dass der Kunde eine gültige Zahlungsmethode verwendet – ein kleines, aber wichtiges Detail, wenn Sie ein Unternehmen führen.

Wichtige Hinweise

Hinweis: Höchster Wert pro Wort in diesem Buch Überspringen Sie diesen Abschnitt, wenn Sie Geld hassen. Rechnen Sie wöchentlich ab (wöchentlich, alle zwei Wochen, alle vier Wochen, alle zwölf Wochen usw.). Hier ist der Grund: Ein Jahr hat 12 Monate, aber das Jahr hat 13 Vier-Wochen-Zyklen. Das ist eine Differenz von 8,3 %. Wenn ich mein Produkt für „100 Dollar alle vier Wochen" (anstatt 100 Dollar pro Monat) anbiete, kaufen genauso viele Leute. Aber ich verdiene 8,3 % mehr im Jahr. Um das zu verdeutlichen: Wenn Ihr Unternehmen eine Marge von 20 % hat steigt der Jahresgewinn um 41 %. Und das Beste daran ist, dass Sie keine zusätzliche Arbeit haben. Sie müssen nur ein paar Wörter ändern. Was können Sie sonst noch legal tun, um mit so wenig Arbeit so viel Geld zu verdienen? Das hat mir buchstäblich Millionen an reinem Gewinn eingebracht. Also ja, machen Sie es unbedingt.

„Fressen" Sie nicht die Laufzeit mit Rabatten auf, sondern verlängern Sie sie lieber! Nehmen wir einmal an, Sie bieten drei Monate gratis, wenn jemand sich für ein Jahr anmeldet. Das könnte bedeuten, dass er neun Monate bezahlt und dann drei gratis bekommt (insgesamt 12 Monate). Oder es könnte bedeuten, dass er 12 Monate bezahlt und drei gratis bekommt (insgesamt 15 Monate). Ich finde es besser, erst einmal die Laufzeit zu verlängern. Dann kann ich ein kürzeres Angebot als Downsell anbieten.

Holen Sie sich 3 % mehr Umsatz mit fünf zusätzlichen Wörtern. „Ja, es sind X Dollar plus 3 % Bearbeitungsgebühr." In meinem ganzen Leben hat noch nie jemand wegen einer Bearbeitungsgebühr auf einen Kauf verzichtet. Aber 3 % mehr Umsatz ohne zusätzlichen Aufwand bedeuten direkt mehr Gewinn. Wenn Sie ein Unternehmen mit 10 % Gewinn haben und 3 % hinzufügen, haben Sie gerade 30 % mehr Gewinn gemacht. Das lohnt sich. Und das funktioniert besonders gut, wenn Sie außerdem …

Zwei Zahlungsarten bekommen. Unternehmen mit wiederkehrenden Zahlungen verlieren ganz schön viel Geld wegen Problemen bei der Zahlungsabwicklung. Zum einen gibt es Kunden, die zwar nicht kündigen, aber deren Zahlungsdaten sich ändern oder ablaufen. Zum anderen kann es vorkommen, dass Kunden ihr Kartenlimit erreichen oder nicht genug Geld auf der Karte haben. Wir lösen beide Probleme mit derselben Lösung. Ich frage Kunden, ob sie 3 % Rabatt wollen (eine ziemlich normale Bearbeitungsgebühr). *„Wollen Sie die Bearbeitungsgebühr sparen? … Super. Geben Sie mir eine zweite Zahlungsart, falls mit der ersten etwas passiert.“* Wenn sie fragen, warum, was selten vorkommt, sagen Sie einfach: *„Wir haben die Bearbeitungsgebühr, weil es uns Zeit kostet, jeden Monat neue Zahlungsinfos von unseren Kunden zu bekommen. Wenn Sie uns also Zeit sparen, geben wir die Ersparnis an Sie weiter.“*

Wenn möglich, ACH nutzen. Wenn Sie sich eine zweite Zahlungsmethode geben lassen, versuchen Sie, ACH zu bekommen. Das ist eine Zahlungsmethode, die direkt mit dem Bankkonto des Kunden verbunden ist. Neben Bargeld ist das die günstigste Zahlungsmethode. Wenn Sie nicht wissen, was ACH ist, informieren Sie sich darüber.

Geschenkkarten vergeben. Geben Sie Kunden die rabattierte Zeit in Form einer physischen Geschenkkarte. Sie können sie ihnen per Post schicken, wenn sie nicht in der Nähe sind. Die Kunden können den Rabatt *nach den ersten drei Zahlungen (oder so)* jederzeit nutzen. Dazu können Sie ihnen sagen, dass sie die Karte auch an einen Freund verschenken können, wenn sie wollen. Und schon haben Sie einen Lead-Magneten! Darüber hinaus vergessen viele Leute einfach, die Karte zu nutzen. In diesem Fall haben Sie einfach eine Anmeldung zum vollen Preis erhalten. Super!

Probieren Sie es einmal mit einem lebenslangen Rabatt zu dem Zeitpunkt, an dem Ihre Kunden am häufigsten abwandern. Sie machen Werbung für den lebenslangen Rabatt. Aber Sie lassen Ihre Kunden ihn *sich verdienen*. Sie bekommen einen günstigeren Tarif, *wenn* sie länger als X Monate bleiben. Legen Sie X auf den Monat fest, in dem Ihre Kunden im Durchschnitt abwandern.

Nehmen wir an, Sie wissen, dass jeder Kunde im Durchschnitt vier Monate bleibt. Sie sagen allen <u>im Voraus</u>, dass sie nach vier Monaten einen lebenslangen Rabatt bekommen. Wenn der Zeitpunkt näher rückt, teilen Sie ihnen mit, dass ihr neuer, niedrigerer Preis bald kommt.

Beispiel aus der Praxis: Ich habe mal gesehen, wie eine Firma (wirklich viel) Reis verkauft hat. Sie hatte drei Preisoptionen: 1) einen einmaligen Preis, 2) 5 % Rabatt bei *einem Abonnement* und 3) 15 % Rabatt, *wenn man fünf Monate lang dabeibleibt.* Dann hat man den niedrigeren Preis für immer bekommen. Ich bin mir sicher, dass sie genau wussten, dass die meisten Leute nicht so schnell kündigen würden.

KÜNDIGUNGEN

Sie sollten Ihre Kündigungsbedingungen im Voraus festlegen. Es gibt viele gängige Bedingungen. 30 oder 60 Tage Vorankündigung. Stornierungsgebühren. Jederzeit stornierbar. Etc. Da alle meine Kunden meine Fortsetzungsangebote mit einem Rabatt bekommen, ist das hier meine Lieblingsoption:

Machen Sie die Stornogebühr einfach *so hoch wie den Rabatt, den sie bekommen sollten.* Wenn sie also durch ihre Zusage 600 Dollar Rabatt bekommen haben, können sie 600 Dollar zahlen, wann immer sie stornieren wollen. Das ist ganz einfach zu erklären.

Stellen Sie sicher, dass Kunden wissen, wie sie kündigen können. Wenn Kunden in Ihrem Geschäft keine Möglichkeit haben, sich zu beschweren, werden sie sich definitiv außerhalb Ihres Geschäfts beschweren. Wenn Sie ihnen keine klare Möglichkeit zur Kündigung bieten, werden mehr Leute verschwinden *und* sich beschweren. Wenn Sie Ihren Kunden eine klare Möglichkeit bieten, Sie zu kontaktieren, haben Sie eine echte Chance, sie zu halten. *Kleine Unternehmen werden nicht reich, indem sie es ihren Kunden schwer machen.* Wenn Sie es ihnen einfach machen, bekommen Sie weniger 1-Stern-Bewertungen und haben die Chance, sie noch zu retten, wenn sie doch einmal abgegeben werden – weil Sie davon erfahren.

Wenn ein Kunde kündigen will, fragen Sie ihn, ob er ein Abschlussgespräch haben möchte. Manche Leute müssen einfach Dampf ablassen. Lassen Sie sie. Seien Sie noch wütender über das Problem als sie. Vielleicht versuchen sie dann, Sie zu beruhigen. Manchmal retten sie sich selbst! Wenn sie sich über etwas beschweren, das Sie lösen können, dann tun Sie es, verdammt noch mal. Und wenn sie ein besseres Produkt wollen, verkaufen Sie ihnen ein Upgrade auf einen höheren Servicelevel, falls Sie einen anbieten können. Ich habe schon oft erlebt, dass Leute ein günstigeres Angebot gekauft und sich dann beschwert haben, weil sie die teureren Funktionen wollten. Also biete ich ihnen die teureren Funktionen an – und sie kaufen sie. Ja, das passiert. Und ja, es funktioniert.

Nutzen Sie Kündigungsgebühren zum Vorteil des Kunden. Ich könnte sagen: „Ich erlasse Ihnen die Kündigungsgebühr, wenn Sie vorbeikommen und mir sagen, was ich besser machen könnte." Das gibt den Kunden einen *echten* Grund, Feedback zu geben. Dann kann ich ihr Feedback nutzen, um das Problem zu beheben – oder ihnen etwas anbieten, das besser zu ihnen passt. Zumindest werden sie etwas Positives über das Unternehmen zu sagen haben, wenn ich mich tatsächlich bemühe, das Problem zu lösen. Ich kann regelmäßig ein Drittel der Kunden, die einem Abschlussgespräch zustimmen, zurückgewinnen.

Zusammenfassung

- Fortsetzungsrabatte bieten Kunden eine kostenlose Verlängerung der Laufzeit, *wenn* sie sich heute anmelden.

- Im Voraus gewährte Rabatte bringen mehr Kunden, können aber auch zu einer höheren Abwanderungsrate führen.

- Rabatte, die erst später gewährt werden, bringen zwar weniger Kunden, aber dafür weniger Abwanderung.

- Durch die Verteilung des Rabatts über den gesamten Zeitraum bleibt der Cashflow erhalten, während der volle Rabatt gewährt wird.

- Nutzen Sie Geschenkkarten, um Neukunden einen Rabatt zu gewähren, den sie an Freunde verschenken oder später selbst einlösen können. Sie erhalten einen Neukunden zum vollen Preis und eine Empfehlung!

- Geben Sie Kunden die Chance, *in dem Monat, in dem die meisten* Leute kündigen, einen lebenslangen Rabatt zu bekommen, damit sie bei einem niedrigeren Preis dabeibleiben.

- Lockere Kündigungsbedingungen bringen mehr Leute dazu, sich anzumelden, aber es werden auch mehr Leute kündigen. Strengere Bedingungen bringen weniger Anmeldungen, aber auch weniger Kündigungen. Ich finde es besser, wenn Kunden kündigen, indem sie den Rabatt bezahlen, den sie durch ihre Verpflichtung bekommen haben. So zahlen sie wieder den monatlichen Tarif.

- Stellen Sie sicher, dass die Kunden wissen, wie sie kündigen können.

- Wenn ein Kunde kündigen will, bieten Sie ihm ein Abschlussgespräch an. Machen Sie ihm ein gutes Angebot, indem Sie sagen, dass Sie die Kündigungsgebühr erlassen, wenn er das macht. Oft können Sie ihn so doch noch halten oder ihm etwas Besseres verkaufen. Zumindest wissen Sie dann, was schiefgelaufen ist, und können sich verbessern.

GRATIS-GESCHENK: Schulung zu Rabattangeboten für Fortsetzungsangebote

Genau wie Boni sind auch Rabatte nur durch Ihre Kreativität begrenzt. In diesem Kapitel habe ich Ihnen die Grundlagen gezeigt. Außerdem habe ich ein Video mit ein paar kreativen Ideen zusammengestellt, die ich schon gesehen habe. Wie immer können Sie es sich kostenlos unter acquisition.com/training/money ansehen. Oder scannen Sie einfach den QR-Code. Viel Spaß dabei!

Angebote mit Gebührenerlass

Sie können sich entweder von Monat zu Monat mit einer Einrichtungsgebühr anmelden – oder ich verzichte auf diese Gebühr, wenn Sie sich für ein Jahr festlegen.

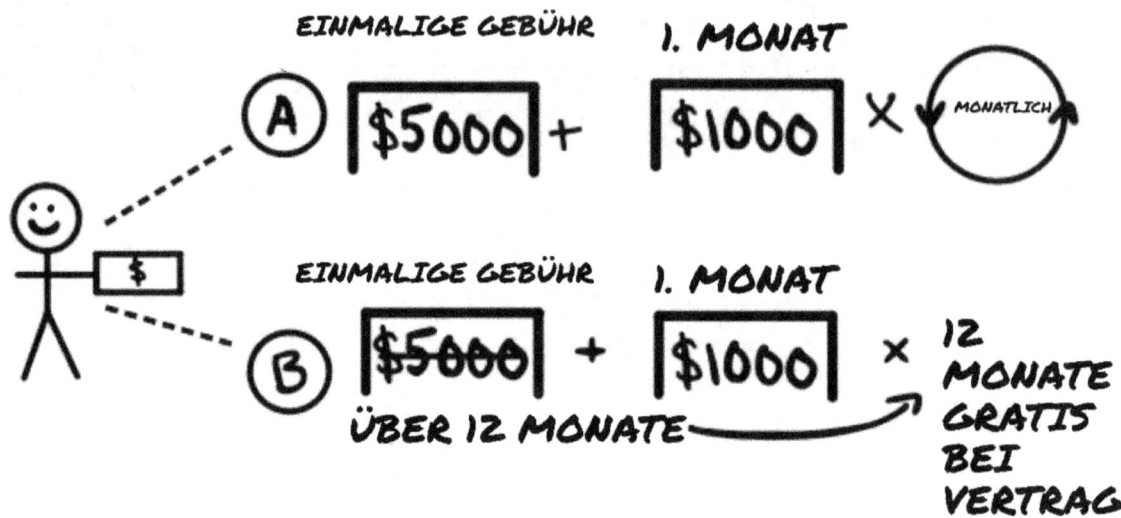

Januar 2021

Seit Jahren hörte ich Geschichten über diese Legende der Hochpreisverkäufe. Heute sollte ich ihn endlich treffen. Aber dann wurde es seltsam. Man könnte meinen, dass jemand mit so einem Ruf auch gerne arbeitete – aber er nicht. Tatsächlich war seine Einstellung zur Arbeit fast das *Gegenteil* von meiner – er wollte *so wenig wie möglich arbeiten*. Und solche „Lifestyle"-Typen schrecken mich normalerweise ab. Aber er hatte seinen legendären Ruf nicht ohne Grund. Das machte mich umso neugieriger …

„Ich verdiene lieber ein paar Millionen Dollar im Jahr mit null Angestellten und coolen Kunden, als ein riesiges Unternehmen aufzubauen, das jeden bedient, der mir einen Dollar gibt", meinte er. „Ich muss mein Ego nicht füttern, ich kassiere einfach meine monatlichen Zahlungen und chille."

Ja, klar. „Monatliche Zahlungen? Das klingt weniger chillig als Vorauszahlungen. Musst du dich nicht mit Kundenabwanderung, Rücktritten und all den anderen Problemen der Fortsetzung herumschlagen?", fragte ich.

„Nein, nicht wirklich. Meine Verkaufsmethode ist so einfach, dass du dich selbst ohrfeigen wirst, wenn du sie hörst", sagte er.

„Ich bin ganz Ohr."

„Ich sage den Kunden, dass sie zwei Optionen haben: *,Sie können sich* für einen monatlichen Vertrag mit einer hohen Einrichtungsgebühr entscheiden. *Die deckt die Kosten für den Start, aber Sie können jederzeit kündigen. Oder Sie legen sich* für ein Jahr *fest, dann erlasse ich Ihnen die Gebühr.'* Und ich setze die Gebühr so hoch an, dass die Käufer sich festlegen, um sie zu vermeiden. Außerdem lasse ich sie mit ihren Initialen bestätigen, dass sie wissen, dass sie vorzeitig kündigen können, wenn sie die Gebühr zahlen, die ich ihnen erlassen habe."

„Warum so eine hohe Gebühr?", fragte ich.

„Am Anfang kostet es viel, aufzuhören, also bleiben sie dran und ..."

Ich warf ein: „Und wenn sie diesen Punkt erst mal geschafft haben, kostet es ungefähr genauso viel, aufzuhören, wie dabeizubleiben. Also bleiben sie einfach dabei."

„Genau."

Beschreibung

So funktionieren Angebote mit Gebührenerlass: Zuerst fordern Sie den Kunden auf, eine Start- bzw. Einrichtungsgebühr als Teil der Teilnahme an einem monatlichen Programm zu zahlen. Normalerweise nehme ich das 3- bis 5-fache meines monatlichen Preises. Dann bieten Sie an, die *gesamte* Gebühr zu erlassen, *wenn* er sich länger bindet. Wenn er aber während der Laufzeit kündigt, zahlt er die Gebühr.

Kunden können entweder eine hohe Gebühr zahlen und jederzeit kündigen oder sich für 12 Monate festlegen und die Gebühr sparen. Viele werden sich wohl festlegen, um die hohe Gebühr zu vermeiden.

Wir gehen ein größeres Risiko ein, wenn sie monatlich zahlen. Aber *sie* gehen ein größeres Risiko ein, wenn sie sich festlegen. Wenn ein Kunde sich für eine monatliche Zahlung entscheidet, senken wir unser Risiko durch die Start- und Einrichtungsgebühr. Aber wir senken *ihr* Risiko von Jahr zu Jahr, indem wir diese Gebühren erlassen. Und wenn sie sich festlegen und vorzeitig kündigen möchten, ist das in Ordnung. Sie zahlen *dann so, als* hätten sie sich von Anfang an für eine monatliche Zahlung entschieden. Ganz einfach.

Fazit: Kunden bleiben länger, wenn das Kündigen mehr kostet als das Bleiben.

Beispiel

Da sich das Angebot mehr auf die Preisgestaltung konzentriert, sieht es in allen Fortsetzungsgeschäften gleich aus. Das folgende Beispiel zeigt Ihnen anhand der Geschichte, wie das Ganze funktioniert.

Gebührenerlass bei vertraglicher Verpflichtung.

1) Vertragslaufzeit – 12 Monate

2) Monatlicher Betrag – 1.000 Dollar pro Monat

3) Gebühr – 5.000 Dollar *bei monatlicher Zahlung*.

Option A: Einmalige Gebühr von 5.000 Dollar *plus* 1.000 Dollar für den ersten Monat. Danach 1.000 Dollar pro Monat. Sie können jederzeit kündigen.

Option B: Die 5.000 Dollar fallen weg, wenn Sie sich für 12 Monate festlegen. Sie zahlen dann 1.000 Dollar pro Monat. Die 5.000 Dollar sind nur fällig, wenn Sie vorzeitig aussteigen.

Wichtige Hinweise

Gebühren bringen Kunden dazu, anzufangen. Leute profitieren davon, sich *sofort* zu verpflichten, weil sie so eine Gebühr sparen. Leute wollen Gebühren vermeiden. Also melden sich mehr Leute für die Fortsetzung an. Mission erfüllt.

Gebühren bringen Kunden dazu, dabeizubleiben. Leute bleiben aus dem gleichen Grund dabei, aus dem sie angefangen haben. Indem sie dabeibleiben, *vermeiden sie die Gebühr*. Leute kündigen aus Millionen von Gründen. Aber wenn sie eine zusätzliche und höhere Gebühr zahlen müssen, *um* zu kündigen, verliert ihr ursprünglicher Grund zum Kündigen im Vergleich zum Wert der vermiedenen Gebühr sofort an Bedeutung. Wenn also die Kosten für das Kündigen höher sind als die Kosten für das Bleiben, bleiben sie wahrscheinlich dabei.

Die Gebühr erklären. Sagen Sie ihnen, warum die Gebühr anfällt, indem Sie die Kosten für die Aufnahme neuer Kunden für langfristige Programme erklären. Im Grunde gilt: Wenn Kunden kurzfristige Flexibilität wollen, *zahlen sie ihre eigenen Einrichtungskosten*. Wenn sie sich aber langfristig verpflichten, übernehmen wir die Einrichtungskosten für sie. Wenn jemand nach weiteren Gründen fragt, sagen Sie einfach: *„Es kostet uns Geld, Sie einzurichten. Wenn Sie uns nur testen* möchten, *tragen Sie diese Kosten. Wenn Sie sich* länger *verpflichten, übernehmen wir sie.“*

Wenn <u>mehr als 5 %</u> der Leute vorzeitig kündigen wollen, sollten Sie sich das genauer anschauen. Preise *können* zwar zum Bleiben *motivieren*, aber sie können (und *sollten*) ein schlechtes Produkt nicht wettmachen. Sie sollten die Leute sanft dazu bewegen, nicht sie dazu zwingen, für etwas zu bezahlen, das sie nicht mögen. Sonst werden sie Sie nur hassen.

Wenn Sie mehr Geld im Voraus haben wollen, berechnen Sie eine geringere Gebühr. Eine geringere Gebühr motiviert die Leute, sich für einen monatlichen Vertrag zu entscheiden. Eine höhere Gebühr motiviert sie, sich länger zu binden. Wenn Sie aber mehr Geld im Voraus brauchen, können Sie die Gebühr auf das 1,5- bis 3-fache des monatlichen Preises festlegen. Dann werden mehr Leute den Vertrag abschließen und Sie bekommen mehr Geld im Voraus.

Verzichten Sie auf die Gebühr, wenn der Kunde seine Verpflichtung erfüllt hat. Wenn jemand seine Verpflichtung komplett erfüllt hat und dann doch stornieren will, hat er sich die kostenlose Stornierung verdient. Eine Verpflichtung gilt nicht für immer. So ist es fair.

Ich finde dieses Angebot für Verträge ab einem Jahr besser. Je länger der Vertrag läuft, desto besser funktioniert es. Das passt besonders gut zu Services, die Zeit brauchen, um zu wirken (SEO, Investitionen, Abnehmen usw.). Es hilft Leuten, dranzubleiben, *wenn* sie emotional werden.

Kündigungsgebühren für einen guten Zweck? Wenn Sie Ihre Kunden extra motivieren wollen, können Sie den Betrag für einen Zweck spenden, den sie <u>*nicht gut*</u> finden. Beispiel: „Was finden Sie total schrecklich? ... *Super. Wenn Sie frühzeitig stornieren, spende ich Ihre Einrichtungsgebühr an diese Organisation.*" Das gibt Kunden *zwei* Gründe, zu bleiben. Erstens, weil sie das Geld nicht ausgeben wollen. Zweitens, weil sie nicht wollen, dass eine Organisation, die sie hassen, das Geld bekommt.

Zusammenfassung

- Angebote mit Gebührenerlass bieten eine Option einer monatlichen Laufzeit mit einer Gebühr oder eine Option mit Erlass der Gebühr, wenn Kunden sich langfristig festlegen.

- Ich setze die Gebühr normalerweise auf das 3- bis 5-fache meines monatlichen Tarifs fest.

- Die Mindestlaufzeit sollte ein Jahr betragen.

- Je höher Ihre Gebühr ist, desto mehr Leute werden sich für die längerfristige Verpflichtung entscheiden. Je niedriger Ihre Gebühr ist, desto mehr Geld bekommen Sie im Voraus.

- Wenn der Kunde die Verpflichtung erfüllt, entfällt die Gebühr offiziell.

GRATIS-GESCHENK: Video-Schulung zum Thema „Gebührenerlass"

Gebührenerlass ist echt super effektiv. Ich kann es kaum erwarten, dass Sie es selbst ausprobieren und sich davon überzeugen. Damit Sie sich dabei sicher fühlen, habe ich ein Video gemacht, das Ihnen alles zeigt. Wie immer können Sie es sich kostenlos unter acquisition.com/training/money ansehen. Oder Sie scannen einfach den QR-Code. Viel Spaß!

SCANNE MICH

Fortsetzungsangebote – Fazit

Das Einzige, was besser ist, als jemanden zu einem einmaligen Kauf
zu bewegen, ist, ihn zu einem erneuten Kauf zu bewegen.

Fortsetzungsangebote *bieten einen dauerhaften Mehrwert, für den Kunden so lange zahlen, bis sie kündigen.* Viele Unternehmen nutzen Fortsetzungsangebote, um Kunden zu geringeren Kosten zu gewinnen. Allerdings führt das zu einem Einbruch der 30-Tage-Gewinne. Das macht profitable Werbung schwierig.

Ich nutze Fortsetzungsangebote anders. Ich mache sie *langlebig.* Ich starte mit coolen Attraktions-Angeboten. Dann kommen meine Upselling- und Downselling-Angebote. Und *dann* biete ich eine Fortsetzung an. Wenn die Leute das nehmen, verkaufe ich ihnen eine größere Menge an Zeit oder Produkten mit einem Rabatt. Sobald sie ihren Großeinkauf aufgebraucht haben, kommen sie automatisch in die Fortsetzung. So verdiene ich noch mehr Geld *und* profitiere von den wiederkehrenden Einnahmen der anderen Fortsetzungs-Kunden.

Fortsetzungsangebote funktionieren mit Belohnungen oder Strafen. Ich finde Belohnungen besser. Und zwei der drei Fortsetzungsangebote, die ich erklärt habe, nutzen sie. Aber es wird immer Situationen geben, in denen ein traditionellerer Vertrag sinnvoller ist. In solchen Fällen mag ich Angebote mit Gebührenerlass.

Im nächsten Abschnitt erstellen wir unser 100-Millionen-Dollar-Geldmodell, indem wir alle vier Angebotstypen kombinieren: Attraktions-Angebote, Upselling-Angebote, Downselling-Angebote und Fortsetzungsangebote. Lassen Sie uns das Ganze abrunden.

ABSCHNITT VI:
ERSTELLEN SIE IHR GELDMODELL

Wie Sie Ihren ganzen Markt erobern

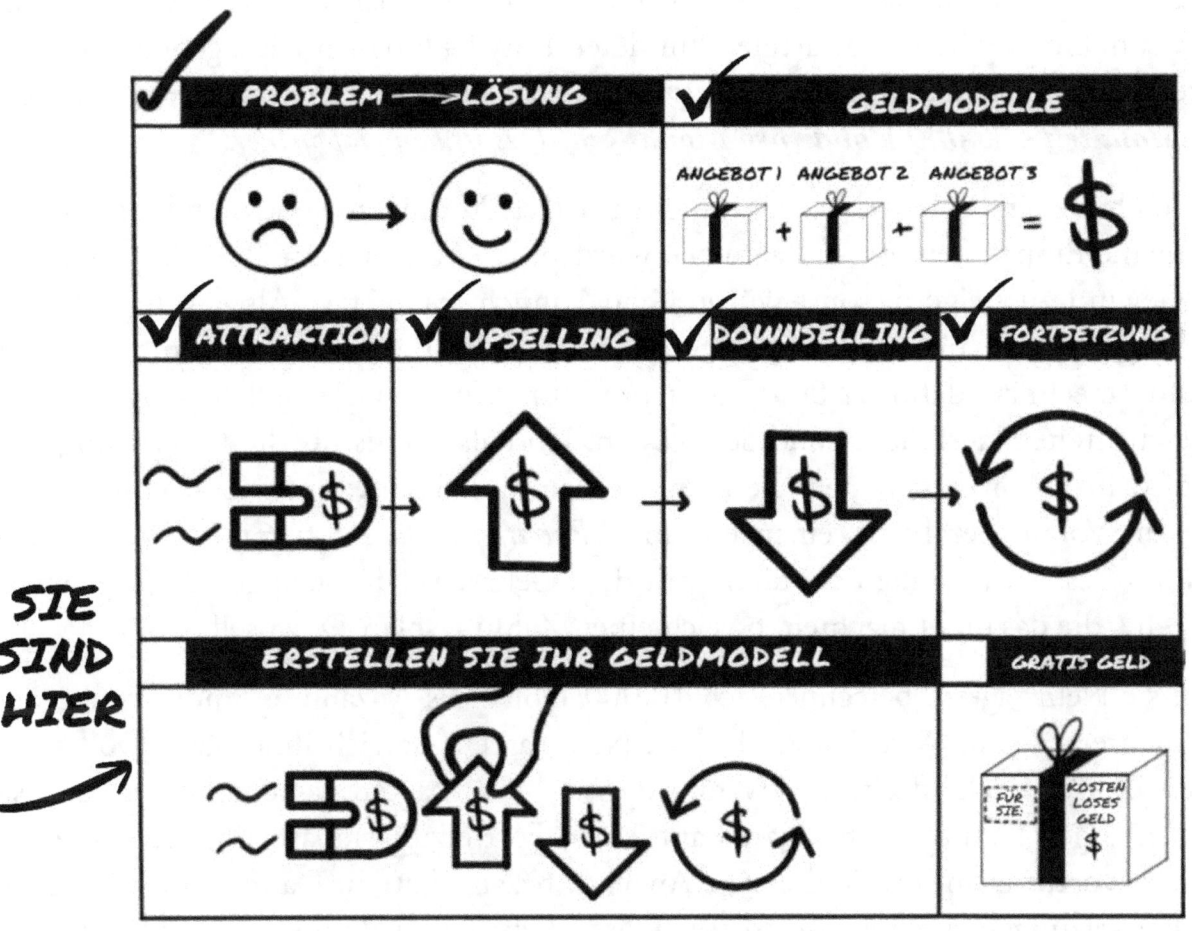

Ein Rückblick auf die Entwicklung des 100-Millionen-Dollar-Geldmodells von Gym Launch.

Das Lizenzmodell von Gym Launch habe ich zufällig entdeckt. Ich bin von einem Leben, in dem ich herumreiste und Fitnessstudios füllte, dazu übergegangen, das zu lizenzieren, was ich dabei verwendete. Auf diese Weise konnten Fitnessstudio-Besitzer das dann selbst machen.

Rückblickend hat alles mit einem Lockangebot angefangen. Ich zog neue Kunden mit vielen kostenlosen Kursen, Büchern, Video-Schulungen, Live-Trainings und so weiter an – alles rund um das Thema „Wie baue ich ein Fitnessstudio auf?". Zu jedem kostenlosen Produkt gab es einen kostenlosen Anruf, um Fitnessstudio-Besitzern bei der Nutzung zu helfen. Bei dem Anruf bot ich Folgendes an:

Lockangebot: Jetzt, wo Sie den Plan haben, können Sie ihn kostenlos selbst umsetzen.

Oder ...

Premium-Angebot: Wir können Ihnen dabei helfen, all das für 16.000 Dollar über 16 Wochen umzusetzen.

Wenn Kunden sich für das Premium-Angebot entschieden, bekamen sie einen Schatz an Strategien zum Geldverdienen. Strategien, für deren Entwicklung ich Jahre gebraucht hatte. Die Leute stürzten sich darauf. **Und Schwupps, brachte mir mein Lockangebot innerhalb von drei Monaten 476.000 Dollar pro Monat ein.** *Das ist kein Tippfehler.*

Aber ich hatte ein Problem. Da ich nur ein einziges Produkt zu verkaufen hatte, wusste ich, dass meine Einnahmen *schnell* stagnieren würden. Ich brauchte ein Upselling-Angebot, um den Gewinn zu steigern, sonst würde Gym Launch stagnieren. Also entwickelte ich ein Upselling-Angebot für fortgeschrittenere Fitnessstudio-Besitzer. Ich nannte es „Gym Lords" und berechnete dafür 42.000 Dollar pro Jahr. Mit dem klassischen Upselling bot ich fortgeschrittene Handbücher und Services an. Und als Bonus für die Fortsetzung eine Community, in der man sich über Best Practices austauschen konnte. Zunächst bot ich allen, die im Voraus bezahlten, einen enormen *Rabatt in Höhe von 6.000 Dollar.* Viele Fitnessstudio-Besitzer bezahlten das direkt mit dem Geld, das ich ihnen gerade eingebracht hatte. Für die, die das nicht machten, bot ich einen Zahlungsplan-Downsell an.

Wenn sie Nein sagten, berechnete ich 10.000 Dollar als Anzahlung und verteilte den Rest auf mehrere Raten. Wenn sie auch dazu Nein sagten, bot ich ihnen 800 Dollar pro Woche für 52 Wochen Laufzeit. Und wenn sie *wieder* Nein sagten, sagte ich ihnen, dass sie kostenlos anfangen könnten. Ich nutzte dann einen Fortsetzungsrabatt, um die kostenlose Zeit so lange vorzuziehen, bis sie das erste Angebot bezahlt hatten. Dann rollten sie direkt in mein Fortsetzungs-Upselling. Auf diese Weise blieben ihre Zahlungen kontinuierlich. **Und zack ... Die Kombination von klassischem Upselling + Fortsetzungsbonus + Zahlungsplan-Downselling + Fortsetzungsrabatt brachte mir ~1.500.000 Dollar pro Monat ein.**

Ich hatte also noch etwas zu verkaufen. Wow! Und das brachte das Geldmodell von Gym Launch auf die nächste Stufe. Aber es gab noch etwas, das ich tun musste. Obwohl der Upselling- und Downselling-Prozess gut lief, *sagten einige Fitnessstudio-Besitzer immer noch Nein.* Also ging ich zurück an den Start.

Ich entwickelte ein personalisierteres Menü-Upselling mit verschiedenen Servicelevels. Ich bot fertige Werbekampagnen an. Ich bot Schulungen für das Verkaufsteam an. Ich bot sofort einsatzfertige Kampagnen an, mit denen man schnell Geld verdienen konnte. Und schließlich bot ich ein Mindestpaket an – dauerhaften Zugriff auf die Originalmaterialien für den Start eines Fitnessstudios *mit technischem Support* zu einem reduzierten monatlichen Preis. Wenn die Kunden nicht das ganze Paket wollten, nutze ich <u>Feature-Downsells</u>, um die beste Option für sie zu finden. Fast alle Kunden sind für irgendetwas davon dabeigeblieben.

Und Wham!... Mit den Menü-Upsells und Feature-Downsells kam ich zu einem Monatsverdienst von 2.300.000 Dollar. *Und das alles innerhalb von 14 Monaten.*

Dann starteten wir Prestige Labs und brachten es mit Gym Launch zusammen. Ein ganz anderes Geschäft mit seinem eigenen Geldmodell. Nach 20 Monaten verdienten wir 4.400.000 Dollar *im Monat.* Das veränderte unser Leben. Und dafür brauchten wir *nur* *ein paar verdammt gute Produkte* und ein *100-Millionen-Dollar-Geldmodell.*

✳✳✳

Anmerkung des Autors: Als ich anfing, wusste ich noch nichts über Geldmodelle. Im Nachhinein sieht alles ganz einfach aus. Aber ich hoffe, dass ich die Dinge damit vereinfachen kann, damit Sie weniger Zeit brauchen als ich.

Beschreibung

Ein Geldmodell ist *eine durchdachte Abfolge von Angeboten.* Es geht darum, was Sie anbieten, wann Sie es anbieten und wie Sie es anbieten, um so schnell wie möglich so viel Geld wie möglich zu verdienen. Im Idealfall sollten Sie mit einem Kunden genug Geld verdienen, um *in weniger als 30 Tagen mindestens* zwei weitere Kunden zu gewinnen und zu bedienen. Das sieht selten einfach aus, aber ich teile 100-Millionen-Dollar-Geldmodelle in drei Phasen ein:

Phase I: Geld verdienen – Attraktions-Angebote bringen mehr Kunden für weniger Geld

Phase II: Mehr Geld verdienen – Mit Upselling- und Downselling-Angeboten schneller mehr Geld verdienen

Phase III: Das Maximum herausholen – Mit Fortsetzungsangeboten den Gesamtumsatz maximieren

Ich teile mein 100-Millionen-Dollar-Geldmodell in diese Phasen auf, weil das Geldmodell zusammen mit dem Unternehmen wächst. Mit anderen Worten: Wenn Sie versuchen, ein Startup-Unternehmen von Null an ganz alleine mit einem „fertigen" Geldmodell *zu starten,* wird es *Ihnen unter den Füßen zusammenbrechen.* Tatsächlich hat keines meiner Unternehmen mit einem komplett ausgearbeiteten Geldmodell angefangen. *Alle* haben in Phase I angefangen. Sogar Acquisition.com! Meiner Erfahrung nach entwickeln sich Geldmodelle so:

- Zuerst gewinne ich zuverlässig Kunden, *dann*

- stelle ich sicher, dass sie zuverlässig bezahlen, *dann*

- stelle ich sicher, dass sie zuverlässig für andere Kunden bezahlen, *dann*

- fange ich damit an, den langfristigen Wert jedes Kunden zu maximieren, *und dann*

- gebe ich so viel Geld für Werbung aus, wie ich kann, um so viel Geld wie möglich zu verdienen.

Meine Geldmodelle entwickeln sich so, weil ich dafür sorge, *dass jede Phase die nächste finanziert*. Wir verbessern jede Phase, bis sie *zuverlässig* funktioniert. Das bedeutet auch finanzielle *und* operative Zuverlässigkeit. Also, Warnhinweis: Wenn Ihr Geldmodell zu funktionieren beginnt, beginnt Ihr Geschäft *zusammenzubrechen*. Das gehört dazu. Ich schlage vor, Sie suchen sich jemanden, der das Team aufbauen und leiten kann, welches Ihre Vision verwirklicht. Als ich das tat, habe ich sie geheiratet. Ich hoffe, Sie haben das gleiche Glück.

Anmerkung des Autors: Ich möchte mich ganz klar ausdrücken. Es gibt jede Menge *100-Millionen-Dollar-Geldmodelle*. Ich würde sogar sagen, dass es für jedes 100-Millionen-Dollar-Unternehmen ein *100-Millionen-Dollar-Geldmodell* gibt! Vergessen Sie nicht, dass viele Unternehmen auf ganz unterschiedliche Weise viel Geld verdienen. Ich zeige nur, wie *ich es tatsächlich gemacht habe*.

Beispiele für Geldmodelle

Aufschlüsselung des Geldmodells für Gym Launch (Dienstleistungen)

Phase I: Attraktions-Angebot: Lockangebot

Kostenloses Do-it-yourself-Lockangebot vs. Premium-Lizenzierung mit Komplettservice für 16.000 Dollar

Phase II: Upselling-Angebot: Klassischer Upsell

Wenn Sie wissen, wie Sie sie bekommen, müssen Sie auch wissen, wie Sie sie behalten.

42.000 Dollar pro Jahr (36.000 Dollar bei Zahlung im Voraus) für erweiterte Business-Services

Phase II: Downselling-Angebot: Zahlungsplan-Downsell

„Wippe"-Downsell: *Beginnen Sie mit einer Anzahlung von 10.000 Dollar und zahlen Sie den Rest über 52 Wochen.*

Endgültiges Zahlungsplanangebot: *800 Dollar pro Woche für 52 Wochen*

Phase III: Fortsetzungsangebot: Menü- + Feature-Downsell

Komplettpaket: 800 Dollar pro Woche

Feature: Fertige Werbung: 300 Dollar pro Woche

Feature: Tägliches Training für Fitnessstudio-Verkäufe: 200 Dollar pro Woche

Feature: Monatliche Neuerscheinungen: 500 Dollar pro Woche

Feature: Original-Lizenzmaterialien mit technischem Support: 100 Dollar pro Woche

Minimalpaket: 100 Dollar pro Woche

Aufschlüsselung des Geschäftsmodells für Micro Gyms (lokales Geschäft)

Phase I: Attraktions-Angebot: Gewinnen Sie Ihr Geld zurück

Fitness-Challenge gegen Bezahlung. Gewinnen Sie Ihr Geld zurück, wenn Sie Ihre Ziele erreichen.

Phase I: Downselling-Angebot: Zahlungsplan-Downsell

Aufteilung der Zahlung→ Drei-Zahlungen→ Kostenlose Testphase mit Strafgebühr

Phase II: Upselling-Angebot: Menü-Upsell

Ohne die richtigen Nahrungsergänzungsmittel werden Sie nicht die besten Ergebnisse erzielen.

Nahrungsergänzungsmittel-Pakete: Großes Paket, auf Ihr Ziel zugeschnitten

Phase II: Downselling-Angebot: Feature-Downsell

Nahrungsergänzungsmittel: Großes Paket→ Kleines Paket→ Monatliches Abonnement

Phase III: Fortsetzungsangebot: Rollover-Upsell + Lebenslanger Rabatt

Lebenslang 50 Dollar Rabatt pro Monat bei Abschluss eines Vertrags mit 12 Monaten Laufzeit

Newsletter (digitales Produkt)

Phase I: Attraktions-Angebot: Kostenlose Testphase

0 Dollar, danach 399 Dollar pro Monat nach 30 Tagen

Phase II & III: Upselling + Fortsetzung: Jetzt weniger bezahlen/später mehr bezahlen + lebenslanger Rabatt

Jetzt 297 Dollar bezahlen und diesen Preis ein Leben lang behalten

Anmerkung des Autors: Ich liebe dieses Angebot. Es ist fies. Es kombiniert eine kostenlose Testphase, „Jetzt weniger bezahlen/später mehr bezahlen", einen lebenslangen Rabatt und ist ein Attraktions-Angebot, ein Upselling-Angebot und ein Fortsetzungsangebot. Ein sechs-köpfiges Monster zum Geldverdienen. Dies ist nur ein „Vorgeschmack" darauf, wie kreativ Sie durch die Kombination dieser Angebote werden können.

Hundefutter (physisches Produkt)

Phase I: Attraktions-Angebot: Kaufe X und erhalte Y gratis

Kaufe vier Monate Futter und erhalte zwei Monate gratis

Phase II: Upselling-Angebot: Klassischer Upsell *(wie bei der Mietwagen-Geschichte)*

Willst du jeden Monat → Spielzeug für deinen Hund? → Vitamine für deinen Hund?

Phase II: Downselling-Angebot: Feature-Downsell

Nur das Premiumfutter? Du willst nichts Anderes, oder?

Phase III: Fortsetzungs-Angebot: Automatische Verlängerung nach dem ersten Großeinkauf

Nach sechs Monaten läuft es monatlich weiter. Du kannst jederzeit kündigen!

Erstellen Sie Ihr eigenes Geldmodell

Schritt 1) Fangen Sie mit einem Attraktions-Angebot an. Das Ziel ist, Leute, die Sie noch nicht kennen, zu Kunden zu machen und Ihre Kosten zu decken. Also, überlegen Sie sich, was Sie verkaufen wollen. Dann überlegen Sie sich, wie Sie es am besten präsentieren. Im Abschnitt „Attraktions-Angebote" finden Sie meine Favoriten: Geld zurück, Werbegeschenke, Lockangebote, X kaufen und Y gratis erhalten, Jetzt weniger bezahlen oder später mehr bezahlen. Dann *machen Sie Werbung dafür.* Wenn Sie Interessenten bekommen, die zu Kunden werden, sind Sie auf dem richtigen Weg. Es kann bis zu einem Jahr dauern, bis Sie herausfinden, was am besten funktioniert. Wenn Sie mehr über Werbung erfahren möchten, schauen Sie sich unbedingt mein zweites Buch *100 Millionen Dollar Leads* an.

Schritt 2) Suchen Sie sich ein Upselling-Angebot aus. Das Ziel ist, innerhalb von 30 Tagen einen Gewinn zu machen, der *deutlich über* den Kosten für die Neukundengewinnung und die Bereitstellung Ihres Angebots liegt. Denken Sie daran: Sobald Sie ein Problem gelöst haben, taucht schon das nächste auf. Auch diese Probleme brauchen Lösungen. Die Probleme, die Ihr Attraktions-Angebot verursacht, lösen Sie mit Upselling-Angeboten. Wählen Sie also das Upselling-Angebot, das am besten zu dem Problem passt, das Sie lösen, und zu Ihrer Lösungsstrategie. Im Abschnitt „Upselling-Angebote" finden Sie meine vier Lieblings-Angebote: den klassischen Upsell, Menü-Upselling, Anker-Upselling und Rollover-Upselling. Machen Sie Ihr Angebot dann genau zu dem Zeitpunkt, wenn der Bedarf am größten ist.

Schritt 3) Wählen Sie ein Downselling-Angebot aus. Das Ziel ist, dass Kunden, die Ihr letztes Angebot abgelehnt haben, zu einem anderen Angebot Ja sagen. So verkaufen Sie *viel mehr an Leute*, als Sie sonst würden – und verdienen insgesamt mehr Geld *mit der gleichen Anzahl an Leads*. Im Abschnitt „Downselling-Angebote" finden Sie meine drei Favoriten. Wenn Sie den Preis gleich halten wollen, *ändern Sie die Zahlungsweise* mit „Zahlungsplan-Downsells" oder „Testphasen". Wenn Sie weniger berechnen wollen, ändern Sie *den Leistungsumfang* mit „Feature-Downsells". Und das Beste daran: Sie können innerhalb desselben Verkaufs zwischen den verschiedenen Optionen wechseln. Je flexibler Sie Ihre Angebote gestalten, desto mehr Leute werden sie kaufen.

Schritt 4) Wählen Sie ein Fortsetzungsangebot aus. Das Ziel ist, in den 30 Tagen noch einen abschließenden Verkauf zu machen und wiederkehrende Einnahmen zu generieren. Deshalb versuche ich immer, *irgendwann* Fortsetzungsangebote in mein Geschäft zu integrieren. Meine drei Lieblingsangebote sind: Fortsetzungsangebote mit Boni, Fortsetzungsangebote mit Rabatten und Angebote mit Gebührenerlass.

Manchmal ist der beste Zeitpunkt für Fortsetzungsangebote erst *nach* den ersten dreißig Tagen, und das ist okay. *Es ist besser, das Angebot zum richtigen Zeitpunkt zu machen, als es zum falschen Zeitpunkt zu erzwingen.*

Anmerkung des Autors: Startup-Unternehmen müssen Kunden mit Profit gewinnen.

Wenn Sie keine externen Investoren haben, nicht mit einem Vermögen starten oder eine endlose Quelle kostenloser Kunden haben, *ist ein Geldmodell der einzige Weg, um profitabel zu wachsen.* Sonst geht Ihnen das Geld aus und Sie müssen Ihr Geschäft aufgeben, bevor Sie überhaupt eine Chance hatten.

Wichtige Hinweise

Ein perfektes Angebot nach dem anderen. Es ist verlockend, gleich ein ganzes Geldmodell auf einmal umzusetzen. Tun Sie das nicht. Bleiben Sie bei Ihrer Phase. Suchen Sie sich ein Angebot aus. Probieren Sie es aus. Machen Sie weiter, bis es zuverlässig funktioniert. Wenn es zuverlässig funktioniert, machen Sie es so oft, bis es automatisch geht. *Dann* gehen Sie zur nächsten Phase über. Geduld ist immer noch der schnellste Weg zum Ziel. Sie müssen also in Quartalen denken, nicht in Wochen. Entweder machen Sie es richtig oder Sie machen es noch einmal. Und noch einmal. Und noch einmal. Noch einmal machen – egal wie schnell – dauert immer noch länger, als es gleich beim ersten Mal richtig zu machen.

Erhöhen Sie den Preis schrittweise. Machen Sie neue Angebote zunächst günstig. Wenn Sie dann Zusagen bekommen, erhöhen Sie den Preis. Viele frühe Zusagen liefern Kundenfeedback und helfen Ihnen, das Produkt zu verbessern. Wenn das Angebot dann zuverlässig ist, fangen Sie an, den Preis zu erhöhen. Erhöhen Sie den Preis so lange, bis Sie die Absagen nicht mehr durch die zusätzlichen Einnahmen aus den Zusagen ausgleichen können. Mit anderen Worten: Erhöhen Sie den Preis so lange, bis Sie weniger Geld verdienen.

Einfache Ideen skalieren. Ausgefallene Ideen scheitern. Holen Sie so viel wie möglich aus dem heraus, was Sie haben. Denken Sie daran: Es geht nicht darum, 100 Produkte anzubieten, sondern um 100 Möglichkeiten, Ihr Produkt anzubieten. Überlegen Sie sich mehr Möglichkeiten, dasselbe zu verkaufen, statt mehr Dinge zu verkaufen. Wenn ich Personal Training anbiete, kann ich eine, zwei, drei, vier usw. Trainingseinheiten pro Woche anbieten. *So wird ein Produkt zu vielen Angeboten.*

WICHTIG Affiliate-Produkte können Lücken im Geldmodell füllen. Eine Affiliate-Partnerschaft bedeutet einfach, dass Sie die Produkte anderer Leute gegen eine Provision verkaufen. Wenn Sie noch nichts zu bieten haben und ein Unternehmen gründen möchten, können Sie die Produkte anderer Leute anbieten. Wenn Sie nur ein Angebot haben und Ihr Geldmodell erweitern möchten, können Sie die Produkte anderer Leute anbieten. Wenn Sie ein 100-Millionen-Dollar-Unternehmen haben und mehr Geld verdienen möchten, ohne sich den operativen Aufwand aufzubürden, können Sie die Produkte anderer Leute anbieten. Kurz gesagt: Sie können in Ihrem Geldmodell immer die Produkte anderer Leute anbieten. Hier sind ein paar Beispiele:

- <u>Dienstleistung</u>: Eine Zahnarztagentur vermittelt ihren Zahnarztkunden einen Hersteller von Zahnspangen. Der Hersteller zahlt der Agentur eine Provision für jeden vermittelten Zahnarztkunden. Mehr Geld. Keine zusätzliche Arbeit. Voilà.

- <u>Lokales Geschäft</u>: Ein Massagetherapeut verkauft seinen Kunden Heim-Massagegeräte, Trainingsbänder, Medizinbälle usw. von einem anderen Anbieter. Der Kunde bezahlt über den Therapeuten und das andere Unternehmen liefert die Ware direkt an den Kunden. Ein paar Worte mehr. Viel zusätzliches Geld. Kein zusätzlicher Service.

- <u>Digitales Produkt</u>: Ein Berater empfiehlt seinen Kunden eine bestimmte Kundendienst-Software. Das Softwareunternehmen zahlt dem Berater eine Provision für jede Anmeldung.

Machen Sie aus Angeboten zum Reinschnuppern Angebote mit automatischer Verlängerung. So bekommen Sie zwei zum Preis von einem. Wenn Sie zum Beispiel ein Angebot „6 Monate kaufen, 6 Monate gratis" machen, kann sich das nach 12 Monaten automatisch in ein monatliches Abonnement umwandeln. So haben Sie die Vorteile von Angeboten zum Reinschnuppern und von Fortsetzungsangeboten. Ein kleiner Tipp mit *großer* Wirkung.

Sie können Angebote ganz nach Belieben kombinieren. Ich stelle die Angebote so vor, weil ich sie selbst so nutze. Aber wie Sie sich vielleicht erinnern, habe ich viele davon von Leuten gelernt, die sie anders eingesetzt haben als ich! Viele dieser Angebote können Sie überall einsetzen. Sie können Upselling-Taktiken in Ihrem Attraktions-Angebot verwenden.

Sie können bei *jedem* Angebot einen Downselling-Prozess einrichten. Sie können ein Fortsetzungsangebot nutzen, um neue Kunden zu gewinnen. Es gibt keine Regeln. Sie können machen, was Sie wollen. Ich zeige Ihnen etwas auf eine bestimmte Art und Weise, *aber ich erwarte, dass Sie es anders anwenden.* Beginnen Sie also mit meiner Empfehlung. Wenn Sie dann besser werden, experimentieren Sie. So habe ich es gelernt. Und so werden Sie es auch lernen.

Zusammenfassung

- Ein Geldmodell ist eine durchdachte Abfolge von Angeboten.

- Geldmodelle haben drei Phasen: Geld verdienen (Attraktions-Angebote), mehr Geld verdienen (Upselling- und Downselling-Angebote), möglichst viel Geld verdienen (Fortsetzungsangebote).

- Um Ihr eigenes Geldmodell zu erstellen, fangen Sie mit einem Attraktions-Angebot an. Sobald Sie damit Kunden und Geld haben, fügen Sie ein Upselling-Angebot hinzu. Von dort aus fügen Sie Downselling-Angebote hinzu, um noch mehr Leute zum Kauf zu bewegen. Zum Schluss fügen Sie Ihr Fortsetzungsangebot hinzu.

- Versuchen Sie nicht, ein komplettes Geldmodell auf einmal umzusetzen. Das würde Ihr Unternehmen ruinieren.

- Gründen Sie nicht einfach mehr Unternehmen, nur um mehr Angebote zu haben. Es geht nicht so sehr darum, 100 Produkte anzubieten, sondern um 100 Möglichkeiten, Ihr Produkt anzubieten.

- Um mehr zu verkaufen, ohne 100 Unternehmen zu gründen, bieten Sie Produkte *anderer* Unternehmen an und *lassen Sie sie liefern.*

- Affiliate-Partnerschaften können Lücken in Ihrem Geldmodell füllen, ohne dass Sie sich Gedanken über die Lieferung machen müssen.

- Machen Sie die Preise für neue Angebote so niedrig, dass Sie viele Zusagen bekommen. Nutzen Sie das Feedback Ihrer Kunden, um Ihr Produkt zu verbessern. Dann erhöhen Sie den Preis, bis Sie nicht mehr Geld verdienen.

- Ein 100-Millionen-Dollar-Geldmodell macht Bargeld als Wachstumshemmnis überflüssig. Mission erfüllt.

GRATIS-GESCHENK: Schritt-für-Schritt-Anleitung zum Erstellen Ihres eigenen Geldmodells

Puh. In diesem Kapitel geht es um eine Menge. Es ist wohl auch das wichtigste Kapitel des Buches. Damit Sie nicht stecken bleiben, habe ich ein Video erstellt, das Sie Schritt für Schritt durch diesen Prozess führt. Wie immer können Sie es kostenlos (ohne Anmeldung) unter acquisition.com/training/money ansehen. Oder Sie scannen den QR-Code.

Zehn Jahre in zehn Minuten

Das Beste, was ein Mensch tun kann, ist, einem anderen Menschen zu helfen, mehr zu wissen. – Charlie Munger

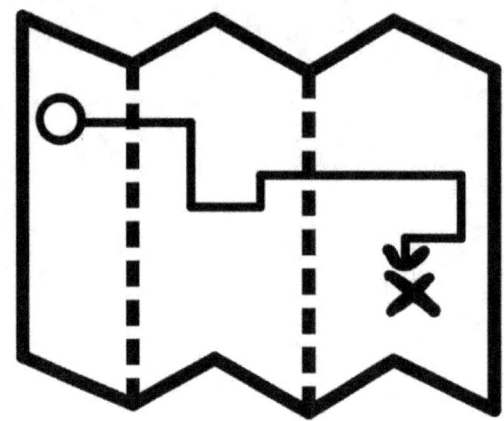

Wo Geldmodelle in den großen Plan passen

Mein erstes Buch, *100 Millionen Dollar Angebote*, hat die Frage beantwortet: *Was soll ich verkaufen?* Antwort: Ein Angebot, das so gut ist, dass die Leute sich dumm fühlen, wenn sie es ablehnen. Mein zweites Buch, *100 Millionen Dollar Leads*, hat die nächste logische Frage beantwortet: *Wie finde ich diese Leute?* Antwort: Sie machen Werbung. Dieses Buch, *100 Millionen Dollar Geldmodelle*, beantwortet die nächste logische Frage: *Wie bringe ich sie dazu, mein Angebot zu kaufen?* Antwort: Mit einem Geldmodell.

Was wir behandelt haben

Wir haben viel durchgenommen. Und ich denke, wenn wir das Gelernte an einem Ort zusammenfassen, kann man es besser behalten. Deshalb habe ich diese kurze Liste erstellt über das, was wir besprochen haben und warum.

1) Ein **Geldmodell** ist eine Reihe von Angeboten, die darauf abzielen, die Anzahl Ihrer Kunden, den Betrag, den sie bezahlen, und die Geschwindigkeit, mit der sie bezahlen, zu erhöhen.

2) **Ein gutes Geldmodell** *macht mit einem Kunden mehr Gewinn, als es kostet, ihn in den ersten 30 Tagen zu gewinnen und zu bedienen.* Das ist das absolute Minimum.

3) **Ein 100-Millionen-Dollar-Geldmodell** *macht mit einem Kunden mehr Gewinn, als es kostet, viele Kunden in den ersten 30 Tagen zu gewinnen und zu bedienen,* wodurch Geld als Hindernis für die Skalierung Ihres Unternehmens wegfällt.

4) Geldmodelle haben **vier Arten von Angeboten**: Attraktions-Angebote, Upselling-Angebote, Downselling-Angebote und Fortsetzungsangebote.

5) **Mit Attraktions-Angeboten** holt man Kunden ins Boot, indem man ihnen etwas umsonst oder mit einem Rabatt anbietet. Oft bringen sie auch Geld, indem sie ein *besseres Angebot* zu einem höheren Preis anbieten. Wir haben fünf davon vorgestellt.

   a) <u>Geld zurück:</u> *Sie* setzen dem Kunden ein Ziel *und* erklären ihm, wie er es erreichen kann. Wenn er es erreicht, bekommt er sein Geld zurück – *oder* als Gutschrift für das Geschäft.

   b) <u>Werbegeschenke:</u> Sie machen Werbung für die Chance, einen tollen Preis zu gewinnen, wenn jemand seine Kontaktdaten und alles andere angibt, was Sie erfragen. Nachdem Sie einen Gewinner ausgewählt haben, bieten Sie allen anderen den tollen Gewinn zu einem reduzierten Preis an.

   c) <u>Lockangebote:</u> Sie machen Werbung für ein kostenloses oder vergünstigtes Angebot. Wenn der Interessent mehr erfahren will, präsentieren Sie ihm *außerdem* ein noch wertvolleres Premium-Angebot. Das Premium-Angebot umfasst mehr Funktionen, Vorteile, Boni, Garantien und so weiter.

   d) <u>X kaufen und Y gratis dazu bekommen:</u> Sie geben Leuten etwas umsonst, wenn sie andere Sachen kaufen. Je mehr Gratis-Sachen und je besser die sind, desto mehr kaufen die Leute.

   e) <u>Jetzt weniger bezahlen oder später mehr bezahlen:</u> Sie geben den Leuten die Wahl, später den vollen Preis zu bezahlen ODER jetzt einen reduzierten Preis zu bezahlen *und* zusätzliche Boni zu erhalten.

6) **Upselling-Angebote** sind einfach das, was Sie als Nächstes anbieten. Meistens sind das mehr, bessere oder neuere Versionen von dem, was Kunden gerade gekauft haben. Damit können Sie schnell mehr Geld verdienen. Wir haben vier davon besprochen.

a) <u>Der klassische Upsell</u>: Sie bieten dem Kunden die Lösung für sein nächstes Problem an, sobald er es erkennt. *Du kannst X nicht ohne Y haben!*

b) <u>Menü-Upsells</u>: Sie sagen den Kunden, welche Optionen sie nicht brauchen. Dann sagen Sie ihnen, was sie brauchen *und* wie sie davon profitieren können. *Das brauchst du nicht … du brauchst das hier.*

c) <u>Anker-Upsells</u>: Sie bieten zuerst Ihr teuerstes Produkt an. Wenn der Kunde zögert, bieten Sie eine viel günstigere, aber immer noch akzeptable Alternative an. *Keine Sorge. Wenn dir X nicht wichtig ist, könnte das für dich besser passen.*

d) <u>Rollover-Upsells</u>: Sie rechnen einen Teil oder den gesamten Wert der vorherigen Einkäufe eines Kunden auf Ihr nächstes Angebot an. *Da du bereits 500 Dollar ausgegeben hast, schreibe ich dir das einfach für ein ganzes Jahr gut.*

7) **Downselling-Angebote** sind alles, was Sie anbieten, nachdem jemand Nein gesagt hat. Und indem Sie „Neins" in „Jas" verwandeln, verdienen Sie mehr Geld. Wir haben drei davon behandelt.

a) <u>Zahlungsplan-Downsells</u>: Sie bieten dasselbe Produkt zum gleichen Preis an, aber der Kunde zahlt einen Teil sofort und den Rest später. *Wann bekommst du dein Gehalt? Wie wäre es mit der Hälfte jetzt und der Hälfte später?*

b) <u>Testphase mit Strafgebühr</u>: Sie lassen den Kunden Ihr Produkt oder Ihre Dienstleistung kostenlos ausprobieren*, solange er Ihre Bedingungen erfüllt.* Wenn er das tut, ist die Wahrscheinlichkeit größer, dass er ein zahlender Kunde wird. Wenn nicht, muss er bezahlen. *Wenn du X, Y, Z machst, kannst du kostenlos loslegen.*

c) <u>Feature-Downsells</u>: Sie senken die Preise, indem Sie ändern, was der Kunde bekommt. Ich biete Alternativen mit geringerer Menge, geringerer Qualität oder aus günstigeren Materialien an oder lasse optionale Komponenten ganz weg. *Wenn du auf eine Garantie verzichten kannst, kann ich dir 400 Dollar abziehen.*

8) **Fortsetzungsangebote** bieten einen dauerhaften Mehrwert, für den Kunden regelmäßig bezahlen – bis sie kündigen. Diese Angebote steigern den Gewinn pro Kunde und bieten Ihnen ein zusätzliches Verkaufsargument. Wir haben drei davon vorgestellt.

a) <u>Fortsetzungsangebote mit Boni</u>: Sie geben dem Kunden etwas Tolles, *wenn* er sich heute anmeldet. Normalerweise hat der Bonus selbst einen höheren Wert als die erste Fortsetzungszahlung. *Wenn du dich heute anmeldest, bekommst du zusätzlich XYZ wertvolles Produkt.*

b) <u>Fortsetzungsangebote mit Rabatten</u>: Sie geben dem Kunden jetzt oder später Laufzeit gratis, *wenn* er sich heute anmeldet.

c) <u>Angebote mit Gebührenerlass</u>: Zuerst bittet man den Kunden, eine Startgebühr als Teil eines monatlichen Programms zu zahlen. Dann bietet man ihm an, die *gesamte* Gebühr zu erlassen, *wenn* er sich länger bindet. Wenn er innerhalb der Laufzeit kündigt, zahlt er die Gebühr.

9) Sie erstellen Geldmodelle **Schritt für Schritt**.

a) Sobald ich zuverlässige Kunden habe, sorge ich dafür, dass sie zuverlässig bezahlen, *dann* sorge ich dafür, dass sie zuverlässig für andere Kunden bezahlen, *und dann* fange ich an, den langfristigen Wert jedes Kunden zu maximieren. *Dann* drucke ich so viel Geld, wie ich kann.

Fazit: Das Wissen in diesen Punkten hat mir mehr kostenlose *und* profitable Kunden gebracht, als ich überhaupt verwalten kann. Wenn Sie das umsetzen, wird es Ihnen genauso gehen. Und damit wird Geld kein Hindernis mehr für Ihr Unternehmen sein. Ich hoffe, dieses Buch hilft Ihnen dabei, Ihre Träume *so groß* zu verwirklichen, *wie Sie es sich wünschen.*

Da Sie zu den wenigen gehören, die das, was sie anfangen, auch wirklich zu Ende bringen, möchte ich Ihnen zum Abschied noch etwas mit auf den Weg geben: ein paar abschließende Worte, die mir in schwierigen Zeiten geholfen haben.

Abschließende Gedanken

Du wirst nicht selbstbewusst, indem du dir vor dem Spiegel positive Sprüche zurufst: Du wirst selbstbewusst, indem du dir selbst einen Haufen unbestreitbarer Beweise lieferst, dass du der bist, der du zu sein behauptest. Überwinde deine Selbstzweifel.

Ein echter Beitrag, den ich am 25. Juli 2020 gepostet habe. *Bevor* ich mein Leben öffentlich gemacht habe.

***

Leila schoss dieses Foto, als ich nicht aufgepasst habe, und ich dachte nur: „Mensch, ich sehe ja total nachdenklich aus!"

Wie auch immer, das ist das zweite Mal, dass wir einen Privatjet genommen haben.

Und ... es war mega cool.

Die glauben, wenn du mit dem Flugzeug abstürzt, rettet dich dein Sicherheitsgurt auch nicht.

Unabhängig davon – an jeden Unternehmer, die seine Eltern, Ehefrauen, Ehemänner, Freunde, falsche Freunde und alle anderen, die an ihm zweifeln, enttäuscht.

1. ICH BIN IHR GRÖSSTER FAN.

2. Jetzt wird's ernst, also machen Sie sich bereit.

3. Sie können nicht verlieren, wenn Sie nicht aufgeben. Das habe ich mir immer wieder gesagt, wenn ich keine Lust mehr hatte, weiterzumachen.

Wenn Sie sich hoffnungslos fühlen ... willkommen im Unternehmertum. Wenn Sie das Gefühl haben, dass Sie es nie schaffen werden ... sind Sie auf dem richtigen Weg. Wenn Sie das Gefühl haben, dass Sie alle enttäuschen, die Sie kennen ... machen Sie weiter. Vorwärts.

Denn am Ende des Regenbogens wartet kein Topf voll Gold auf Sie. Dort warten Sie.

Ihr wahres Ich.

Das war die ganze Zeit in Ihrem Kopf und hat Ihnen zugeflüstert: noch ein Schritt ... noch ein Anruf ... noch ein Verkauf.

Wenn ich sage, dass ich Ihr größter Fan bin, dann, weil ich das selbst erlebt habe. Und ich kenne Sie, weil ich GENAU weiß, wie sich das anfühlt. 100 % Selbstvertrauen und 1.000 % Zweifel. Gleichzeitig. Alles, was Sie tun müssen, ist:

Einfach weitermachen.

Weiterkämpfen.

Sich weiter verbessern.

Ihre Zeit wird kommen.

Erfolg ist die einzige Rache.

***

Vielleicht sind Sie gerade da, wo ich war, als ich angefangen habe. Sie arbeiten in einem Betonkasten, unter grellen Neonröhren, und wollen nur noch weg. Vielleicht fühlen Sie sich total überfordert von all dem, was Sie tun müssen, um erfolgreich zu sein. Aber trotz dieser Unsicherheit sollten Sie wissen, dass alle Unternehmer, egal ob früher oder heute, diese Last mit Ihnen teilen. Ich habe das durchgemacht. Sie haben das durchgemacht. Sie sind nicht allein. Ich teile diese Geschichten so, wie ich sie erlebt habe, damit Sie genauso davon profitieren können wie ich.

Also, hier ist mein Versprechen: Befolgen Sie die Lektionen – und das Geld kommt schon.

Seien Sie einzigartig.

Alex Hormozi, Gründer, Acquisition.com

PS: Ich habe ein paar kostenlose Extras für Sie, wenn Sie das zu Ende bringen, was Sie angefangen haben.

Kostenlose Extras

Mmh, lecker.

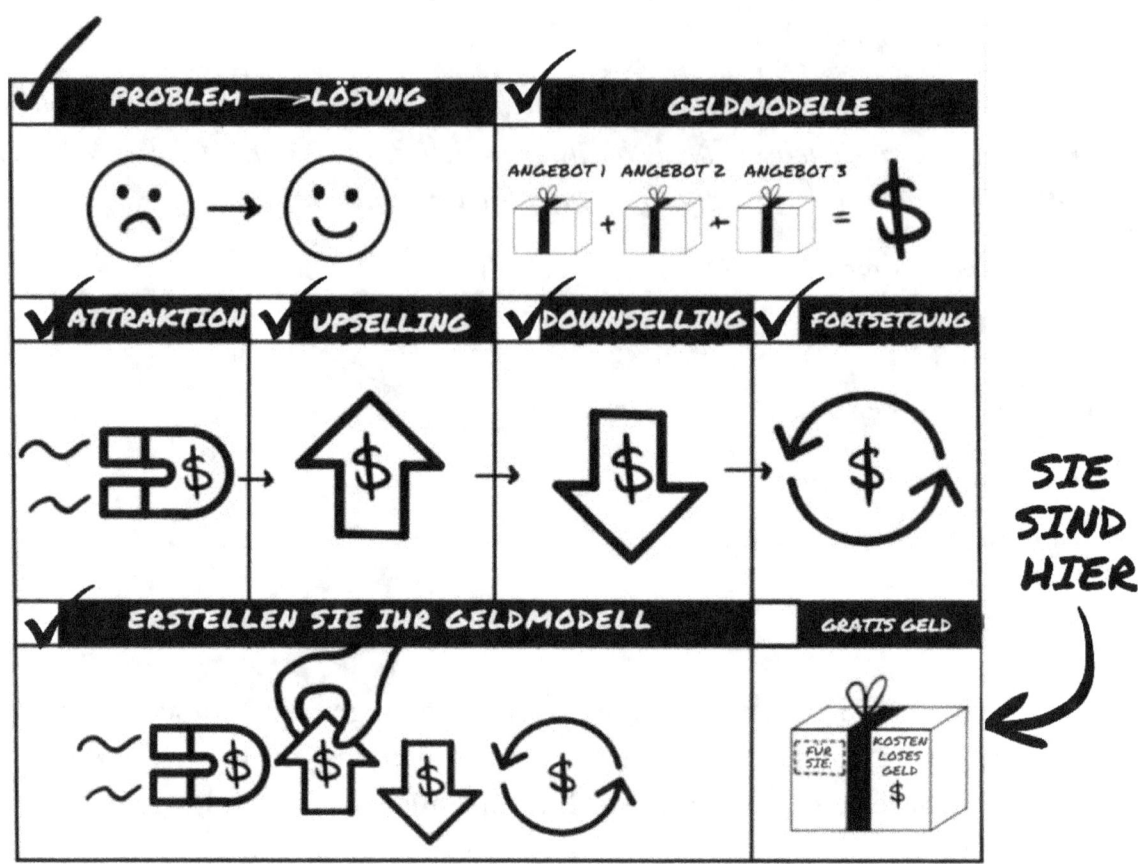

So ähnlich wie bei den Vorschauen nach dem Abspann: Wenn Sie noch dabei sind, möchte ich Ihnen ein paar Extras schenken.

1) **Wenn Sie nicht wissen**, **an wen Sie verkaufen sollen**, habe ich ein Kapitel namens „Ihr erster Avatar" veröffentlicht. Sie können es kostenlos auf **Acquisition.com/avatar** bekommen. Geben Sie einfach Ihre E-Mail-Adresse ein und wir schicken es Ihnen zu.

2) **Wenn Sie nicht wissen, was Sie verkaufen sollen**, können Sie bei Amazon – oder wo auch immer Sie Bücher kaufen – nach „Alex Hormozi" und „*100 Millionen Dollar Angebote*" suchen. Das sollte Sie auf den richtigen Weg bringen.

3) **Wenn Sie Probleme haben, Leute für Ihre Produkte zu begeistern,** schauen Sie mal bei Amazon (oder wo auch immer Sie Bücher kaufen) und suchen Sie nach „Alex Hormozi" und „*100 Millionen Dollar Leads*". Das sollte Sie auf den richtigen Weg bringen.

4) **Wenn Ihr Unternehmen einen EBITDA (Earnings Before Interest, Taxes, Depreciation, And Amortization = Ergebnis vor Zinsen, Steuern, Abschreibungen und Amortisationen) (Gewinn) von über 1 Million Dollar erzielt**, helfen wir Ihnen gerne dabei, weiter zu wachsen. Es macht mir große Freude zu sehen, dass Unternehmen viel größer und schneller gewachsen sind als meines, *weil sie die Fehler vermieden haben, die ich gemacht habe.* Wenn Sie möchten, dass wir uns Ihr Unternehmen genauer ansehen und prüfen, ob wir Ihnen helfen können, besuchen Sie **Acquisition.com**.

5) **Sie möchten einen Job bei Acquisition.com** oder in einem unserer Unternehmen? Wir stellen gerne Leute von #mozination ein. Die besten Ergebnisse erzielen wir, wenn wir in tolle Leute investieren. Unter **Acquisition.com/careers/open-jobs** finden Sie alle offenen Stellen.

6) Um die **kostenlosen Buch-Downloads und Video-Schulungen** zu diesem Buch zu erhalten, gehen Sie auf **Acquisition.com/training/money**.

7) **Sie hören gerne Podcasts und möchten mehr hören**? Mein Podcast ist zum Zeitpunkt des Verfassens dieses Buchs unter den Top 5 im Bereich Unternehmertum und unter den Top 15 im Bereich Wirtschaft in den USA. Sie finden ihn, indem Sie überall dort, wo Sie Podcasts hören, nach „Alex Hormozi" suchen. Oder Sie gehen auf **Acquisition.com/podcast**. Ich teile dort nützliche und interessante Geschichten, wertvolle Lektionen und die wesentlichen Denkmodelle, auf die ich mich jeden Tag verlasse.

8) **Wenn Sie gerne Videos anschauen**, haben wir jede Menge Ressourcen in unsere kostenlosen Schulungen gesteckt, die für alle zugänglich sind. Wir wollen, dass sie besser sind als alles, was man sonst so kaufen kann, und Sie entscheiden, ob wir das geschafft haben. Sie finden unsere Videos auf YouTube oder wo auch immer Sie Videos anschauen, indem Sie nach „Alex Hormozi" suchen.

9) **Und wenn Sie kurze Videos mögen**, schauen Sie sich die täglichen Beiträge auf **Acquisition.com/media** an. Dort finden Sie alle Orte, an denen wir posten, und können sich die Beiträge aussuchen, die Ihnen am besten gefallen.

Und zum Schluss noch einmal ein großes Dankeschön. Seien Sie einer von denen, die gerne geben, und **teilen Sie das hier mit anderen Unternehmern, indem Sie eine Bewertung hinterlassen.** Das würde mir sehr viel bedeuten. Ich schicke Ihnen von meinem Schreibtisch aus jede Menge gute Vibes für Ihr Unternehmen. Ich verbringe viel Zeit dort, also sind es jede Menge Vibes. Möge Ihr Wunsch größer sein als Ihre Hindernisse.